大学生心理健康教育

主　编　刘凤姣

副主编　罗湘莲　李虹霞

编写人员（按姓氏笔画排序）

邱学文　陈燕妮　彭　熠

中南大学出版社

www.csupress.com.cn

图书在版编目(CIP)数据

大学生心理健康教育 / 刘凤姣主编. —长沙：中南
大学出版社，2012.8(2022.7重印)
ISBN 978 - 7 - 5487 - 0556 - 7

Ⅰ. ①大… Ⅱ. ①刘… Ⅲ. ①大学生－心理健康－
健康教育 Ⅳ. ①B844.2

中国版本图书馆 CIP 数据核字(2012)第 147312 号

大学生心理健康教育

主编　刘凤姣

□责任编辑	陈应征	
□责任印制	唐　曦	
□出版发行	中南大学出版社	
	社址：长沙市麓山南路	邮编：410083
	发行科电话：0731 - 88876770	传真：0731 - 88710482
□印　　装	长沙创峰印务有限公司	

□开　　本	787 mm×1092 mm 1/16	□印张 12.5	□字数 314 千字	□插页 2
□版　　次	2015 年 9 月第 2 版	□印次 2022 年 7 月第 6 次印刷		
□书　　号	ISBN 978 - 7 - 5487 - 0556 - 7			
□定　　价	28.00 元			

前　言

　　高等职业教育作为高等教育的重要组成部分，近年来发展迅猛，办学规模逐渐扩大，呈现出前所未有的发展势头。然而，随着我国改革开放的不断深入，市场经济的迅猛发展，社会竞争日趋激烈，高职学生面对各种压力容易产生内心冲突和困扰，在自我认识、环境适应、学习就业、人际交往、情绪管理、压力应对等多方面均存在不同程度的适应困难。作为面向生产、建设、管理、服务一线的应用型人才，高职学生要能够立身社会、服务社会，不仅需要一技之长，更需要健康的心理和良好的社会适应能力。从这个意义上说，心理健康教育和心理素质的培养已成为高等院校人才培养必不可少的重要环节。

　　一直以来，党和政府高度重视大学生心理健康教育，把它作为促进大学生健康成长、培养造就拔尖创新人才的重要途径，作为全面贯彻党的教育方针、建设人力资源强国的重要举措。教育部在 2001 年和 2002 年分别颁发了《教育部关于加强普通高等学校大学生心理健康教育工作的意见》、《普通高等学校大学生心理健康教育工作实施纲要（试行）》，对加强大学生心理健康教育工作提出了整体要求和具体实施意见。2005 年 1 月，教育部、卫生部、共青团中央在《关于进一步加强和改进大学生心理健康教育的意见》中再次强调加强和改进大学生心理健康教育。2011 年 5 月，教育部办公厅印发了《普通高等学校学生心理健康教育课程教学基本要求》，对《大学生心理健康教育》课程教学的教学目标、教学内容、教学方法等方面做出了详细要求。目前，大学生心理健康教育课程建设已取得了比较丰富的研究成果，出版了教材版本数百种，对课程规范性、科学性的提升起到了很好的指导作用。

　　纵观已有的教材研究成果，大多数教材主要是针对本科类学生的心理需求，重理论而轻实践，重知识传授而轻体验训练，无法满足高职学生心理特点和学习习惯。为有效解决这一尴尬现状，我院心理健康教育工作者联合其他高职院校优秀师资，严格依据上级文件精神，结合多年一线工作的经验，展开扎实的实证调研，充分总结高职学生心理问题的发生和心理素质形成的特点，开发了这本应用型高职院校的特色教材。

　　本教材贯彻培养"应用型高级专门人才"的基本原则，参编团队以高度的社会责任感，协同配合，共同研讨写作体例和提纲，高质量地完成书稿的撰写。教材以"基本原理、基本问题、基本策略"为编写线索，从宏观到微观，融理论思辨、行为训练、故事启迪等为一体，既注重知识传授又确保通俗易懂，既有理论探讨又有实际的心理调适指导，做到了结构新颖，突出交互，真正达到让学生"实在地参与、开心地学习、真切地体验、快乐地生活"的目的。

　　具体来说，本教材有四个方面的特色与创新：

　　（1）突出应用性。教材建设必须符合在新机制、新模式下探索和创新高职学生人才培养的要求。该书的理论构架打破传统理论体系，通过职业分析和任务分析方法确定课程内容，将任务所需知识和技能按难易程度、逻辑关系以及这些任务在今后实际工作中的重要性加以系统地组织编排，使之成为以形成某项能力为目标的教学单元。采用这种完全根据实际需要确定教学内容的方法，该教材要求的"应用性"原则有了实实在在的根据。

（2）突出实践性。高职学生更希望看到的理论与实际紧密联系的教材，因此，教材编写人员充分考虑了高职学生的文化基础、阅读习惯、学习规律，通过典型案例的综合应用，将抽象的理论迅速转化为实际的操作，设计出素质拓展、心理测验、心理游戏等板块，使学生对教材理论的理解得以深化、巩固，增加学生在实际工作中解决问题的能力。

（3）突出体系结构的创新。教材每章节均按照智慧之灯、开启心门、心理学堂、素质拓展、我心我诉、慧心讲坛的板块模式编写，集理论性、实践性、操作性、趣味性于一体，符合学生"认识、实践、再认识、再实践"的认知规律。智慧之灯、开启心门等多样化的导入形式避免了教材的刻板、统一，有利于提高学生的阅读兴趣；以问题导向的形式挑拣相关心理健康理论知识，突出主题及重点，使知识结构更加清晰，增强了教材的可读性，引导学生主动、深入地开展学习。教材体系结构极大地增强了教材的悦读性、吸引力和实用性。

（4）与全面素质教育相结合。该教材服务于应用型高职院校人才的培养模式，适合应用型高等院校的办学特色，注重对应用型高等院校学生人格魅力培养、社会生存能力培养和创新能力培养，能有效提升应用型高等院校就业核心竞争力。

本书是集体合作的成果，共计十章。具体章节编写人员：第一、四章由李虹霞编写；第二、七章由邱学文编写；第三、十章由彭熠编写；第四、六章由罗湘莲编写；第八、九章由陈燕妮编写。最后由刘凤姣、李虹霞、陈燕妮统稿、定稿。我们对参加教材编写的全体同仁致以诚挚的谢意，正是由于他们的辛勤劳动，教材才能紧紧扣住应用型高等院校教学教改特点、服务于应用型高等院校人才培养目标。本教材不仅特别适合于高职大学生的学习，也适合有志于从事心理健康教育与辅导的人士学习。对于从事心理健康教育与辅导的教学和研究者，以及大学生思想政治工作者也有较高的参考价值。

本书在编写过程中参阅了国内外同类教材和专家学者的有关著作及研究成果，在此表示衷心的感谢！大学生心理健康教育问题十分复杂，本书作为高职高专大学生心理健康教育教材只是一个初步的探索和尝试，加之编者水平有限，疏漏和不当之处在所难免，真诚地希望大学生朋友及同行专家提出宝贵的批评意见，以期共同充实、完善！

目　录

第一单元　找寻阳光心态　体验幸福人生

人如果没有健康，智慧就难以实现，文化更无从施展，力量不能用于战斗，财富也会变成废物，知识亦无法运用。——（古希腊）赫拉克利特

生命的本质在于追求快乐，而使得生命快乐的途径有两条：第一，发现使你快乐的时光，增加它；第二，发现使你不快乐的时光，减少它。——（古希腊）亚里士多德

智慧之灯

阳光心态的生存意境

在一间病房里有两个身患绝症的病人，他们的床位一个靠近窗户，另一个则远离窗户。因为两个人都不能动弹，只能躺在病床上忍受病痛的折磨。靠近窗户的病人每天向另外一个病人讲述他看到的窗外景色：旭日东升，温暖和煦的朝阳撒满大地，美丽绚烂；可爱的蜜蜂在临近的花丛中欢快地跳舞，辛勤地劳动，自由自在；月亮害羞地露出半张笑脸，满天闪烁的星星将黑夜照亮。每次的讲述，都可以看到他眼里充满了对幸福生活的渴望。远离窗户的病人也被他所描述的画卷深深地吸引。他们在此刻都忘记了病痛的折磨，心中无比的温暖。就这样日复一日地过去了几个月，靠近窗子的病人因为病情加重在一天夜里平静地离开了。他的病友搬到了靠近窗子的床位，他这才发现根本没有美丽的景色，只有一堵高高的、冷冰冰的墙。原来这个阳光般的画卷只是一个美丽的谎言。

阳光心态是一种健康、积极、进取、充满关爱的心态。我们每个人可能无法左右或影响外部环境的变迁，唯一可以做到的，就是在晴空万里的日子享受阳光，在阴云密布的日子里心中向往灿烂的阳光。阳光心态的人不是没有黑暗和悲伤的时刻，只是他们追寻阳光的心灵不会轻易地被黑暗与悲伤遮盖罢了。正如上面的故事所讲到的，靠窗的病人陷入了人生中前所未有的困境，但是他却能在这样的困境中继续寻找阳光，在这种阳光心态下，即使窗外的风景只有一堵光秃的墙壁，也能把这堵墙壁想象成美丽的画卷，不仅给自己带来了快乐，同时也把快乐传递给了病友，用阳光去温暖和感染别人。

大学生涯对每位大学生来说，都是一段无法割舍的人生体验。它是最好的也可能是最坏的，它是智慧的也可能是愚蠢的，它是健康的也可能是颓废的，它是阳光的也可能是阴暗的……这里，充满了挑战、梦想和希望，也充满了迷茫、困扰和离别。当我们以极大的热情直面生活、实现自己的理想之梦时，会发现生活之舟是那样的复杂，有时甚至还那么的难以驾驭。我们可能面临着学习、生活、工作等各方面成长与成才的心理困扰，那么我们该如何找寻我们的阳光心态，体验我们的幸福人生？本单元让我们一同关注大学生的心理健康，厘清心理健康的偏差性认识、了解自身的心理健康状况、掌握促进心理健康的方法与途径。

开启心门

"拨乱反正"大探讨

1. 大家对于心理学、心理健康可能会有各种各样的感受、体验和评价。一提到心理或心理学，你脑海中浮现出来的与之相关的词语有哪些？

_____

_____

让我们一起探讨，哪些认知是科学理性的，又有哪些是存在认知偏差，需要修正与调整的？

2. 你对学校开设的《大学生心理健康教育》课程学习有怎样的态度、预期和感受？

_____

_____

事实上，学校为同学们开设的《大学生心理健康教育》课程是集知识传授、心理体验与行为训练为一体的公共课程，旨在使大家明确心理健康的标准及意义，增强自我心理保健意识和心理危机预防意识，掌握并应用心理健康知识，培养自我认知能力、人际沟通能力、自我调节能力，切实提高心理素质，促进大家的全面发展。

3. 如果以 1 - 5 分为心理健康评定等级，1 代表最不健康，5 代表最健康，请你评定一下自己的心理健康状况。

从你的生活经验系统出发，你认为一个人心理健康最重要的品质、特征是什么？从别人的见解中你得到了哪些启发？

_____

_____

心理学堂

厘清认知：阳光心态看健康

一、健康新观念

传统的健康观即"生物医学模式"的健康观只从生理的角度来理解健康，认为"无病无灾，身体棒棒，就是健康"。"没有病就是健康"被称为消极的健康观。

新的健康观即"生物—心理—社会"医学模式健康观批判陈旧的生物医学模式，认为不能仅从生物学角度认识疾病的发生和发展，而需要从生物、心理和社会三方面去认识疾病和健康的规律，认为健康是身心健全和体能充沛的状态，而不仅仅是没有疾病。

早在 1948 年，世界卫生组织（WHO）就对健康做了这样的定义：健康就是一个人的生理、心理与社会适应上的完好状态，而不仅是没有疾病与虚弱。

1989 年，该组织再次把健康定义为：健康包括躯体健康、心理健康、社会适应良好、道德健康。躯体健康，即生理健康；心理健康，包括人格完整，自我感觉良好，情绪稳定，积极情绪多于消极情绪，有较好的自控能力，能保持心理的平衡，能自尊、自爱、自信、有自知之明等；社会适应健康，是指自己的各种生理、心理活动和行为，能适应复杂的环境变化，为他人理解和接受，使自己在各种环境中有充分的安全感，能保持正常正常的人际关系，能受到他人的欢迎和信任，对未来有明确的生活目标，能切合实际的在各种社会环境中不断进取，有理想和事业上的追求；道德健康，则是不以损害他人利益来满足自己的需要，有辨别真伪、善恶、美丑、荣辱、是非的能力，能按照社会公认的道德标准约束、支配自己的言行，愿为人们的幸福做贡献。

　　1999 年，世界卫生组织归纳和总结了在人群实践的经验，提出了身心健康的新标准，即"健康新十标，五快三良好"（图 1 - 1）。

健康新十标准

　　(1)精力充沛，面对日常生活和繁重工作从容不迫，且不感到过分紧张和疲劳。
　　(2)处事乐观、态度积极、乐于承担责任，事无大小不挑剔。
　　(3)善于休息，睡眠好。
　　(4)应变力强，能适应外界环境变化。
　　(5)能够抗御一般性感冒和传染病。
　　(6)体重适中，身体匀称，站立时头、肩、臂位置协调。
　　(7)眼睛明亮，反应敏捷，眼结膜不发炎。
　　(8)牙齿清洁，无龋齿、无痛感、无出血现象，牙龈颜色正常。
　　(9)头发有光泽、无头屑。
　　(10)肌肉丰满，皮肤有弹性、走路轻松协调。
对照自己看看，符合几项呢?

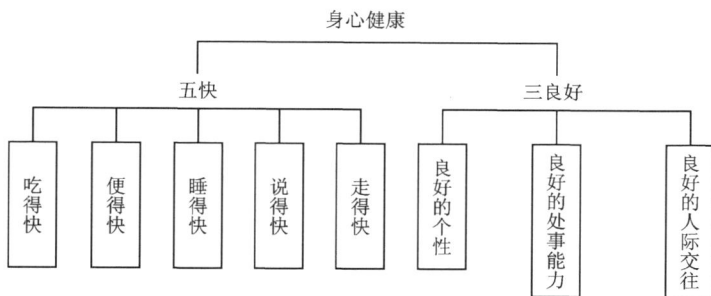

图 1 - 1　五好三快

五快三良好

　　吃得快：是指胃口好、不挑食、吃得迅速，表明你的内脏功能正常。注意："吃得迅速"不是指狼吞虎咽，是指胃口好，而是吃什么都香，不感到难以下咽。吃东西一定要细嚼慢咽。

　　便得快：是指上厕所时很快排出大小便，表明你肠胃功能良好。

　　睡得快：是指上床即能熟睡、深睡，醒来时精神饱满、头脑清晰，表明你中枢神经系统的兴奋、抑制功能协调，且内脏不受任何病理信息的干扰。

说得快：是指语言的表达准确、清晰、流利，表明你思维清楚而敏捷，反应良好，心肺功能正常。

走得快：是指行动自如，且转动敏捷，因为人的疾病和衰老往往是从下肢开始的。

良好的个性：是指性格温和，意志坚强，感情丰富，胸怀坦荡，心境达观，不为烦恼、痛苦、伤感等负性情绪所左右。

良好的处事能力：是指沉浮自如，客观观察问题，具有自我控制能力，故而能适应复杂的社会环境。对事物的变迁保持良好的情绪，常有知足感。

良好的人际关系：是指待人接物平和，不过分计较小事，能助人为乐、与人为善。

对照自己看看，符合几项呢？

二、心理健康正解

(一)心理健康内涵

什么是心理健康？长期以来，国内外不少专家学者从不同的角度进行了研究和论述，但目前尚无一致的看法。

柏克森认为心理健康的定义是，"具有行动的热情，良好地适应社会生活，具有创造的理想。"

麦灵格尔指出，"心理健康是指人们对于环境以及人们相互之间具有最高效率快乐的适应情况。不只是要有效率，也不仅是要有满足感或只是能愉快地接受生活的规范，而是要三者都具备，心理健康的人应能保持平静的情绪，有敏锐的智能，适应于社会环境的行为和愉快的气质。"

《简明大不列颠百科全书》中则写道，"心理健康是指个体心理在本身及环境条件许可范围内所能达到的最佳功能状态，而不是绝对的十全十美的状态。"

综合大多数专家学者的观点，我们认为心理健康应有"广义"和"狭义"之分。广义上，心理健康是指一种高效而满意的、持续的心理状态。在这种状态下，人能做出良好的反应，具有生命的活力，而且能充分发挥其身心潜能；狭义上，心理健康是指人的基本心理活动的过程内容完整、协调一致，即认识、情感、意志、行为、人格完整和协调，能适应社会，与社会保持同步。

简而言之，追求阳光心态的生存意境就是心理健康。心理健康并不是没有心理困扰，而是能以积极心态和积极有效的方法来解决心理困扰。

故事悦读1-1

　　美国前总统罗斯福的家中被盗，一位朋友知道后写信安慰他，罗斯福给这位朋友回信说："我现在很平安，感谢生活。因为：第一，贼偷去的是我的东西而没伤害我的生命，值得高兴；第二，贼只偷去我的部分东西，而不是全部，值得高兴；第三，最值得庆幸的是，做贼的是他，而不是我。"

对于任何一个人来说，被盗都是不幸的事情。但罗斯福不仅不埋怨"贼的可恶"、"自己倒霉"，相反还找出了感谢和庆幸的三条理由。如何在不利的事件中看到有利的一面，如何在困难中发现希望，如何在失意中找寻生活中美好的事物，这是一种处世哲学，也是一种健康的心态。

因此，遇到危机时，我们要看到危机后面的转机；遇到压力时，要看到压力后面的动力；遇到挫折时，要看到挫折后面的成长。与其一味地埋怨生活，从此消沉沮丧、萎靡不振，不如以阳光的心态积极应对。要知道，拥有酸、甜、苦、辣、咸的五味人生才是真正丰富的人生。人有悲欢离合，月有阴晴圆缺，正是这些喜悦的瞬间和悲伤的时刻，才造就了我们多彩的人生。不要因为任何一个片刻的特别美丽而执著于它，也不要因为任何一个片刻的特别痛苦而将其推开，我们要将它们看作人生中的一段经历而去体验，在体验中积极成长。

故事悦读1-2

在台湾，黄美廉的名字家喻户晓。她出生时因为一场意外而罹患了脑性麻痹，在六岁之前全身的运动神经和语言神经受到伤害，口水常常不停地向外流，失去了发声讲话的能力。在旁人的眼里，她就像是一个怪物。但黄美廉没有让这些外在的痛苦击败她内在奋斗的精神。小学二年级时，在老师马怡江的启发下，她找到了自己人生的目标，确立了当一位画家的志向。在付出比常人十倍百倍的努力之后，最终获得著名的美国加州大学艺术博士学位，而她的画展也轰动了世界。

有一次演讲会上，一个中学生问她："黄博士，你从小就长成这个样子，请问你怎么看你自己？你难道从来都没有过怨恨吗？"

在场的很多人都责怪这个学生提出了这么不敬的问题，担心黄美廉难堪和受不了，出乎众人意料的是，不能说话的黄美廉嫣然一笑，十分坦然地在黑板上龙飞凤舞地写下了这么几行字："①我好可爱！②我的腿很长很美！③爸爸妈妈那么爱我！④我会画画！我会写稿！⑤我有一只可爱的猫！⑥上帝这么爱我！⑦还有……"最后，她以一句话作结论："我只看我所有的，不看我所没有的！"掌声在学生中经久不息。

我们在成长过程中，不可能一帆风顺、事事得意，种种失败、无奈、委屈都需要我们勇敢面对、豁达处理。法国作家雨果曾经说过："思想可以使天堂变成地狱，也可以使地狱变成天堂。"如果我们不能样样顺利，但可以事事尽心；我们不能选择容貌，但可以展现笑颜；我们不能预知明天，但可以做好今天；我们不能改变别人，但我们可以改变自己。

黄美廉的故事证明了，当我们用积极心态主宰自己的心境，用光明的思维去看世界，我们就会发现头顶的天原来是那样的蓝，身边的树原来是那样的绿，路边的花原来是那样的美。生活中不是没有阳光，是因为你总是低着头；不是没有绿洲，是因为你心中只有一片沙漠。

知识窗 1 - 1：阳光心态远离三种消极思维模式

美国心理学家塞利格曼教授指出，三种消极思维模式会造成人们的无力感和挫折感，最终会毁其一生。

永远常存

这是一种**时间束缚自我**的方式，即把短暂的困难看做是挥之不去的幽灵，把暂时的不幸与悲哀无限地延长，不停地回味。"一朝被蛇咬，十年怕井绳"，结果使自己长期生活在痛苦、沮丧甚至绝望的心态中而不能自拔。

无所不在

这是一种**空间束缚自我**的方式。即在某方面遭到挫折与失败，从而确定自己在其他方面也同样会遇到挫折与失败。比如一个人走路的姿势不好看，他就断定自己游泳和跑步的姿势也一定不好看，因此就放弃了自己在这些方面的努力。这是在空间方面把自己的困难或缺点无限放大，使自己终日笼罩在失败的阴影中而看不到成功的希望。

自我否定

这是一种**自我摧残**的方式。即认为自己什么都不行，什么能力也没有，一味地打击自己，使自己无法振作。

这三大消极思维模式犹如三座大山，也犹如沉重的心灵十字架，背负着它们的人将在痛苦、挫折、恐惧和忧郁中度过灰暗庸碌的一生。

你有过这样的情形吗？

如果有，请尽快从消极心态的阴影中解脱出来。记住德国人常说的一句话："即使世界明天毁灭，我也要在今天种下我的葡萄树。"

（资料来源：宋振杰著. 黄金心态. 北京：北京大学出版社，2007：24 - 25）

（二）心理健康的标准

判断个体心理健康与否，主要有四个标准：

1. 经验标准。即当事人按照自己的主观感受来判断自己的健康，研究者凭借自己的经验对当事人的心理健康进行判定；重在关注当事人的主观心理感受，由于个体先天的遗传及后天的环境不同，经验标准更强调个体差异。同样的生活事件，当事双方由于自我认知不同，自我体验不同，自我评价也不尽相同。

2. 社会适应标准。以社会中大多数人的常态为参照标准，观察当事人是否适应常态而进行其心理是否健康的判断。例如，大学生根据生理、心理与社会发展应当具有独立生活与处理事务的能力，而如果有的大学生生活能力低下，不能打理自己的日常生活，这便需要引起重视。

3.统计学标准。依据对大量正常心理特征的测量取得一个常模，把当事人的心理与常模进行比较。这个标准更多地应用于心理学研究之中，我们都要将个体的心理测验结果与常模对照，来判断其心理健康状况。

4.自身行为标准。即每个人在以往生活中形成的稳定的行为模式，即正常标准。

事实上，心理健康与否的标准是相对的，企图找到绝对标准是不现实的，大学生心理健康标准的掌握也同样存在这样的问题。如何把握标准？我们认为应掌握三个标准，即相对性、整体协调性和发展性。尤其值得一提的是，我们在评价大学生整体心理健康时，应将目光投向发展的健康观，即大多数大学生遭遇的心理危机与心理困难，是个体在发展历程中普遍面临的重大人生课题，如大学生的自卑困扰、压力困扰等，具有阶段性特点，当个体心理成熟后会自愈。

作为大学生的我们又怎么评判自己的心理健康状态呢？

大学生的年龄一般在18～25岁之间，从心理学的观点来看，正处于青年中期。大学生的心理具有青年中期的许多特点，但作为一个特殊群体，又不能完全将他们等同于社会上的青年。综合有关心理健康的标准并结合我国大学生的实际情况，评判大学生的心理健康水平应从以下几个标准给予着重考虑：

一是智力正常。智力是人的观察力、注意力、记忆力、想象力、思维力、创造力及实践活动能力等的综合，是大学生心理健康水平的心理条件，也是适应周围环境变化所必需的心理保证。因此，衡量大学生的智力是否正常，关键在于其是否正常地、充分地发挥了自我效能。

二是情绪健康。其标志是情绪稳定和心情愉快。包括的内容有：愉快情绪多于负性情绪、乐观开朗、富有朝气，对生活充满希望；情绪较稳定，善于控制与调节自己的情绪，既能克制又能合理宣泄自己的情绪，情绪的表达既符合社会的要求又符合自身的需要，在不同的时间和场合有恰如其分的情绪表达；情绪反应与环境相适应，反应的强度与引起这种情境相符合。相反，如果长时间情绪兴奋、激动、抑郁、忧伤，无法自控，都属于不健康的表现。

三是意志健全。意志是人在完成一种有目的的活动时进行的选择、决定与执行的心理过程。意志健全者在行动的自觉性、果断性、顽强性和自制力等方面都表现出较高的水平。意志健全的大学生在各种活动中都有自觉的目的性，能适时地做出决定并运用切实有准备的方式解决所遇到的问题，在困难和挫折面前，能采取合理的反应方式，能在行动中控制情绪和言而有信，而不是行动盲目、畏惧困难，顽固执拗。

四是人格完整。人格是个体比较稳定的心理特征的总和。人格完整就是指有健全统一的人格，个人的所想、所说、所做协调一致。人格完整包括人格结构的各要素完整统一；具有正确的自我意识，不产生自我同一性混乱，以积极进取的人生观作为人格的核心，并以此为中心把自己的需要、目标和行动统一起来。

五是自我评价正确。正确的自我评价是大学生心理健康的重要条件，大学生在进行自我观察、自我认定、自我判断和自我评价时，能做到自知，恰如其分地认识自己，摆正自己的位置，既不以自己在某些方面高于别人而自傲，也不以某些方面低于别人而自卑，面对挫折与困境，能够自我悦纳，喜欢自己，接受自己，自尊、自强、自制、自爱适度，正视现实，积极进取。一味地狂妄自大、目空一切或怨天尤人、自暴自弃都是心理不健康的表现。

六是人际关系和谐。良好而深厚的人际关系，是事业成功与生活幸福的前提。其表现为：乐于与人交往，既有广泛而深厚的人际关系，又有知心朋友；在交往中保持独立而完整的人格，有自知之明，不卑不亢；能客观评价别人和自己，善取人之长补己之短，宽以待人，乐于助人，积极的交往态度多于消极态度，交往动机端正。

七是社会适应正常。个体应与客观现实环境保持良好秩序，既要进行客观观察以取得正确认识，以有效的办法应付环境中的各种困难，不退缩；又要根据环境的特点和自我意识的情况努力进行协调，或改变环境适应个体需要，或改造自我适应环境。

八是心理行为符合大学生的年龄特征。人生命发展的不同阶段，均应有相应的心理行为表现。大学生是处于特定年龄阶段的特殊群体，其认识、情感、言行、举止应具有与年龄和角色相适应的心理行为特征。如精力充沛、反应敏捷、喜欢探索等；具备独立的生活能力、独立的思考判断能力；其行为具有理智性和一贯性等。

知识窗 1－2：大学生心理健康结构六因素

北京师范大学孟庆茂等人从评价的角度对大学生的心理健康进行探讨，结果发现，大学生的心理健康结构由六个因素组成。

- 目标实施(方向感)　　　成功体验(自我激励)
- 自我认可　　　　　　　合作(同理心)
- 人际知觉(环境利用)　　自主性

温馨提示：正确理解心理健康的标准

正确理解大学生心理健康的标准应重视以下几个方面：

一是标准的相对性。

事实上，大学生心理健康与不健康也并无明显界限，而是一个连续化的过程，如将正常比作白色，将不正常比作黑色，那么在白色与黑色之间存在着一个巨大的缓冲区域——灰色区。实际上，大多数人都处于灰色区域内，大多数人处在健康与不健康的边缘状态，有人称之为"第三状态"(图1－2)。

图1－2　第三状态

这说明，对多数大学生而言，在人生的发展过程中面临心理问题是正常的，不必大惊小怪，应积极加以矫正。心理健康不等于永远没有烦恼和痛苦，偶尔出现的不健康心理和行为也不等于心理不健康，更不等于已经患上心理疾病。与此同时，个体灰色区域的存在是正常的，大学生应提高自我保健意识，及时进行自我调整，当自我感觉患上严重心理疾病时，应端正认识，理性对待，主动求助。

知识窗 1-3：你有没有混淆概念？

在心理学领域，正常心理、异常心理、心理健康、心理亚健康、心理不健康是五个不同的概念，我们应该将这些概念彼此区分清楚，把它们之间的联系梳理通顺，消除理解的障碍（图1-3）。

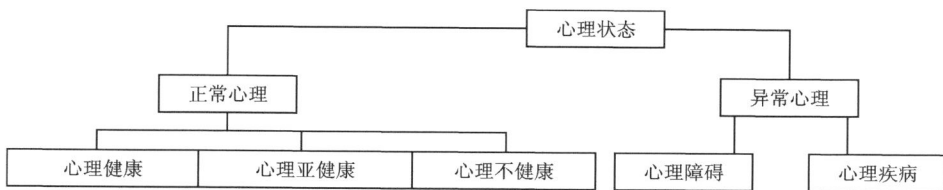

图1-3　不同心理状态的区分

心理正常和心理异常是表明和讨论"有病"或"没病"等问题的一对范畴。而心理健康、心理亚健康和心理不健康是另外一个范畴，都是在心理正常的范围内，用于讨论心理正常的水平和程度的不同。

1. 正常心理：是指具备正常功能的心理活动，或者说是不包含精神病症状的心理活动。

2. 心理健康：包含在"心理正常"的范畴中，即没有心理疾病，具有一种积极向上发展的心理状态。

3. 心理亚健康：包含在"正常心理"的范畴中，是机体在内外环境不良刺激下引起心理、生理发生异常变化，但尚未达到明显病理性反应的程度。从生理学角度理解，就是人体各器官功能稳定性失调尚未引起器质性损伤。亚健康与脑疲劳、心理压力有密切联系，是精神压力的产物。可以形象地说，是个体内在的心理压力过大外化到躯体上的表现。

4. 心理不健康：是指心理健康成为偏态、不平衡状态。它指个体处在焦虑、恐惧、压抑、担忧、矛盾等应激状态。这种状态可以被认为是有心理问题，包括一般心理问题和比较严重心理问题两种，可以通过各种途径，如通过自我调节或他人疏导来解决。否则，任其发展下去，会对身心造成严重损害，由心理问题转化为心理疾病。

5. 异常心理：是指有典型精神障碍（俗称精神病）症状和严重心理疾病的心理活动。需要指出的是，心理障碍和精神疾病是两个概念。心理障碍属于心理学研究的范畴，是许多不同类的心理、情绪、行为失常的统称，是由心理因素所致；而精神疾病属于临床医学范畴，精神障碍又包括脑器质性病变所指的精神疾病。

知识窗 1-4：走近亚健康

心理亚健康的七个表征

①焦虑感——烦恼不堪，焦躁不安，生机的外表下充满无助；

②罪恶感——自我冲突，有一种无能、无用感；

③疲倦感——精疲力竭、颓废不振、厌倦、无聊；

④烦乱感——感觉失序、一团糟；

⑤无聊感——空虚、不知该做什么、不满足但不思动；

⑥无助感——孤立无援、人际关系如履薄冰；

⑦无用感——缺乏自信、觉得自己毫无价值、自卑。

尽管亚健康状态并非严重的心理问题，如果不引起高度重视，极易引发相应的心理问题。值得注意的是，"亚健康"可以间断或持续地出现，但通过科学调理，又可明显消失，恢复健康状态。为预防与消除亚健康状态，大学生应做好以下方面：

心理亚健康的自我调适

1. 重视快乐的价值；　　　　　　2. 诚实待己、怡然自处；

3. 不庸人自扰、拒绝杞人忧天；　　4. 抒发压抑感受，清理消极问题；

5. 发展积极乐观的思考模式；　　　6. 掌握此时此刻的时空；

7. 确定生活目标，有组织、有计划；8. 降低期望水平，缓慢冲刺脚步；

9. 追求人生理想，建立亲密关系；　10. 追求有意义的工作并在工作中发挥创意；

11. 尊重自己，亲近别人。（台湾心理学家吴静吉）

二是标准的发展变化性。

心理健康不是一个静态不变的结果，随着人的成长、经验的积累以及环境的改变，心理健康状态也会有所变化（图 1-4）。心理健康是一个发展变化着的建设过程，在这个过程中每个人都会遇到各种困扰，但是不等于心理不健康，最重要的是能有效解决困扰，这才是心理健康的表现。心理健康的过程也是一种协调发展的状态。我们所要做的也就是以积极阳光的心态，享受生命的过程。因此既不能为眼前存在的不理想而悲观失望，也要避免因眼下暂时没有心理问题而盲目乐观，误以为可以高枕无忧。

三是标准的整体协调性。

把握心理健康的标准，应从心理活动方面考察其内外关系的整体协调性。从认知、情感、意志三个心理过程看，健康人的心理活动是一个完整统一的协调体，这种整体协调保证了个体在反映客观世界的过程中的高度准确性和有效性。事实表明，认识是健康心理结构的起点，意志行为是人格面貌的归宿，情感是认识与意志之间的中介因素。从心理结构的几个方面看，一旦它们不能符合规律地进行协调运作时，就可能产生一系列的心理困扰或问题。从个性角度看，每个人都有自己长期形成的稳定的个性心理，一个人的个性在没有明显的剧烈的外部因素影响下是不会轻易发生变化的。从个体与群体的关系看，每个人

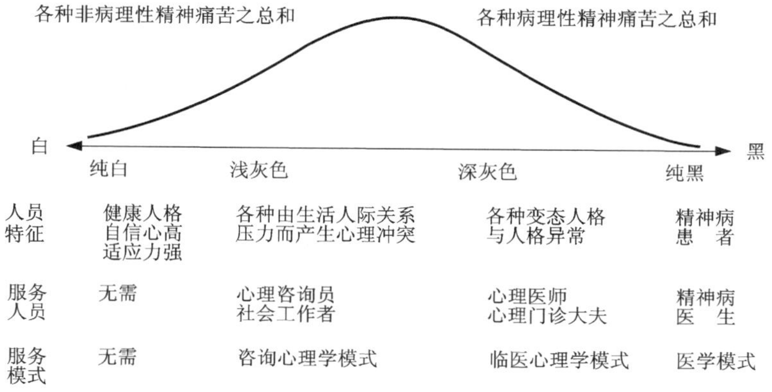

各种非病理性精神痛苦之总和　　　　　　　各种病理性精神痛苦之总和

白　　　　　　　　　　　　　　　　　　　　　　　　　　　黑
　　　纯白　　　　　浅灰色　　　　　　深灰色　　　　纯黑

人员特征	健康人格 自信心高 适应力强	各种由生活人际关系 压力而产生心理冲突	各种变态人格 与人格异常	精神病患者
服务人员	无需	心理咨询员 社会工作者	心理医师 心理门诊大夫	精神病医生
服务模式	无需	咨询心理学模式	临医心理学模式	医学模式

图 1－4　心理健康"灰色区"示意图

在其现实性上可划分成不同的群体，不同群体间的心理健康标准存在一定差异。

因此，不能仅看一时一事就简单地对自己或他人做出心理不健康的结论，应从整体上，并以其经常性的行为为依据进行把握。若难以把握，则应求助咨询专家进行科学的评估和专业的帮助。

四是标准的理想性。

心理健康的标准是一种理想尺度，是从人的优秀心理素质中总结出来的有代表性的特征，它不仅为我们提供了衡量是否健康的标准，还为我们指明了提高心理健康水平的努力方向。每一个人在自己现有的基础上做不同程度的努力，都可以追求心理发展的更高层次，不断发挥自身的潜能。

温馨提示：理性自评心理健康状态

大学生心理健康的基本标准是有效地进行工作、学习和生活。事实上，由于现实生活中各种主、客观因素的不断变化，具体情况千差万别，因此多数人难以全部符合，但不能因为某条不符合就给自己或别人戴上心理变态的帽子，贴上心理障碍的标签。我们应灵活运用大学生心理健康的标准，以达到既发现问题、解决问题，又避免主观臆断、随意下结论的现象。

心理透视：大学生心理面面观

大学生的心理有什么特点呢？

大学生正处于一生之中心理发展变化比较激烈的青年期。生理上已经趋于成熟，但心理发展还不够成熟。作为一群正在严肃思考人生的青年，他们面临着多种思潮、多元价值观与各种人生观的冲击与抉择，既富于幻想和希望，又充满着矛盾与迷茫，学习竞争的加剧、专业的适应、人际的冲突、恋爱的烦恼、择业的困扰……如此种种就构成了大学生群体的独特性。

1. 抽象思维迅速发展但不够深刻

进入大学阶段，大学生的抽象逻辑思维获得了迅速发展，并逐渐在思维活动中占据主导地位。在思考问题时，大学生不再满足一般的现象罗列和获得现成的答案，而是力求自己能够深入地探讨事物的本质和规律。他们思维的独立性、批判性和创造性有所增强，主张独立发现问题和解决自己认为需要解决的问题，喜欢用批判的眼光对待周围的一切，不愿意沿着别人提供的思路去思考和解决问题，其思维的辩证性日益提高。但是，大学生抽象逻辑思维水平并没有达到完全成熟的程度，主要表现在思维品质发展不平衡，思维的广阔性、深刻性和敏感性发展比较慢。由于个人阅历浅、社会经验不足，看问题时容易钻"牛角尖"，掺杂个人的情感色彩，缺乏深思熟虑，往往有偏激、过分自信和固执己见的倾向。尤其是不太善于运用辩证的观点和理论联系实际的观点指导自己的认识活动和观察社会现象，因而，常常把社会问题看得过于简单而陷入主观、片面和"想当然"的境地。

2. 自我意识增强但发展还不成熟

自我意识，是指人对于自己和自己与他人及社会的关系的认识，它包括自我观察、自我评价、自我检验、自我监督、自我教育、自我完善等。独立自主、具有个人魅力是当代大学生喜欢追求的个性形象。作为同龄人的佼佼者，大学生关注自我的过去、现在和未来；渴望能深入挖掘自己，了解自己；希望能得到社会的关注和承认，老师和同学的认同和尊重；喜欢独立自主、受人尊重，不喜欢别人指手画脚、横加干涉；追求个性张扬，展现自我风采。但由于自身社会生活的知识、能力和经验等的不足，大学生中相当一部分人还不善于正确处理自我完善与社会发展需要的关系，还没有做好立足现实、做长期艰苦奋斗的心理准备。在找寻自我的时候，有时会迷失前进的方向；有时可能由于过于张扬自我却忘了尊重和理解其他同学；在过于强调自我时忽略了别人的意见；在遭遇挫折和失败时，有时会过分夸大了自身缺点，产生自卑情结，在消沉中萎靡不振，甚至行为失控，做出不理智的事情来。正因为如此，大学生自我意识的发展状况充分反映出他们正处于迅速走向成熟但并未完全成熟的心理特点。

3. 情感丰富但情绪被动较大

与中学校园相比，开放而轻松的大学校园使大学生生活的重心从学习转移或分散到了日常生活的各个方面。大学生积极地与家人、同学、朋友、老师乃至社会的交往过程中，逐渐发展了丰富的情绪和情感。他们对社会、家庭、学校、朋友、自己有了强烈的责任感和义务感；他们关注社会、国家的前途和命运；他们激情飞扬，对未来有着执著的追求和渴望；在发展了深厚友情的同时，也在试着品尝着爱情带来的酸甜苦辣。

大学生控制情绪的能力也在不断由弱变强，大多数人的内心体验逐渐趋于平稳。但是，如果受到内心需要和外界环境的强烈刺激，他们的情绪又容易产生较大波动而表现出两极性，既可能在短时间内从高度的振奋变得十分消沉，又可能从冷漠突然转变为狂热，乃至造成消极的后果。例如有时可能会因一些鸡毛蒜皮的小事而耿耿于怀，陷入郁闷和沮丧，甚至会闹得不可开交。这种特点常使一些大学生陷入理智与情感的矛盾和冲突之中，从而感到十分苦恼。同时由于生活经验的匮乏，大学生又常常体验到挫折与焦虑。

4. 意志水平明显提高，但不平衡、不稳定

大学没有了升学的压力，在开放和多元的生活中，大多数学生开始思考自己的现在和未来，明白了曾经和现在的梦想要靠大学里的积累去实现。他们斗志昂扬、乐此不疲地尝试着各种可能。生活中的各个目标，让他们逐渐学会选择、克制和坚持。大多数学生已能逐步自觉地确定自己的奋斗目标，并根据目标制定实施计划，排除内外障碍和困难去努力

实现奋斗目标,其意志的自觉性、坚韧性、自制性和果断性都有了较大发展。但意志的果断性和自制性品质的发展却相对缓慢一些。这主要表现在,大学生能独立迅速地处理好一般学习、生活问题,但在处理关键性问题或采取重大行动时往往表现出优柔寡断、动摇不定或草率武断、盲目从众的心态。

大学生心理健康现状是怎样的?

根据许多大学从 20 世纪 90 年代以来对大学生所做的调查和测试,我们发现:多数大学生心理发展是健康的,而且心理健康水平随年级升高而提高;大学生存在的心理问题主要是源于成长和发展的矛盾。

大学时期是个人成长过程中又一次面临新的心理矛盾、转化并趋于成熟的时期。大学生从入学开始,就面临对环境的适应。新的学校、新的学习秩序、新的老师和同学关系,都使大一新生感到生疏而一时难以适应,尤其是新的人际关系常常使他们不知所措;入学的第二个问题是,原有的自我观念面临新的挑战。原有的角色定位会发生变化,心理优势不复存在,开始了自我观念重新调整的过程。此外,学习问题、恋爱问题和择业问题等都可能引起困扰和焦虑。这些问题都影响着大学生的思想和情绪,但这些都是大学生成长中正常的心理问题,不属于心理障碍或心理疾病。

知识窗 1 –5:当前大学生主要的心理问题

- 目前,大学生的心理问题主要表现如下。
  - 学习目标不明确,缺乏学习动力,学习适应困难、考试焦虑甚至厌学;
  - 人际关系处理不当;
  - 人生目标不明确,信仰危机带来精神空虚;
  - 恋爱与性的困扰;
  - 就业心理困惑,择业心理准备不足;
  - 意志不坚定,不能持之以恒;
  - 抗挫折能力弱,情绪调控能力差。

心理自测:你是个幸福的人吗?

心理学家认为,一个人的心理健康程度与他的幸福感密切相关,心理越健康的人,越容易感到幸福。你是一个容易感到幸福的人吗?请做下面的小测试吧!

下面给出了一些关于生活感受的问题,请你仔细阅读,并回顾自己的生活,根据个人的真实感受做出回答。如果相符,就回答"是";不相符合,就回答"否";难以确定,就回答"不能确定"。

1.与你所认识的大多数人相比,你觉得你的生活是比较好吗?(   )

2.你认为你所做的大多数事情都是有意义的吗?(   )

3.你相信明天会更好吗?(   )

4.大多数情况下你的心情都是愉快吗?(   )

5. 如果你能够做到，你也想改变自己过去的生活吗？（　　　）

6. 回首往日的生活，你觉得大多数你想要的重要东西都得到了吗？（　　　）

7. 你相信不久的将来会有一些愉快的事情在你身上发生吗？（　　　）

8. 即使发生了不好的事情，你也相信它会往好的方面发展吗？（　　　）

9. 你觉得你是一个能与别人和睦相处的人吗？（　　　）

10. 你觉得你的大多数朋友都是喜欢你的吗？（　　　）

11. 如果人生能够重新选择，你认为你要比现在过得好吗？（　　　）

12. 与同龄人相比，你觉得你曾经作过许多愚蠢的选择吗？（　　　）

13. 你认为一般人的生活是越过越差，而不是越过越好吗？（　　　）

14. 你觉得你的生活是平淡无奇的吗？（　　　）

15. 即使有好的事情在你身上发生，你也会觉得它不会长久吗？（　　　）

如果 1 – 10 题，你回答"是"的次数越多，11 – 15 题你回答"否"的次数越多，说明你越容易感受到幸福；反之，则越不容易感受到幸福。

自助之道：成长并快乐着

每个人自身蕴藏着巨大的心理自助资源。很多心理困惑发生的根源在于自身不合理的认知，只要我们树立科学的思考问题的方式、强化自我保健的意识、掌握自我保健的方法，就能收获我们充实幸福的大学生活，成为一个有潜力、有思想、有价值、有前途的毕业生。

一、努力优化心理环境

心理环境是指直接或间接影响心理健康的各种外在因素。按照是否有利于这一标准，可以分为良性刺激和劣性刺激。大学生应积极利用客观环境中有利于维护心理健康的因素与条件，在现实环境的基础上，最大限度地利用有利于心理保健的良性刺激，尽量避免或减少容易伤害心理的劣性刺激。

1. 培养健康的生活方式

健康的生活方式对心理健康的影响已为科学研究所证明。健康的生活方式指生活有规律、劳逸结合、科学用脑、坚持体育锻炼、少饮酒、不吸烟、讲究卫生等。

大学生的学习负担较重，心理压力较大，为了长期保持学习的效率，必须科学地安排好每天的学习、锻炼、休息，使生活有规律。对于大学生来说，还要注意学会科学用脑。首先就是要勤用脑、适时用脑、营养健脑。心理学的研究表明，勤用脑会使思维更加敏捷；适时用脑要讲究最佳用脑时间，在人精力最充沛、大脑皮层处于高度兴奋与清醒状态时进行学习；营养健脑则要以必要的营养来保证大脑正常工作所必需的能量。有些大学生，特别是一些女大学生，经常用节食保持身材苗条，而科学研究表明，节食不仅对身体机能器官造成损害，更为严重的是，节食减肥会对大脑记忆功能细胞造成严重损害，导致记忆力下降，精神萎靡。

2. 保持健康的情绪

情绪对心理健康至关重要。几乎每一种心理疾病都有情绪上的表现。稳定而良好的情绪状态，使人心情开朗，精力充沛，对生活充满乐趣与信心。而消极的情绪如焦虑、愤怒、冲动若不能及时得到妥善地化解，则可能使人产生攻击、甚至轻生等种种消极的行为反应。因此我们要学会合理宣泄，及时恢复心理平衡。

3.积极参加业余活动，发展社会交往

丰富多彩的业余活动不仅丰富了大学生的生活，而且为大学生的健康发展提供了课外实践的机会。大学生应培养多种兴趣，发展业余爱好，通过参加各种课余活动，发挥潜能，振奋精神，缓解紧张，维护身心健康。通过社会交往才能实现思想交流和信息资料共享。发展社会交往可以不断地丰富和激活人们的内心世界，有利于心理保健。

二、自觉培育心理素质

培养良好的人格品质。首先，应该正确认识自我，培养悦纳自我的态度，扬长避短，不断完善自己；其次，应该提高对挫折的承受能力，对挫折有正确的认识，在挫折面前不惊慌失措，采取理智的应对方法，化消极因素为积极因素。提高挫折承受能力应努力提高自身的思想境界，树立科学的人生观，积极参加各类实践活动，丰富人生经验。

三、主动寻求心理帮助

在人的一生中，每个人都可能偶尔遭遇这样或那样的心理困扰甚至心理疾病，我们要以科学的态度应对之。事实上，大学生心理健康的维护是一个多层次的系统工程，各有其功能，从服务对象的数量来看，可以分为六个层次，构成一个金字塔，分别由不同的人承担。

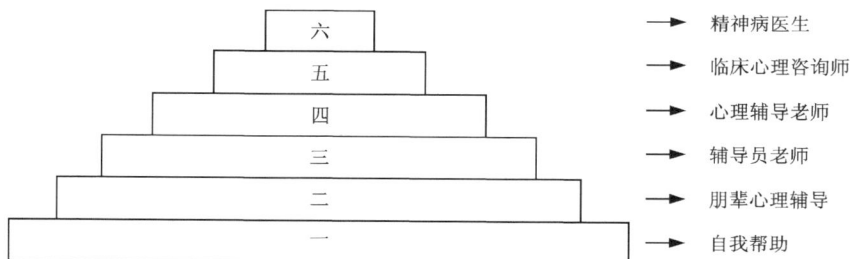

图1-5 心理健康维护金字塔

第一个层次是心理自我帮助，这是最基础的层面，其他层次的帮助都最终应该转化为自助，并且只能通过自助才能发挥作用，这需要每个学生树立自我培育良好心理素质、维护心理健康的意识和内在驱力，并具备自我育心及护心的能力。

第二个层次是同伴互助，在这一层次，每个同学既是参与者，也是受益者，主要从精神、心灵上相互关怀、支持、接纳、开导、倾听、鼓励，构成朋辈心理支持系统。这也是社会支持系统中最直接、最有效的心理帮助机制。

第三个层次是由辅导员老师等思政教育工作者承担，主要负责心理关怀、心理支持、心理健康维护、渗透式的心理素质培育及心理软环境的优化。

第四个层次由学院专职心理辅导老师负责，面向的是存在轻度心理行为问题的学生，常用的是心理健康教育与心理辅导干预相结合的模式。

第五个层次是由专业心理咨询师或心理医生承担，服务对象是有较严重的心理行为的学生，常用的是规范的心理评估、心理行为训练、心理咨询及心理治疗模式。

第六个层次的承担者是精神科医生，面向的是严重的神经症和精神病患者，以药物治疗为主，心理治疗相配合。

知识窗 1-6：专业支招：大学生应如何面对自己的"心理问题"

1. 坦然面对

出现心理问题虽不是什么好事，但也完全不必如临大敌，疑神疑鬼。一些同学可能因在情绪上出现困扰，或者在身体上出现不适，而担心焦虑，甚至害怕长此以往会患什么精神病。其实，心理健康与身体健康一样，在人的一生中会出现这样那样的问题，实在不必大惊小怪。

2. 别妄加"诊断"

心理问题本身多种多样，成因也很复杂，切忌盲目地从一些书籍上断章取义，或者道听途说，急于"对号入座"，认定自己患了什么病。弄清问题当然是必要的，但一般而言，大学生的问题很多都是"成长中的困惑与烦恼"，大可不必自己吓自己。

3. 转移注意

心理问题往往有一个特点，就是越注意它，它似乎越严重。所以不要老盯着自己所谓的问题不放，不要过分关注自我，而应把注意力转移到学习、工作与生活的领域之中，对自己感兴趣的事情就全身心地投入，这样才是有利于心理健康的。

4. 调整生活规律

很多时候，只要将自己惯常的生活规律稍加调整，就会给自己整个的精神面貌带来焕然一新的感受。这样，不少所谓的问题，也就随之轻轻松松化解了。

5. 不要讳疾忌医

就像得病了去看医生一样，对于严重的、难以排解的心理问题，如果条件具备，大可寻求专家的帮助。

（资料来源：黄希庭.大学生心理健康教育[M].上海：华东师范大学出版社，2004：15-16）

知识窗 1-7：心理健康三水平 心理咨询三形态

人的心理是精神现象，判断一个人的心理是否健康，很难有一个固定而清晰的界线，为了使学生能了解自己的心理健康状况，心理专家将人的心理健康水平大致分为三个等级：

1. 一般常态心理者。这部分人表现为心情经常处于愉快的状态，适应能力强，善于自我调节，能较好地完成同龄人发展水平应做的活动，具有调节情绪的能力。生活中大多数人属于一般常态心理者。

2. 轻度失调心理者。这部分人在他们遇到学习、生活中的烦恼时，容易产生抑郁、压抑等消极的情绪状态，人际交往中略感困难，自我调节能力弱，若通过心理教师或专业人员的帮助，可维持心理健康。

3. 严重病态心理者。这部分人表现为严重的适应失调，已影响正常的生活和学习，若不及时进行心理咨询和治疗，就会加重病情，以至难以维持正常的学习和工作。

　　针对心理健康发展水平的等级，心理咨询内容也分为三类：

　　1.心理发展咨询：做此类咨询是为了更好地认识自己，扬长避短，充分发挥潜能，提高生活质量。例如，如何提高学习效率，如何获得更好的朋友等。

　　2.心理适应咨询：排除心理困扰，减轻心理压力。例如，新生对环境不适产生焦虑，人际关系不协调痛苦等。

　　3.心理障碍咨询：通过心理治疗，克服心理障碍，恢复心理健康。

　　希望大家理性利用各种资源，勿将心理咨询神秘化或妖魔化，通过自我心理保健与社会心理支持，构建我们充实幸福的大学生活。

素质拓展

塑造阳光心态的五个问题

　　如果你想走出常规，放松心情，以阳光心态面对每一天，就有必要以自问的方式开始这一天，这些问题会给我们带来力量和好心情。

　　1.我现在已经拥有什么最珍贵的东西？

　　"失去了才知道珍贵。"人们总是追求自己没有的东西，而对于已经拥有的却习以为常，甚至不去珍惜。比如健康的身体、幸福的家庭、学习的机会等。

　　我拥有的最珍贵的三样东西是：

_____

_____

　　2.我现在或曾经因为什么而感到自豪？

　　成绩和成功不分大小，每一次成功都意味着向前迈进了一步。你可以为你刚刚战胜一个挑战而感到骄傲，也可以为你帮助了别人而感到幸福，总之一切都值得你自豪。

　　截至目前我最自豪的三件事是：

_____

_____

　　3.我今天给自己一个什么样的希望？

　　每天给自己一个希望，就等于给自己点燃了一盏激情和自信的心灯。

　　我今天的希望是：

_____

_____

　　4.我今天能解决什么问题？

　　试图把问题拖延到明天或以后解决不仅于事无补，还会增加自己的心理负担，并且让问题越积越多，将小问题变成大问题。

我今天必须解决的问题是：

_____

_____

_____

5. 我现在就开始行动？

我是一个幻想家，还是一个行动者？我有足够的能力让自己拥有阳光心态吗？

我现在就开始行动：请记住，如果我们能够做到"早上醒来，光彩显在脸上，充满笑容地迎接未来；到了中午，光彩挂在腰上，挺直腰杆地活在当下；到了晚上，光彩印在脚上，脚踏实地地做好自己"，那我们就拥有了阳光健康的人生，享受了生命的精彩过程。

我心我诉

你习惯给自己贴标签吗

一个女大学生电话咨询，自称自己是一个同性恋患者，因为她喜欢跟自己的女朋友在一起形影不离，看到男生就排斥并害怕；

一个男青年说他有严重的抑郁症，因为长期的失眠引起了神经衰弱，久治不愈；

一个男生说自己有强迫症，因为他正在暗恋班上的一个女生，想看她又告诫自己不要，可一边对自己说不要偏偏一抬眼就看到了她……

每个人都把自己的痛苦讲述得详尽细致，并且希望咨询师立刻给他们开出一副药到病除的灵丹妙药来。

人们常说病急乱投医，久病成良医，这是因为他们在自己的痛苦中浸泡太久太苦，急于解脱。可惜的是，很多来访者都没有找过正规的心理医生，就擅自给自己加上了这样一顶又一顶的大帽子，让自己失去了自信。

心理老师在这里想说的是，请大家不要给自己乱贴标签。在没有得到确诊前，自己根据一些心理学书上似是而非的标准而给自己先下了一个消极的判断，往往是没有毛病也会弄出毛病来。这也算是一种标签效应吧。

比如那个女生，她个性上比较羞涩胆小，其实在内心里渴望与男生有接触，但是又害怕，不知如何是好，于是，同宿舍的女生成了她的一个极好的替代与过渡，这是一种很自然的青春期现象，可她却为自己扣上了一顶让人望而生畏的帽子，反而让自己在正常的男女交往中更加放不开了。

那个患抑郁症的男生，他现在已经大三了，他的症状更多的是由于用脑过度体质不佳引起，当然也有心理上的因素。但是，若如他所说，自己有十几年的抑郁症还能顺利地考上大学，那他已经创造奇迹了。既然自己有这么强大的力量，为什么不更加自信一点呢？

还有强迫症，其实在很多人的生活中都或多或少地会出现一些强迫症状来，比如出门之后怀疑自己没有锁上门，想要回去再看一看等，但是，强迫症状是不同于强迫症的，前者可以说几乎每个人都有一点，但后者则是应给予系统治疗的病态。

现在，心理学名词满天飞，随便捞上一个给自己扣上似乎是很轻松的事，但是千万不要太率性而为，尤其不要轻易就说自己是什么症，因为，往往当你把自己或者别人看成什么人时，你自己或者是别人就会慢慢地变成什么样的人。

慧心讲坛

勤做心理保健操

《寓言心理 DIY》有这样一则小故事：一个哮喘病人由于病情剧烈发作而从床上惊起，觉得自己快要窒息而死了。于是他冲向门口，打开大门拼命深呼吸。新鲜的空气让他感觉舒服了很多，很快就不喘了。他回到床上，沉沉地睡了过去。第二天早上，他醒来的时候发现，昨晚他打开的不是房间的门而是衣柜的门。

从心理学角度看，这个哮喘病人正是因为受到了周围环境或自我暗示，不知不觉就产生了与之相应的情绪与行为，这就是心理暗示。暗示是生活中最常见的一种特殊心理现象。它是人或周围环境以言语或非言语的方式向个体发出信息，个体无意识地接受了这种信息，从而做出一定的心理或行为反应的心理现象。然而随着研究的深入，人们发现暗示就像一把"双刃剑"，它可以救治一个人，也可以毁掉一个人，关键在于接受心理暗示的个体自身如何运用并把握暗示的意义。

那我们应该如何运用心理暗示，以激发自己的最佳状态呢？

1. 暗示语言要精练。暗示的目的是为了调动潜意识的力量。但是，不能用复杂的语言进行描述，因为潜意识不懂得逻辑。应采用"我能行"、"我一定能成功"、"我会学会的"、"我一定能考出好成绩"等简单精练的语言进行暗示。

2. 采用积极的暗示。在学习中，有的人对自己充满信心，相信自己"很快就能学会"，有的人则缺乏信心，怀疑自己"根本学不会"。两种不同的心态，学习效果就大相径庭。前者属于积极的暗示，即使遭遇失败，也不当一回事，只把学得好的印象深深印在脑子里，结果可能很快就会了。而后者则属于消极的暗示，往往把失败的印象留在脑海中，这样学起来可能要花很长的时间和精力。因此，永远不要对自己说：我很笨；我根本学不会；我不可能成功；我麻烦了；我真糟糕；我绝对不行；我肯定会失败；我一定赢不了……消极、负面的字眼会让你产生消极的暗示，导致消极的行为。如果你经常对自己进行积极的暗示，诸如"很快就能学会"、"我非常棒"、"我一定能赢"，这样会让你产生积极的思维和行为。

3. 用肯定句。我们也许都有这样的经验，骑车时，看到前面有一棵大树，你不断告诫自己："千万不要撞上去。"这时你可能就真的会撞上去。也就是说，你努力做到"千万不要撞上去"，反而会由于"相悖意象"的法则而使你遭到失败。正确的想法应该是："我一定能够绕过去。"这样才能进入你的理想状态。因此，应把你的暗示性语言"我不会失败"、"我不能失败"、"我不能考砸了"、"我不能生病"、"我不能自卑"等改为"我一定会成功的"、"我一定能考好"、"我很健康"、"我很自信"等积极性的语言。

4. 反复刺激。刺激潜意识往往不是一次成功的，需要不断重复，并形成稳定的习惯。因此，每天晚上临睡前或早晨醒来，可用激励性的言语给自己进行积极的暗示，也可把重复性的信念写下来贴在或放在你每天都能看得见的地方，每天早晚大声地说出来或在心里默默地说 5 ~ 10 遍。

看到这篇文章，你有怎样的感想？尝试坚持这样做，看看自己会收到哪些惊喜？

第二单元　踏上青春节拍　积极适应成长

人的一生是一系列的适应阶段，而每一阶段都会对个人的长期调节产生影响。——珍妮特

最高明的处世术不是妥协，而是适应。——吉姆梅尔

智慧之灯

适应与发展

人生在世，你想成为哪种人？

主动适应的人就是面对生活不用别人说就会出色地完成任务，他不仅仅做别人告诉我要去做的事。

仅次于主动去做应该做的事情的，就是当有人告诉你怎么做时要立刻去做。

更次等的人，只在被人从后面踢时，才会去做他该做的事，这种人大半辈子都在辛苦工作，却又抱怨运气不佳。

最后还有更糟的一种人，这种人根本不会去做他应该做的事，即使有人跑过来向他示范怎样做，并留下来陪着他做，他也不会去做。命运之神对待这样的人，往往也会拿着很大的木棍躲在街头拐角处，耐心地等待着。

从中学时代走过来，每一个大学新生所面临的都是一个全新的世界。无论是自然环境还是学习方法，无论是个人的目标还是社会的期望，都发生了很大变化。**长大意味着什么？意味着你将面对更多的变化，意味着你能不断去适应新的、更加复杂的环境。**主动适应正是心理健康的重要标志，对于大学新生而言，适应大学生活必然要经历一番痛楚，只要迈过这一步，便能体味到化蛹为蝶、凤凰涅槃的快乐。只有在短期内尽快调整身心，转变角色，才能给今后的大学生活奠定良好的基础，度过自己愉悦而充实的大学时代。那么，应对新环境的各种挑战，如何化声声叹息为前行动力，成功地经营你的大学生活呢？本单元将针对新生的适应困难，从新生的心理需求着手，提出相应的心理调适对策，以帮助同学们优化心理素质，提高心理健康水平，促进全面发展。

开启心门

大学生活初体验

1. 列出困难清单

每年9月，都有一批莘莘学子，带着或喜悦或无奈的心情跨入大学校门，进入人生发展的新起点。与高中生活相比，大学生活在生活环境、学习要求、人际关系、管理制度等

方面都有极大差异。请列出面对新环境时可能遭遇的困难清单。

内容	新情况	新困难
生活环境 学习氛围 人际交往 师生关系 ………… …………		

在交流分享的过程中，你是否发现别人也存在和你一样的困扰？对此你心理轻松些了吗？

2. 分享喜怒哀乐个中味

请说出进入大学后你的"五个最"

进入大学后，我最满意的是：_____；

进入大学后，我最高兴的是：_____；

进入大学后，我最关心的是：_____；

进入大学后，我最想做的是：_____；

进入大学后，我最担心的是：_____。

心理小测验：大学生适应能力测试

为帮助大学生了解自己的心理适应情况，下面是一个心理小测验，每道题有 3 个选项，根据自己的实际情况进行选择。

1. 我最怕转学或转班级，每到一个新环境，我总要经过很长一段时间才能适应。

　A. 是　　　　　　B. 无法确定　　　　　　　C. 不是

2. 每到一个新的地方，我很容易同别人接近。

　A. 是　　　　　　B. 无法确定　　　　　　　C. 不是

3. 在陌生人面前，我常无话可说，以至感到尴尬。

　A. 是　　　　　　B. 无法确定　　　　　　　C. 不是

4. 我最喜欢学习新知识或新学科，它给我一种新鲜感，能调动我的积极性。

　A. 是　　　　　　B. 无法确定　　　　　　　C. 不是

5. 每到一个新地方，我第一天总是睡不好，就是在家里，只要换一张床，有时也会失眠。

　A. 是　　　　　　B. 无法确定　　　　　　　C. 不是

6. 不管生活条件有多大变化，我也能很快习惯。

　A. 是　　　　　　B. 无法确定　　　　　　　C. 不是

7. 越是人多的地方，我越感到紧张。

　A. 是　　　　　　B. 无法确定　　　　　　　C. 不是

8. 在正式比赛或考试时，我的成绩多半不会比平时练习差。
　A. 是　　　　　　　B. 无法确定　　　　　　　C. 不是

9. 我最怕在班上发言，全班同学都看着我，心都快跳出来了。
　A. 是　　　　　　　B. 无法确定　　　　　　　C. 不是

10. 即使有的同学对我有看法，我仍能同他(她)交往。
　A. 是　　　　　　　B. 无法确定　　　　　　　C. 不是

11. 老师在场的时候，我做事情总有些不自在。
　A. 是　　　　　　　B. 无法确定　　　　　　　C. 不是

12. 和同学、家人相处，我很少固执己见，乐于采纳别人的看法。
　A. 是　　　　　　　B. 无法确定　　　　　　　C. 不是

13. 同别人争论时，我常常感到语塞，事后才想起该怎样反驳对方，可惜已经太迟了。
　A. 是　　　　　　　B. 无法确定　　　　　　　C. 不是

14. 我对生活条件要求不高，即使生活条件很艰苦，我也能过得很愉快。
　A. 是　　　　　　　B. 无法确定　　　　　　　C. 不是

15. 有时自己明明把课文背得滚瓜烂熟，可在课堂上背的时候，还是会出差错。
　A. 是　　　　　　　B. 无法确定　　　　　　　C. 不是

16. 在决定胜负成败的关键时刻，我虽然紧张，但总能很快地使自己镇定下来。
　A. 是　　　　　　　B. 无法确定　　　　　　　C. 不是

17. 我不喜欢的东西，不管怎么学也学不会。
　A. 是　　　　　　　B. 无法确定　　　　　　　C. 不是

18. 在嘈杂混乱的环境里，我仍然能集中精力学习，并且效率较高。
　A. 是　　　　　　　B. 无法确定　　　　　　　C. 不是

19. 我不喜欢陌生人来家里做客，每逢这种情况，我就有意回避。
　A. 是　　　　　　　B. 无法确定　　　　　　　C. 不是

20. 我很喜欢参加社交活动，我感到这是交朋友的好机会。
　A. 是　　　　　　　B. 无法确定　　　　　　　C. 不是

评分办法：
1. 单数号题：答"是"得"-2"分；答"无法肯定"得"0"分；答"不是"得"2"分
2. 双数号题：答"是"得"2"分；答"无法肯定"得"0"分；答"不是"得"-2"分
3. 将各题的得分相加，即得总分。

结果解释：
　5~40分社会适应能力很强，能很快地适应新的学习、生活环境，与人交往轻松、大方，给人的印象极好，无论进入什么样的环境，都能应付自如，左右逢源。
　29~34分社会适应能力良好。
　17~28分社会适应能力一般，当进入一个新的环境，经过一段时间的努力，基本上能适应。
　6~16分社会适应能力较差，依赖于较好的学习、生活环境，一旦遇到困难则易怨天尤人，甚至消沉。
　5分以下社会适应能力很差，在各种新环境中，即使经过一段相当长时间的努力，也不一定能够适应，常常因感到与周围事物格格不入而十分苦闷。在与他人的交往中，总显得拘谨、羞怯、手足无措。

如果一个学生在这个测试中得分较高，说明其社会适应能力较强。但是，如果得分较低，也不必忧心忡忡，因为一个人的社会适应能力是随着年龄的增长、知识经验的丰富而不断增强的。只要充满信心，刻苦学习，虚心求教，加强锻炼，就一定会成为适应社会的成功者。

心理学堂

初踏校园有叹息

一、话说新环境

在大学里，往往新生实际面临三种新环境：新的生活环境、新的人际环境、新的学习环境。

（一）新的生活环境

校园是大学生活中最重要的场所，对校园环境熟悉和了解与否决定了大学生能否在这个环境中自如地生活、学习。

开学之初，有些同学放好行李后，马上就到校园的各处溜达，熟悉校园情况，了解办公室的位置；教室、图书馆的使用规定；食堂的开饭时间；办理饭卡的方法；甚至学校有几个门，商店、银行的位置等，这样在办理各种手续、解决各种问题时就会比别人更加自立、更加节省时间，能更早适应环境。与此相反，有些同学则非常拘束、胆怯、缺乏安全感，生怕走动一点儿就迷路，又不好意思开口向别人求援，所以尽量少走动、少说话，碰到一定要办的事则只能依赖别人或者结伴而行。

很显然，前者直面独立，后者拘谨依赖。对新环境适应快的学生在行动中获得了成长，容易获得担任班级重要管理事务的机会，与老师、同学接触多，掌握的信息多，锻炼的机会多，能力提升的空间也就越大，既获得同学的尊重，又赢得了自信。

（二）新的人际环境

与中学时代相比，大学生的人际交往更广泛，因而人际交往的类型、交往方式都发生了很大的变化。

处于青春期的大学新生，有着强烈的自尊、认同和归属的需要，非常渴望从朋友那里获得感情的共鸣。在中学阶段，上大学几乎是所有高中生最迫切的目标，在这个统一的目标下，找到志同道合的朋友很容易。但是进入大学以后交往变得宽泛，有同学、同乡、师生、异性、社会活动团体等。周围同学来自五湖四海、有着不同城乡背景、不同方言、不同性格，"异质化"程度高，地区的差异使他们在思想观念、价值标准、生活方式、生活习惯等方面存在着明显的差异，彼此之间的磨合成为问题，要找到有共同追求的朋友，就需要较长时间的努力。各种差异的存在使得同学们与新同学接触时，总习惯以高中时的好友为标准来加以衡量。由于有老朋友的参照，常常会觉得新面孔不太合意，因此他们宁愿采取被动接受的态度，从而阻碍了相互间的沟通和交流。

大学生活提倡主动交往，相互适应，要求大家相互尊重，与人为善，待人诚恳，大事讲原则、小事讲风格，学习全方位的交往模式。

（三）新的学习环境

一是新的学习资源。大学校园一般规模较大、教学设施齐备，尤其是职业院校有着丰富的实习实训教学条件。现代的大学教育单凭坐在教室苦读难以适应，大学生应通过多种渠道获得大量信息，并充分利用网络等现代技术完善自己的知识结构。对大学学习环境、学习资源意义理解不深的人很少利用各种条件发展自己，这既是对大学教学资源的浪费，更是对个人潜能的浪费。

二是新的学习氛围。宽松自由的大学学习并不是没有竞争，每个人都独立地面对学业，每个人都该有自己设定的目标，每个人都在和自己的昨天比，和自己的潜能比，也和周围的同学比。这里一切看似轻松，实际上却充满了紧张和竞争。事实上，大学之间的竞争并不过多地在于分数，更多地体现在能力的培养和素质的提高。可以说，大学竞争是潜在的、多方位的。

三是新的学习方法。在中学里，往往学生的学习内容、学习时间甚至学习计划都由老师安排，学习效果也有老师随时检查，属于典型的"包办式"学习环境。大学学习的特点则表现为专业性、自主性、探索性和多元性。大学阶段，教师不再面面俱到，而是通过指导启发、开列学习书目、提供学习资料等方式，帮助学生开阔视野，激发专业兴趣，培养和发展学生的自学能力。

难以适应这种学习方法的学生，一是表现为不能及时转变学习与思维方式，对老师过分依赖和顺从，缺乏主动性和独立性，从而逐渐失去了学习动力和压力，变得不知所措；能够适应这种关系的学生则能自己确定学习和发展的目标，自己制定学习计划、自己安排时间表，自己检查学习效果，主动找老师征询意见，定期向老师汇报学习状况，提出自己的学习困扰和老师共同探讨。另外一类学生，从听命于老师安排、受老师管束的中学解放出来，一下子接受并喜欢上大学里宽松自由的生活并走向极端，凭自己做主，不与任何人商量，视老师的指导为多余，学习安排过于随意化。事实上，大学生对学习的计划管理应具有整体性，既要体现自己独立的思想，也要参考老师的意见，完全脱离老师的指导和过分依赖老师一样不可取。

二、聚焦新角色

在人生的舞台上，每个人都扮演着一定的社会角色。人在不同的时期、不同的文化环境中，角色期望和行为方式都不同。每个人都不可避免地主动或被动转换着自己所应承担的角色。从一名中学生转变为一名大学生，每一位大学新生都面临着角色的转换，面临着对自我的重新定位。在这种角色的转换过程中，如果自身的行为不能随着角色的变化而变化以符合角色的要求，不能随着时间、环境的不同而进行相应的调整，就可能会出现角色的冲突，从而出现适应不良。

一般而言，大学生角色和中学生角色相比，在角色目标和社会期待等方面都存在差异。中学生的心理和思想仍不够成熟，职业方向仍不确定，他们是潜人才；而大学生作为"准人才"，职业方向基本确定，需要掌握扎实的知识和高超的技能为就业做准备。另外，从社会期待看，当今社会要求高校培养的人才具有独立自主、乐于竞争又严于自律的角色特征，即要完成专业的成才，也要完成精神的成人。因此，大学新生也要适应这一转变，及时调整角色，为自己订立恰当的位置和目标，进行新的角色定位和自我角色期待，处处用大学生的标准严格要求自己，既学会做人又学会做事，这样才能完成角色适应，顺利地度过大学生活。

故事悦读 2－1

　　8 月份，被很多同学所羡慕，大学生小新进入大学后如鱼得水，无论是与新同学的和谐相处，管理自己的生活起居，还是专业学习的锋芒尽头，他都通过自己的智慧一一解决。别人讨要他的诀窍，小新自豪的说，"没什么大招，从准大学生开始，我就提前适应新角色！"

　　原来从 8 月份如愿收到大学录取通知书以后，小新就提前做好心理、身体以及物质上的准备，以全新的状态迎接大学生活的新挑战。作为一名健身运动"发烧友"，入学前他约了几位同学进行了一趟自助游。游玩过程中，他特意抽出两天的时间到湖南工艺美术职业学院拜访了中学阶段认识的一位学长，和过来人聊聊他入学一年的感悟，从细微之处得到不少启发。无论是课余时间如何安排，还是学业、兴趣如何平衡发展，甚至生活经费怎样合理支配这样的问题，通过聊天小新都提前找到适合自己的'大学生活路线图'。"

知识窗 2－1：大学生角色适应三阶段

　　大学生要想角色适应，需要经历一系列的阶段：
　　（1）角色期望阶段。社会对每一角色都有特定的权利与义务的规定，或特定的期望。大学生在这一阶段应明了自身角色的期待，正确把握社会对大学生的要求。
　　（2）角色领悟阶段。个人对所承担的角色的认识和理解直接关系到角色扮演的成败。大学生在这一阶段的任务是尊重社会的意见，努力缩小与社会期望的差别，以成功扮演大学生这一角色。
　　（3）角色实践阶段。个体以实际的行动来实现社会角色。大学生在这一阶段的任务是在对大学生这一角色领悟的基础上，努力以自己的实际行动扮演好大学生的角色。

三、透视心问题

　　面对新环境的挑战，新角色的期望，很多同学会产生各种心理困扰，呈现出适应过程中的种种矛盾心理。

（一）希望与失望并存

　　受家人、老师和社会的影响，新生们普遍对大学有强烈的好奇心与憧憬。入学前将大学生活过分理想化，把大学当成理想的实践地，寻求个性张扬。入学后却发现并非完全如此。过高的期望值与大学的现实生活反差较大，导致部分新生入学后情绪出现波动，产生失落心理。

（二）轻松与紧张相伴

　　经历高考，进入大学，很多同学如释重负，"喘口气，歇歇脚"的心理比较普遍。有的新生入学初期新的人生目标尚未确立，出现目标丢失和理想真空。目标的迷乱往往使人缺乏方向感，无所适从，再加上高校管理不像中学那么直接和严格，学生的自由度较大，禁锢惯了的学生在突如其来的自由面前，反而茫然不知所措。许多新生不知自己该干什么、干什么好，不善于自主地安排自己的生活和学习，产生紧张、焦虑、百无聊赖的情绪。

（三）渴求知识与厌恶学习交织

新的环境，新的希望，新的起点。很多同学在入学初壮志踌躇，满眼宏伟蓝图。但在实际学习过程中，由于高考前的学习压力，不少新生对学习产生了厌倦，似乎有一种莫名其妙的烦恼，难以重新找到学习的动力支点。此外，大学学习信息量大、速度快，更加强调学习过程中的自主性、创造性、实践性，很多同学更是无从适应。

（四）自豪与自卑共生

迈进大学，很多同学心中多少有些满足感。进入高校后，却发现山外有山，天外有天。而且大学里的竞争，不再仅仅是学习成绩，眼界学识、文体特长、社交能力、组织才干等都成了比较的内容，原来的心理优势荡然无存。这种重新洗牌造成巨大的心理落差，由于对角色地位的变化缺乏足够的认识和预期，一遇挫折，往往导致他们自我评价失真，从而诱发自卑心理。

（五）空虚与恐惧同在

大学新生由于转变事情诸多不适应而并发综合症，如感到学习单调、生活无聊，不知道自己上大学究竟是为了什么，整日无所事事，时间一久就会感到精神空虚。回来一想，又觉得自己一事无成，感到莫名的恐慌。

（六）独立与依赖共振

新生步入大学，完成了"心理断乳"，独立意识增强。但很多时候，由于新生社会经验不足，认知水平和自我调节能力尚未达到真正独立的程度，因此，他们有独立的意愿而信心不足，表现出一定的依赖性。

青春节拍亮招数

社会适应性良好是心理健康的主要特征。适应大学生活是大学生社会适应的前奏曲。心理学家沃尔曼认为：适应是一种与环境融洽和谐的关系，包括满足一个人的绝大多数需要，并且拥有符合要求所必需的行为变化，以便一个人能与环境建立起一种融洽和谐的关系。

适应可分为积极适应和消极适应。积极适应是一种健康的适应，它应有两种含义：一是改变自己以顺应环境或顺应环境中的某些变革；二是不断地抗争和选择，从一个目标走向另一个目标，这是发展性适应；消极适应是一种不健康的适应，它以牺牲个体的发展为代价，甚至会导致某些不同程度的心理问题或疾病。

知识窗 2 - 2：高职新生环境适应不良的主要表现

理想与现实差异带来失望与迷惘
自我评价失调导致自卑与怀疑
人际关系不良带来孤独与压抑
时间安排不当带来空虚与忙乱

物质需要的剧增带来拮据与尴尬

对高职教育认识的偏差带来的自轻与自弃

青春节拍亮招数

社会适应性良好是心理健康的主要特征。适应大学生活是大学生社会适应的前奏曲。心理学家沃尔曼认为：适应是一种与环境融洽和谐的关系，包括满足一个人的绝大多数需要，并且拥有符合要求所必需的行为变化，以便一个人能与环境建立起一种融洽和谐的关系。

适应可分为积极适应和消极适应。积极适应是一种健康的适应，它应有两种含义：一是改变自己以顺应环境或顺应环境中的某些变革；二是不断地抗争和选择，从一个目标走向另一个目标，这是发展性适应；消极适应是一种不健康的适应，它以牺牲个体的发展为代价，甚至会导致某些不同程度的心理问题或疾病。

知识窗 2-3：适应不良三表现

在现实生活中适应不良的行为表现主要有三种：

第一种方式是反抗现实。由不满现实转而反抗现实，反抗现有的社会规范，反抗社会权威，甚至产生更为严重的反社会行为，其结果是不但不能解决问题，反而带来更为严重的挫折，甚至毁灭自己。

第二种方式是逃避现实。由于个体承受不了现实压力，不从经验中学会面对现实，而以自欺欺人、掩耳盗铃的方式来应付问题，借以获得暂时的满足，但久而久之会造成更大的失败。

第三种方式是脱离现实。从现实中退却，沉迷于虚构的幻想世界，过着完全与现实隔离的生活，此种方式易于导致心理疾病。

那么，每一个大学新生应如何对应各种新环境和新角色的挑战，从容克服适应阶段出现的种种心理问题，舞出绚丽的青春节拍呢？

一、合理设定目标

有些大学新生形容中学阶段的生活"就像在黎明前漆黑一片的隧道中赛跑"，高考就是前面那盏最明亮的灯，大家都往这一目标奔跑，虽身心疲惫但目标十分明确，因而生活紧张却充实。顺利进入大学之后，天已大亮，高考这盏明灯也熄灭了，生活失去目标和动力，周围全是一片陌生的景观，反而显得失落和茫然。一时的茫然并不要紧，进了大学，思想更成熟，眼界更开阔，经过一段时间探索，我们完全可以重新确立自己的人生目标。重新设立合理的学习和生活目标是积极适应的首要条件。目标的确立需要我们静下心来好好考虑——如何选择合适的目标。目标过低时，就会缺乏动力；目标过高时，会因为达不到理想而失望。我们应当从自身和客观实际出发，了解自己的个性特点、能力、优缺点，还有客观的条件，不应该再沉醉在高考突围的喜悦中，而应做好"一切从头开始"的心理准备，避免盲目地追随别人或社会时尚，迅速给自己以恰当定位。

在目标的实现过程中，我们应改变对自我、对他人、对环境的不恰当认识，以达到改善人际关系、提高学习或工作效率的目的，使自己不断向理想自我靠近，并随时根据已经变化了的情况，及时调整目标，以免因为目标脱离实际而无法实现。当然，我们还应当认识到自己是不可能完成所有想要完成的事情，也不是所有的事情都有能力去实现，只要努力做好自己能做的，对不受自己支配的因素，就不要太在意。

知识窗 2-4：合理目标如何设定

合理设定目标可以从六个"W"和两个"H"的角度去思考。

六个"W"：

"What"：你要达成什么具体的可量化的目标。只有量化的目标，才能知道你目标达成了多少，哪些地方还要加把劲。

"When"：你要什么时候达到目标。

"Where"：达到目标要利用的各个场所地点。

"Who"：促成目标实现的有关人物。

"Why"：你能够更明确地确定为什么要这样做，确定这样做的理由是正确的。

"Which"：让你能够在思考上保持更多的弹性，让你能有不同的选择方案。

两个"H"：

"How"：选择、选用什么方法进行。

"How much"：要花多少时间、多大精力等。

二、构筑支持系统

每个人的能力都是有限的，每一个人都不能独自解决人生路上的一切问题。没有人是永远的"孤胆英雄"。为此，构筑自己在大学的社会支持系统，是每位大学生的重要课题。如果大学新生能获得来自老师、朋友、同学的积极支持，就能比较顺利地适应大学校园生活。

请按照下面的表格自查，看自己是否已经构筑了自己的支持系统。

构筑大学的支持系统

在大学里，你知道当你遇到困难时应向哪些人或部门求助吗？

专业学习的困扰，可以向＿＿＿＿＿＿＿＿＿＿＿＿＿＿＿＿＿求助；

心情郁闷低落，可以向＿＿＿＿＿＿＿＿＿＿＿＿＿＿＿求助；

生活出现困难，可以向＿＿＿＿＿＿＿＿＿＿＿＿＿＿＿求助；

渴望勤工俭学，可以向＿＿＿＿＿＿＿＿＿＿＿＿＿＿＿求助；

提升学历事宜，可以向＿＿＿＿＿＿＿＿＿＿＿＿＿＿＿求助；

＿＿＿＿＿＿，可以向＿＿＿＿＿＿＿＿＿＿＿＿＿＿＿求助；

＿＿＿＿＿＿，可以向＿＿＿＿＿＿＿＿＿＿＿＿＿＿＿求助；

……

想想看，你建立自己的支持系统了吗？打算如何使自己的支持系统资源利用最大化？

三、有效自我管理

（一）把握易逝的时光，学会管理时间

由于缺乏时间管理的意识，很多同学都存在一些时间管理方面的误区，如做事无计划、容易接受事务委托或别人的邀请、无端的电话干扰、东西放置凌乱、做事拖拖拉拉以及做事没有连续性等。美国著名的管理大师杜拉克指出："时间是世界上最短缺的资源，除非严加管理，否则就会一事无成。"当然，生活中总是有这样那样的无端事务来扰乱自己的时间，因此，大学生需要掌握一定的技巧来避免时间的浪费。

首先要树立正确的时间观念。大学三年时间很短，一眨眼就到毕业，这是很多经历过大学的人的真实感受。时间是最公平的，每个人每天有 24 小时，一分不多一分不少；时间又是最无情的，它总是头也不回朝前走，不把握这一秒就意味着永远失去，因此要从当下开始，抓住大学的每一分钟。记住，守时应该是每个人应有的基本品质之一。其次，要学会合理地安排时间。最新的时间管理理念认为，对于时间的安排应该在自己所追求的核心价值框架内，按轻重缓急来处理事务，即什么事情在什么时间做最有效，什么事情先做更好，其实都是"有机可乘"。作为大学生，应该学会在自己的学习时间、工作时间、休闲时间上做好安排。结合自己的实际情况，多多自问自查：我每天有多少时间用来学习，又有多少时间用来休闲？

故事悦读 2-2

一天，时间管理专家为一群商学院学生讲课。他说："我们来个小测验"，拿出一个广口玻璃瓶放在他面前的桌上。随后，他取出一堆拳头大小的鹅卵石，仔细地一块块放进玻璃瓶里。直到鹅卵石高出瓶口，再也放不下了，他问道："瓶子满了吗？"所有学生应道："满了"。时间管理专家反问："真的？"他伸手从桌下拿出一桶砾石，倒了一些进去，并摇晃玻璃瓶使碎石填满鹅卵石的间隙。"现在瓶子满了吗？"他第二次问道。但这一次学生有些明白了，"可能还没有"，一位学生应道。"很好！"专家说。他伸手从桌下拿出一桶沙子，开始慢慢倒进玻璃瓶。沙子填满了鹅卵石和砾石的所有间隙。他又一次问学生："瓶子满了吗？""没满！"学生们大声说。他再一次说："很好"。然后他拿过一壶水倒进玻璃瓶直到水面与瓶口平。抬头看着学生，问道："这个例子说明什么？"

一个心急的学生举手发言："它告诉我们，生活中的事务有轻重缓急，因此要对他们进行先后排序；如果你确实努力，不管你的时间表多么紧凑，你都可以做更多的事！""不！"，时间管理专家说，"那不是它真正的意思。这个例子告诉我们：如果你不是先放鹅卵石，那你就再也不能把它放进瓶子里。"

在生活和学习中，要想有效地管理时间，做时间的主人，就一定要分清哪些事情是鹅卵石，哪些是碎石，哪些是细沙，哪些是水，分清后就不能只顾着装清爽的水和细腻的沙子，而要先装重重的鹅卵石。亲爱的同学，请试问自己这个问题：**我今生的"鹅卵石"是什么？**然后，请把它们先放进你的人生广口瓶。

知识窗 2 -5：时间管理小技巧

　　大学生在校的时间，可以划分成学习时间（专业学习等），工作时间（班级管理、学生会或社团里的工作等），休闲时间（休息、睡眠及体育活动等），家庭时间（与家人进行沟通交流），个人时间（做自己感兴趣的事），思考时间（独自思考某些问题）等。在时间管理的过程中，要学会妥善地安排上述的这六种时间，分清轻重缓急。

	紧急	不紧急
重要	A：马上处理（65%） 如：危机 　　紧急状况 　　有期限压力的计划 　　……	C：分阶段处理（20%） 如：学习新技能 　　建立人际关系 　　保持身体健康 　　……
不重要	B：酌情处理（15%） 如：某些电话 　　不速之客 　　某些会议 　　……	D：抑制或延迟满足 如：琐碎的事情 　　某些信件 　　无聊的谈话 　　……

　　通常，A 区的项目亟待解决，需要快速高效地完成；B 区的项目需要及时完成，但当 A 区的事务过多时，可以适当地忽略或托别人来帮忙完成；C 区的项目虽然不紧急但很重要，所以它们应该列入你的长远规划；D 区的事情能在空闲时再考虑实施或解决。同时还要注意，不要等待事情变成最重要最紧急的时候才去做，而是应该合理安排。

（二）捂紧"漏钱"的口袋，合理消费科学理财

　　学生要树立科学的消费观，掌握理财技巧。

　　一是学会记账和编制预算，掌握手上钱的来龙去脉。通过记账，明了自己收入、花销状况和结余状况；通过记账，对不合理的花费进行清算和整改；通过记账，还能制定下一步的投资计划，如用于购买书籍等。坚持记账的人对自己的开销结构一目了然，懂得合理安排自己的钱财。

　　二是对个人收入做个安排，做到合理有效。当前，由于政府扶贫力度加大，高校的助学金比例和资助金额越来越大，奖学金的设定金额也逐年提高，大学生勤工俭学的形式和途径越来越多样化，越来越多的大学生积极参与勤工俭学。大学生的个人收入由原来的父母供给的单一来源向收入来源多样化转变。如今，大学生的个人收入包含父母供给的生活费，学校提供的奖、助学金，以及大学生自身通过勤工俭学挣来的工资等。可以对个人收入做好科学的储蓄，增加对学习的投资。

　　三是遵守一定的生活消费原则，树立科学的消费观，明确自己在大学期间生活与学习必需品的范畴，抵制各种优惠促销的诱惑，购买商品或服务时应该多考虑其实用价值，而

不应只为了品牌或个性。应该靠自己灵敏的感觉去引领时尚，秀出自己的特色。

四是要合理使用信用卡，卡住非理性消费，避免当"负翁"。现如今，使用信用卡消费已成为一种时尚，但是并非人人都适合使用信用卡，特别是对花钱自制力较差的大学生，使用信用卡需要慎之又慎，过度消费会影响自己的信用度，将得不偿失。

（三）养成科学的生活习惯，建立健康新观念

健康有序的生活方式，能帮助大学生生活有规律、精力充沛、身体健康，从而高效率地完成学习任务。

首先，要合理地安排作息时间，养成早睡早起的习惯，因为有规律的生活能使大脑和神经系统的兴奋和抑制交替进行，天长日久，能在大脑皮层形成动力定型，这有利于促进身心健康。

其次，要进行适当的体育锻炼和文娱活动。"文武之道，一张一弛"，学习之余参加一些文体活动，倡导积极的休息方式，不但可以缓解刻板紧张的生活，还可以放松心情，增加生活乐趣，有助于提高学习效率。实践证明：$7+1>8$（$7+1$ 表示 7 个小时的学习加上 1 个小时的体育文娱活动，8 表示 8 个小时的连续学习）。

最后，要保证合理的营养供应，养成良好的饮食习惯。大学生"饮食不良"现象主要表现在两个方面：一是饮食不规律，很多人早晨起床较晚，来不及吃早饭便去上课，有的则在课间饿的时候随便吃点零食；二是暴饮暴食，学生们主要在食堂就餐，但食堂的就餐时间比较固定，常有学生由于学习或其他原因错过了开饭时间，于是就吃点饼干、方便面来对付，等下一顿吃饭时再吃双份。营养学家们的研究证明：早餐吃饱、吃好，对维持血糖水平是很有必要的；午餐吃好，就是用餐时不要挑食偏食，要全面营养，还要多吃水果和蔬菜；晚饭吃少，就是说晚上不要吃得太多，否则容易引起消化不良。此外，大学生还要改正和防止吸烟、酗酒、沉溺于电子游戏等不良的生活习惯。

对于每一个有理想、有追求，但涉世未深的青年人来说，成长的每一步都是艰难的。也正是因为这种艰难，才使得成长充满了挑战和诱惑，也才能让我们为自己的成长充满骄傲和自豪。适应大学生活融入社会的过程，就是我们在不断改造自身素质和改善环境以达成两者和谐统一的自我成长的过程，它将会增加生活的信心、勇气与智慧。总之，为了尽快适应大学生活，我们要尽量做到：生活上自理自立、学习上自持自觉、道德上自律自省、心理上自强自信、交往上自尊自爱。

温馨提示：大学生培养健康生活方式"五要诀"

- 日常生活要有序
- 休息娱乐要有益
- 个人消费要有度
- 社会交往要自尊
- 专业学习要勤奋

素质拓展

大学目标设置四部曲

目标设置理论认为，目标是行为最直接的动机，设置科学合理的目标能使人产生希望达到该目标的成就需要，因而对人有强烈的激励作用。有关研究指出，一个有效的目标必须符合 SMART 原则。

Specific：即目标必须是具体明确的，而不是宽泛的。明确要完成的事情究竟是什么？具体的结果或产出是什么？为了达到所期望的目标，应该采取什么样的具体措施？

Measurable：目标应该是可衡量的，而不是模糊的。如"我成绩超群"是不可测量的，而"我成绩每门都能 90 分以上"才符合这一要求。

Achievable：目标是可实现的，而不是理想化的，要考虑到为了达到这个目标需要付出哪些努力？是否有信心经过努力实现目标？阻碍自己达到目标的障碍是什么？潜在的障碍或阻力是什么？为了达到目标，需要什么样的资源？如"我希望自己永远第一"，实际上等于没希望。"我的目标是在这个学期综合成绩评定位列全班第一"会变的更有意义。

Relevant：目标还应是具有相关性的，基于结果而非行为或过程。所定目标应切实可行，不可与实际情况太过悬殊。同时所定目标要是自己可以掌控的。如"多多参加专业技能培训或大赛"与"提升自己的专业能力"关联度较紧且可以自己掌控。

Time – based：目标必须有时间限制，而不是遥遥无期的。要达到目标需要多少时间？目标必须什么时候完成？时间的限制是否会保证自己有时间达到目标？如"我要在大二通过服装设计员技能鉴定考试"就符合这一标准。

那么，我们该如何根据 SMART 原则设置我们的大学目标呢？

一、遥望梦想

每个人都有梦想，有些人能使梦想成真，但有些人的梦想却成了幻想，或者不再存有梦想。导致这种情况的一个很重要的原因在于，我们能不能定出正确的目标。请你在纸上写出你大学期间最想完成的三件大事。然后，由于特殊的原因你必须去掉其中一件没法完成。如果现在又有意外发生，你还得再去掉一项计划。好了，现在剩下的那一项就是你最想为之奋斗的大事了。

1：_____

2：_____

3：_____

二、化梦想为目标

梦想可以天马行空，但不能束之高阁、纸上谈兵。制定切实可行的奋斗目标才能靠近成功。把你的梦想转化为目标吧！

梦想	目标
我想成为成功人士 我想人人羡慕我 我想成绩拔尖 我想找到一个好工作 我想＿＿＿＿＿＿ 我想＿＿＿＿＿＿ ⋮	我要成为一个服装设计师、事业家、医生等 我要获得××奖学金、××荣誉称号 我要让每门成绩都在 80 分以上 我要进入××性质的单位工作 我要＿＿＿＿＿＿ 我要＿＿＿＿＿＿ ⋮

三、目标细化

大目标确定后，往往我们可能会有畏难的情绪，那么就请分解为一个个小目标吧！分解为小目标之后，我们就更清楚应该采取什么行动了。把上面的目标进一步细化，看具体应该从哪些方面着手。

目标	细化
目标一：我要成为一个服装设计师 目标二：我要获得××奖学金 目标三：我要进入××性质的单位工作 目标四：＿＿＿＿＿＿ 目标五：＿＿＿＿＿＿ ⋮	我该具备哪些知识和能力结构 每门功课应达到怎样的分数 什么时候开始收集相关就业信息 ⋮

四、目标条件化

分析实现目标所必须具备的条件。条件分析好了，就能针对实际情况去行动，满足目标实现条件。

目标	条件化
目标一：我要成为一个服装设计师 目标二：我要获得××奖学金 目标三：我要进入××性质的单位工作 目标四：＿＿＿＿＿＿ 目标五：＿＿＿＿＿＿ ⋮	单科考试成绩最低分 综合成绩平均分 操行分 团队协作能力等 ⋮

我心我诉

大学生活的熟悉与陌生

来到这所大学已经一个多月了，没踏进大学校门时，我壮志踌躇，信心满怀，希望在大学好好奋斗，好好学习，好好生活。可现在眼前的现实似乎离我想象中的大学生活越来越远……

我常常有一种莫名的忧伤，是因为想家，还是因为环境的陌生，自己也说不清楚。学习上感觉吃力，上课时，我常常不知道该听些什么，下课后也不知道该复习什么，更想象不出考试时会出什么类型的考题。即便抓紧一切时间来学习，可还是跟不上老师的进度；工作上也是烦恼不断，高中时我是老师的得力助手、同学们的好班干，可现在连个寝室长也没当上，各个社团应聘也屡受挫折，自己也不知道从什么时候开始经常变得满腹牢骚；现在眼看寝室同学都安下心来了，投入了新的大学生活，我却仍感茫然，有目标无行动、有计划无动力。以前，总是盼着自己能在大学里独立地生活，可现在，我又突然间感觉像被抛弃了似的，来自家庭、老师、同学各个方面的压力，压得我透不过气。我从内心深处讨厌这样的状态，但我真不知道该从哪里着手改变？

心理教练：每一名即将步入大学校园的学生，都曾有过一系列对美好大学生活的憧憬：幽静的林阴道，一眼望不到尽头的阶梯教室，笑声朗朗的宿舍楼，还有"睡在我上铺的兄弟"……然而，对于涉世未深的青年学生来说，要在最短的时间里适应既新鲜又陌生的大学生活，无疑是对自己心理素质和能力的考验。然而，人总要学着自己长大。崭新的大学生活并不是要求一个人突然间成熟起来，而是生活方式、学习方法的转变给人们带来的改变。

慧心讲坛

大学，你应该这样度过……

大学是人一生中最为关键的阶段。从入学的第一天起，你就应当对大学有一个正确的认识和规划。为了在学习中享受到最大的快乐，为了在毕业时找到自己最喜爱的工作，每一个刚进入大学校园的人都应当把握好七个方面：自修之道、基础知识、实践贯通、兴趣培养、积极主动、掌控时间、为人处世。只要做好了这七点，大学生临到毕业时的最大收获就绝不会是"对什么都没有的忍耐和适应"，而应当是"对什么都可以有的自信和渴望"。只要做好了这七点，你就能成为一个有潜力、有思想、有价值、有前途的毕业生。

大学，人生的关键

大学是人生的关键阶段。这是因为，进入大学是你终于放下高考的重担，第一次开始追逐自己的理想、兴趣。这是你离开家庭生活，第一次独立参与团体和社会生活；这是你不再单纯地学习或背诵书本上的理论知识，第一次有机会在学习理论的同时亲身实践；这是你第一次不再由父母安排生活和学习中的一切，而是有足够的自由处置生活和学习中遇到的各类问题，支配所有属于自己的时间。

大学是人生的关键阶段。这是因为，这是你一生中最后一次有机会系统性地接受教育；这是你最后一次能够全心建立你的知识基础；这可能是你最后一次可以将大段时间用于学习的人生阶段；也可能是最后一次可以拥有较高的可塑性、集中精力充实自我的成长历程；这也许是你最后一次能在相对宽容的，可以置身其中学习为人处世之道的理想环境。

大学是人生的关键阶段。在这个阶段里，所有大学生都应当认真把握每一个"第一次"，让它们成为未来人生道路的基石；在这个阶段里，所有大学生也要珍惜每一个"最后一次"，不要让自己在不远的将来追悔莫及。大学生活，大家应该努力为自己编织生活梦想，明确奋斗方向，奠定事业基础。

大学每个人都只有一次，大学应这样度过……

自修之道：从举一反三到无师自通

大学是一个让学生适应社会，适应不同工作岗位的平台。大学期间，学习专业知识固然重要，但更重要的是学习独立思考的方法，培养举一反三的能力。只有这样，大学毕业生才能适应瞬息万变的未来世界。

自学能力必须在大学期间开始培养。大学生不应该只会跟在老师的身后亦步亦趋，而应当主动走在老师的前面。中学生在学习知识时更多的是追求"记住"知识，而大学生就应当要求自己"理解"知识并善于提出问题。对每一个知识点，都应当多问几个"为什么"。一旦真正理解了理论或方法的来龙去脉，大家就能举一反三地学习其他知识、解决其他问题，甚至达到无师自通的境界。事实上，很多问题都有不同的思路或观察角度。在学习知识或解决问题时，不要总是死守一种思维模式，不要让自己成为课本或经验的奴隶。只有在学习中敢于创新，善于从全新的角度思考问题，才能真正激发学生潜在的思考能力、创造能力和学习能力。

大学生应该充分利用图书馆和互联网，培养独立学习和研究的本领，为适应今后的工作或进一步的深造做准备。

总之，善于举一反三，学会无师自通，这是大学期间你可以送给自己的最好的礼物。

基础知识：数学、英语、计算机与互联网的使用

如果说大学是一个学习和进步的平台，那么，这个平台的地基就是大学里的基础课程。在大学期间，同学们一定要学好基础知识，其中包括英语、计算机和互联网的使用，以及本专业要求的基础课程。在科技发展日新月异的今天，应用领域里很多看似高深的技术在几年后就会被新的技术或工具取代，只有对基础知识的学习才可以受用终身。另一方面，如果没有打下好的基础，大学生们也很难真正理解高深的应用技术。

实践贯通："做过的才真正明白"

有一句关于实践的谚语："我听到的会忘掉，我看到的能记住，我做过的才真正明白。"无论学习何种专业、何种课程，如果能在学习中努力实践，做到融会贯通，我们就可以更深入地理解知识体系，可以牢牢地记住学过的知识。因此，建议同学们多选择与实践相关的专业课。实践时，最好是几个同学合作，这样，既可经过实践理解专业知识，可以学会如何与人合作，培养团队精神。如果有机会在老师的带领下做一些实际的项目，或者走出校门打工，只要不影响课业，这些做法都值得鼓励。

　　以上是李开复写给中国大学生的第四封信的部分内容。他极为关注中国教育，先后给中国学生写了七封饱含关切之情的来信，在国内青年学生中产生了巨大影响。

　　在这篇文章里，李开复先生给我们提出了很好的建议，让我们知道了大学生活应该怎么度过。读完之后，对照自己的实际情况，谈谈自己的感想。

第三单元　众里寻我千百度　原在心灵最深处

把认识自己作为自己的任务，这可是世界上最困难的课程。——塞万提斯

自知者明，自胜者强。——老子

智慧之灯

芭比娃娃的故事

有研究发现，女孩们的自我意识与外表的关系越来越密切，与价值观和成就的关系越来越小，而这些成就和价值观曾是女孩们自我意识的核心。不论男女，绝大部分人对外表的关注引发很多问题，其中一个就是女孩们的高比例饮食失调问题。一项最近的研究表明，大约2%的美国女性正受到一项或是几项饮食失调的困扰，大部分美国成年女性都报告她们正在节食或者正准备节食。

媒体已经对这种关于女性美的错误认识进行了广泛的抨击。芭比娃娃是遭受批判最多的产品，因为研究者们相信这种产品的广泛流行将会促进外貌对自我意识的影响，导致更为严重的节食以及饮食失调。女孩们将以此为榜样进行节食，而男孩们将以此作为梦中情人的标准，从而也会导致女孩们盲目节食减重。

研究者做了这样一个模拟，以臀围为常数来计算出，如果一位健康的女性想要获得芭比娃娃那样的身体比例，那么她必须胸围增加12.7厘米，颈长增加7.6厘米，身高增加5厘米，腰围缩小15.2厘米。这种显然无法达到的标准会加大女孩们对自己身体比例所产生的错误预期，并导致低自尊的出现。

现在，芭比设计者宣称要改变芭比娃娃的身体比例使之更现实，更易达到，以改变两性顾客们对于美丽的认识。然而我们并不知道他要如何对芭比进行改造。是不是会同时发行旧的芭比娃娃和新的芭比娃娃？还是会只发行新的芭比娃娃？让我们来思考一下，如果两种版本的芭比娃娃同时进行售卖，顾客们会选取哪种作为参照物呢？

你也是以上新闻里的那些女孩吗？你关于自己的想象也是像她们那样，来自外界外物？还是来自你的内心？你真正认识你自己吗？你的趣味、缺点、优点、梦想……这些你都了解吗？你会怎样来回答以上问题？你所做的一切，都是出于自己内心的愿望吗？或者，你是这个案例里的男孩之一？你是否能够意识到，你的行为甚至思想有可能将导致女孩们的自我意识出现偏差？

其实不论从哪个性别的角度，认识自己都不是件容易的事情。自我的面孔千变万化，有时压抑有时奔放，有时虚假有时真实；我们通过理性认识到的"我"可能只是冰山一角，真实的自我隐藏在潜意识中；自我认识需要通过他人评价来建构，他人评价有时又会阻碍我们认识自己。难怪塞万提斯会说："把认识自己作为自己的任务，这可是世界上最困难

的课程。"

有同学可能会问,我们是否需要认识自己?因为通过了解自己的资源和极限,我们可以制定正确的目标;通过明白自己的不足,我们可以在处理事情时扬长避短;认清自己的天性,我们可以更加自由。当我们有了拨开迷雾看到自己的本领,我们才可以真正做到独立;当我们认识到真实的自我,展现的也是真实的自我时,才会感到真正的安全、清醒而自在。总之,只有认识自己,和自己做朋友,我们才可能更自由。

现在你,准备好了吗?

开启心门

探索自我的旅程

一、敞开心扉

闭上眼睛,打开身体,打开意识,打开心灵,认识到平时我们对自我认知的局限,这样的练习可以为后续探索自我意识提供可能。

（一）操作程序

大家闭眼一分钟,安静下来,调整呼吸,开始慢慢地,去听,去闻,去感觉皮肤;一分钟后,继续闭着眼睛,尝试打开心灵,分享自我感受;然后睁眼,再看看身处的这个熟悉的环境。找一找,哪些是大家闭眼之前没有注意到的?比如窗帘颜色,比如前排同学的服装,比如讲台上吊兰的新芽。

（二）活动总结

很多时候,我们以为自己看到了。但是其实没有看全,并且没有人真正能够看全。通过活动我们可以发现,自己并不如想象中全知全能,我们了解的远没有想象中的多。

事实上,我们对自己的了解,不超过事实的10%,即我们身体和心灵中尚有90%的未知领域等待我们去探索和发现。当我们意识到无法客观评价自己,承认我们对自己的认知远远低于我们的想象,才能真正合上自满执着的双眼,逐渐打开心门。

打开耳朵,闭上嘴巴,愿意聆听别人说,才能打开自己。

二、20个"我是谁"

认识并接纳独特的自我,相互交流,理解每个人的独特性。

（一）操作程序

1. 先向一位同学连续问5次"我是谁?",每次回答不能重复。当发现回答中有"我是一个学生"或是"我是一个女生"这样的句子时,要求尽量选择能反映个人特点的,真正代表独一无二的你的语句;

2. 再让大家边思考边写出20句"我是一个_____的人";

3. 继而将自己所陈述的20项内容做下列归类:

A. 身体状况(属于体貌特征的,如年龄、形体等)的有几项;

B. 情绪状况(反映你常有的情绪态度,如快乐等)的有几项;

C. 才智状况(表现你的智力、能力)的有几项;

D. 社会化状况(属于品德、与人关系等方面)的有几项。

这20个句子均可涉及"现实我"与"理想我",并且这四项分类依据源于对自我意识发展过程的解析。个体年幼时是自我意识萌芽初期,对于自我的定义是仅限于表达和描述身体状况的,随着年龄的增长,儿童逐渐在进行自我评价时会加入对自我情绪状况的描述。而当儿童进入校园生活阶段,学习成了本阶段的重要任务,此时对自我的描述中就出现了有关才智状况的表达。然后随着个体与社会的接触逐渐增加,此时社会化程度不断加深,自我意识得到高度发展,在自我描述中就出现了有关社会化状况的表述。

4. 最后,总体评估自己的陈述是积极肯定的,还是消极否定的?

请在每句话的后面标上符号(+ 表示肯定和满意, – 表示不满意和否定的态度)。请计算加号与减号的数量各是多少。

(二)活动总结

你是否足够顺畅地回答出5个"我是谁"? 你是否很快就能填充出20句"我是一个_____的人"? 如果你感到费劲或是过程艰难,那么你需要进行适当反思了:你是否在内心给自我留出了足够宽敞适宜思考的空间? 你是否好好考虑过自己是一个怎样的人? 你是否明确地知晓自己的特长和劣势?

四项内容的排列顺序呈现的是自我意识由低至高发展的一个过程,通过四项归类的数量统计,同学们可以发现目前对自我地认识多数集中在哪些方面或是哪个方面。作为大学生,如果对于自我的描述过多停留在前两项,则表明个体自我意识发展可能未达到同龄人的普遍水平。这样的同学们可以有针对性地多加强对自我的认识、剖析和解读。

在最后的积极消极效价评估中,如果你的加号数量大于减号,说明你的自我接纳状况良好。相反,你的减号将近一半,甚至超过一半,这显示你也许并不能很好地接纳自己,你的自尊程度较低。那么此时的你,需要内省一番,寻找问题的根源,是哪一方面过低地评估了自己? 是什么原因造成的? 有没有改善的可能呢?

心理学堂

认识自己,成为自己

一、我是谁? ——浅谈自我意识

(一)自我意识的内涵

自我意识是指个体对自己作为客体存在的各个方面的认识和态度,也就是说独立存在于人群中的我们对自己各方各面"是什么"和"怎么样"的理解。它是人格结构的核心部分,是一个包括了认知、情感和意志等多种心理机能的复杂心理系统。同时,一切社会环境因素对人发生作用,都必须通过自我意识作为中介而发生,因而在人格的形成和发展中起着不可或缺的重要作用。对于大学生而言,更是大学阶段应该着重处理的主题。

(二)自我意识的结构

1. 第一种分类——自我认识、自我体验和自我调控

从知情意三要素的观点出发,一般把自我意识分为自我认识、自我体验和自我调控三

种成分。

自我认识是自我意识的认知部分，包括自我感觉、自我观察、自我概念、自我分析和自我评价等要素，是个体对自己的心理特点、人格特征、能力及自身社会价值的自我了解与评价，故其中自我评价是自我意识的核心部分，它直接制约着自我体验和自我调控。所以，对我们进行自我意识训练，核心可以放在自我评价能力的提高上。

自我体验是自我意识的情绪部分，是个体对自己情绪情感状态的体验，包括自尊、自信、自豪、自卑、自负、内疚等内容，是个体对自我认识同其主观需要之间关系的反映。

自我调控是自我意识的意志部分，是指个体对他人和对自己态度的调控，包括自我监督、自我激励、自我暗示、自我控制等。自我调控既受自我认识和自我体验的制约，又通过心理和行为的调控，影响自我认识和自我体验。自我调控是个体自我完善的环节和机制，是自我能动性的集中体现，也是促进心理健康的重要手段，以上的三种成分有机的结合统一，就构成了一个人完整的自我意识。

2. 第二种分类——生理自我、社会自我和心理自我

从对自我意识活动内容的分析可得知，自我意识主要包括生理自我、社会自我和心理自我三个方面。

生理自我是个体对自己的身体、生理状态的认识和体验，包括姓名、身体特征和活动能力等，它使个体可以区分自我和非自我，也是最早发展出来自我意识的成分。

社会自我指个体对自己与周围环境关系的认识和体验，以及对自己在群体中角色、地位、作用、权利、义务、责任等的认识，它的发生时间比生理自我晚，并为心理自我的发生发展起到了一定作用。

心理自我指个体对自己的心理活动、个性特点、能力、兴趣、气质、性格等的认识和体验。生理的、社会的、心理的自我意识是相互影响、密切联系和有机统一的。

(三)自我意识的意义

一个人的心理发展历程一般都要经历从幼稚到成熟的过程。形成正确的自我意识是心理成熟的标志，对心理健康起着重要作用。

1. 促进社会适应，创造和谐人际关系

大量的心理学实践证明，许多人社会适应不良及人际关系不协调是由于自我意识不健全或不正确造成的。如果一个人对生理的自我、心理的自我和社会的自我认识、体验不正确，尤其是在自我评价及自我概念上与客观的现实差距太大时，就可造成社会适应不良和人际关系不协调，从而影响人的心理健康。正确的自我意识通过正确的自我评价产生合理的理想自我，并且通过正确认识自己与他人、个体与群体双方不同的地位和需要，采取不同的策略，主动调节人际关系。对己、对人能够知己知彼，从而保持良好的社会适应和人际关系，维护心理健康。

2. 促进自我实现，创造最佳心理质量

健全的自我意识通过合理的自我认识、良好的自我体验、自觉的自我调节和控制，从而促进自我实现，最大限度地挖掘自身心理潜力。按照心理学家马斯洛的观点，自我实现是心理最健康和心理质量最佳的标志。

3. 有助于自我教育和自我完善。

当现实的自我和理想的自我不能统一，或在理想的自我实现过程中受到挫折时，有健

全自我意识的人能够自省，自觉地寻找其原因。一方面通过自我调节、控制，纠正心理偏差，努力缩小理想的自我与现实的自我的差距；另一方面重新调整认识，形成新的"理想自我"的内容，使自己的心理行为个体化与社会化协调、平衡、完善发展。

4. 自我意识对心理健康的积极影响。

人类意识最本质的特征、人和动物在心理上的分界线是自我意识。每个人的自我意识成了每个人的人格的核心。自我意识把人的愿望、爱好、欲念、习惯、利益结合成统一的体系，在日常生活中构成个人的内心世界，对人格的发展起着极为重要的作用。因此，我们完全可以用自我意识的发展程度来衡量一个人的心理成熟程度和心理水平。自我意识又称自我观念或自我观，简单地说，就是自己对自己的认识。情绪的和意志的形式。因此，心理健康的标准，也可以从自己对自己的认识、自己对自己的态度、自己对自己的控制这三个方面来加以衡量。

（四）大学生自我意识发展中常见问题

个体的自我意识在现实的发展过程中由于受各种主观、客观因素的影响，经常会出现一些偏差。这些偏差主要在于自我认识失当、自我体验消极和自我调控乏力。

1. 过犹不及的自我意识——自负与自卑心理

在大学生自我意识的发展中，自尊心、自信心、好胜心和追求完美是其主要表现。一般，自尊心强的个体对自己充满自信，不畏困难，相信自己的力量。但凡事都过犹不及，过度强烈的自尊心对大学生各方面的发展都是不利的。它表现为自高自大和骄傲自满，造成个体的惟我独尊、自我中心的思想，从而缺乏批评与自我批评的精神。这样的大学生不愿直视或干脆否认自己的缺点，缺乏自知力。长此以往，易导致人际关系不和谐，易受挫，易失败，易受伤害。

与之相对应的是自卑感。自卑感往往是指对自己不满意、内心充斥否定自己的情绪情感，往往是由于屡挫屡败，自尊心受到打击而产生的结果。自卑感普遍存在于包括大学生在内的所有个体内心，不过有极少数大学生存在较严重自卑心理。究其形成原因，除了与个体的生理、知识能力、家庭条件、过往经历等客观因素有关，更主要的是由于个体不能进行正确的自我评价，因为挫折事件，对自己评价过低，无法接受自我。

不少研究发现，自卑感严重的个体较易屈服于客观环境的压力，内心对自己自暴自弃，整个个体被失败感、内疚感，甚至是负罪感和羞耻心所困扰，影响到了学习、生活等各方面。这样的大学生喜欢拘泥于细琐的问题，内心敏感多疑，过分在意他人眼光，总是认为自己不如别人，伴随悲观、孤僻、抑郁情绪。

其实，过强自尊心和过强自卑感往往又是交织在同一个人内心中的，此人与人交往时，往往存在较重防御心理，害怕别人伤害自己的尊严，而最后结果往往是因自卑而导致胆怯心虚，退缩逃避，反过来影响到了交往质量，恶性循环。

2. 偏差的自我认识——自我中心与从众心理

在人类自我意识发展过程中，自我中心的意识是很早就出现在个体思维中的。婴孩时期的自我中心感是因为个体生存的需要，但是当个体本应进入自我意识发展的高级阶段，却还停留在自我中心水平，那就是心理问题了。

一般，对子女娇生惯养家庭易培养出自我中心的个体，过分关注和强调自己，忽视他人及与他人的关系。自我中心易造成人际关系障碍，危害心理健康，甚至严重的可能造成危机事件。对于此种心理的调适关键在于引导学生树立正确的人生观、价值观，让其摆正自己的位置，能够实事求是、恰如其分的评价自己，要在关注自己、爱自己的同时，也不贬低他人，走出自己的小世界，设身处地从他人角度想问题，尊重他人感受、关心他人。

与自我中心思想相反，一些大学生则有过强的从众心理。从众心理与自卑心理类似，普遍存在于所有个体内心，但有些大学生存在过强的从众心理，遇事缺乏主见和独立思考能力，不愿思考或懒于思考，表现出喜欢随波逐流、人云亦云，而真正遇到事情时则会感到束手无策，这样的心理往往会抑制个体的自主性和创造性的发展。

3. 失调的自我调控——独立意向与逆反心理

拥有独立意向是大学生自我意识得到很好发展的一个显著标志，但在有些大学生摆脱依赖、走向独立的过程中，会存在矫正过度的情况。很多大学生将独立理解为凡事自己来，万事不求人，结果在大学的学习和生活中遇到挫折和困难的时候，只能自食其果的单打独斗，造成了较重的心理负担。其实，独立并不等于独来独往、我行我素，而是指个体在情感和行为上能对自己负全部责任。这才是真正成熟的独立。

而逆反心理也是大学生自我意识发展中出现的一种非理性产物。其实质是大学生为了寻求独立自主，寻找自我肯定，并且为了抵抗和排除在个体看来影响自己独立、压抑个性的那些外来力量，这也是青年期心理发展的必经之路。青年期常被称为第二反抗期，也正因如此，逆反心理具有双重属性。第一，逆反心理的出现标志着大学生独立意识和反抗精神的显著增强，但其力量仍不成熟；第二，一部分学生的独立意识和反抗精神具有较大盲目性，常常表现为，不论对错、好坏一概反对和排斥。过强的逆反心理一般都是为了反抗而反抗，这样的心理状况是会影响到个体学习新的正确的经验，对大学生身心发展很不利，要及时疏通，不可一味责骂与严堵。

二、心理学家谈"我是谁"——自我理论简介

作为正在接受高等教育的大学生，在认识自己的过程中，不能仅凭个体经验来分析总结探索自我，还应该适当学习理论知识，在理论指导下更好的进行自我探索。

(一)弗洛伊德的精神分析学派

奥地利精神病医师、心理学家、精神分析学派创始人弗洛伊德在人格结构理论中认为，"我"可以分为三个部分，一个是"本我"，代表生物方面，第二个是"自我"，代表心理方面，第三个是"超我"，反映社会对自身的影响。

本我(id)是人格的本源，也是三者中最基础的成分，它不容易被我们所意识到，包括了与身体驱力满足有关的一切基本需要，如饥饿、口渴和性。它遵循"快乐原则"行事，即尽可能的即刻降低不舒服、痛苦或是机体紧张，尽快达成快乐体验。婴儿时期的人格完全由本我主宰，因为婴儿关注的只有自己及基本的身体需要和舒适。比如婴儿感到饥饿就会哭闹要求进食，并不会考虑母亲当下有无困难。

因为本我无法直接与外界世界建立联系，此时需要有另一个部分，使得在满足本我需要的时候也能避免伤害，就发展出了自我。

自我(ego)是心理过程连贯一致的组织，为满足本我的需要，尽力与现实保持联系。相比较而言，本我是主观的，是指向内部本身的的需求和愿望；自我则是客观的、指向身外的，它在自我保护的前提下负担着满足本我需要的责任。它遵循"现实原则"行事，能够

因为外界环境的不合适，而适当延迟满足本我愿望。

超我（superego）在人格结构中居于管制地位的最高部分，是由于个体在生活中，接受社会文化道德规范的教养而逐渐形成的。超我有两个重要部分：一为自我理想，是要求自己行为符合自己理想的标准，产生自豪和自尊的感觉，给我们提供愉悦情绪体验；二为良心，是规定自己行为免于犯错的限制，帮助控制本我冲动，发生作用的方式倾向于压抑甚至禁止本能需要的本我表达。因此，超我遵循"道德原则"行事，道德原则是有关是非的社会价值观的准则。

这三部分形成较稳定心理系统，从而组织心理生活并能动地彼此相互作用。弗洛伊德对于"我"的解读较为消极，他把人格设想成一个内部战场，本我、自我和超我都是战士，为了抢人格支配权而战争不断。

对于本我和自我的关系，弗洛伊德有这样一个比喻：本我是马，自我是马车夫。马是驱动力，马车夫给马指方向。自我要驾御本我，但马可能不听话，二者就会僵持不下，直到一方屈服。对此，他有一句名言："本我过去在哪里，自我即应在哪里。"自我又像一个受气包，处在"三个暴君"的夹缝里：外部世界、超我和本我，努力调节三者之间相互冲突的要求。但只有三个"我"和睦相处，保持平衡，人才会健康发展。

（二）阿德勒的个体心理学

个体心理学派创始人阿德勒与他的老师弗洛伊德观点不同，他并不把人看作本我、自我和超我的结合体。他认为人是一个完整的个体，各方面相互联系极为紧密，无法将其彼此割裂开来进行有意义的考察。他认为，人们自己决定生活的方向，有时明智有时不是，但不管什么样的方向，他们都是在为自己认为的"完美"而奋斗。

阿德勒在重要著作《自卑与超越》中认为，作为人就意味着要体验自卑、不足和无助，自卑这种人类普遍的体验会产生对完美的努力追求。我们总是被自卑感占据和驱动的，这种自卑感来自个体不断地与未达到的完美目标进行比较，我们的一生就是从负面状态到正面状态。也就是说，正是因为我们看到了自身的不完美，所以我们才能更加努力和积极的去寻求更好的人生。

三、学会悦纳自我

在这一章的学习中，要想了解自己，我们不仅需要了解什么是自我意识，还得了解，一个人的心理健康与否，一个重要的指标就是能不能悦纳自我。心理健康的人能接受自我，体验自我存在的价值。

每个人都有优点和不足，关键在于自己如何看待。既要看到自己的优势，在树立信心的同时，也要避免骄傲自大，并且还要了解自身的弱点，认识到没有人是完美的或是万能的。只有客观、全面、愉快地接受自我，才能很好地多角度了解自我，并在此基础上，明确完善自我的努力方向和途径。

悦纳自我包括三方面：悦纳自我包括三方面：无条件的接受自己，接受自己的程度不以自己是否做错事有所改变；接受自己的全部；喜欢自己，肯定自己的价值，有愉快感和满足感。

心理健康的人首先要有自知之明，对自己能够做出恰如其分的评价，既能了解自我，也能接受自我，体验自我存在的价值。一个悦纳自我的人，并不意味着他的一切都是完美的，而是说他在接受自己优点的同时，也了解自己的缺点，很坦然地承认了自己的不足之处。而后，不断克服缺点，注意自我形象塑造，把握自己做人准则，不断完善自己，更加自信的面对生活，走向成功。这是一种修养，也是一种难能可贵的品质。

（一）想一想：你需要改变什么？

如果给你一次免费机会进行美容手术，你会选择你脸的哪一部分或是身体的那一部分呢？当你上网聊天的时候，你希望自己展现出来自我形象是怎样的呢？与你在现实生活中的形象有何不同？

通过镜子才能看到自己的容貌。其实镜子正代表着他人的目光，因此和我们在虚拟世界里扮演的形象一样，我们每个人所关心的其实是别人对自己的观感。逐渐成长的我们应该要懂得，心灵才是容貌的底片，心里想的什么，都会在容貌上表现出来。过分关心名利和容貌都是现代人心灵贫穷的表现。不要因为自己的外形而担忧，最美貌的人也会因为庸俗而令人生厌，最漂亮的面孔也会因为岁月的摧残而失去光彩，人造美人的容貌也会随着爱你的人的认知而暗淡下来，只有心灵的容貌不会因为岁月的增加而失去美好。我们要学习爱自己，更爱不完美的自己。

故事悦读3-1

> 在美国有一个小孩，长着不大方正的脸孔，一副暴露在外面的丑牙，遇事畏首畏尾，谁见了都觉得好笑。当他在课堂上被老师叫起来背书时，更加是局促不安，浑身哆嗦，几乎没有人听懂他含糊不清在说些什么，即使疲乏不堪的费劲背完，还是引起同学的讪笑。但正是这样的缺陷激励他奋斗，催他上进，最终战胜自己走向了成功，他就是曾任美国总统的老罗斯福。

（二）如何做到悦纳自我？

大学生当中有不少人由于过分关注自己的形象，而对自己百般挑剔。固执地认为自己存在不少令人不满意的地方，如个子矮小、身材胖了、眼睛小了、学习不好、不会交际、家庭条件也不好等等，继而妄自菲薄，陷入无尽的痛苦、孤独之中。这是自我意识偏离后产生的一种情绪体验。那么，我们应如何走出自我认识的误区，悦纳自己，发现自己，开发潜能、完善个性，让我们的生活更加丰富、充实、美好呢？

1. 学习无条件接受自己，尊重自己，接受自己的全部

无论是优点还是缺点，无论是成功还是失败。

2. 改变过分追求完美的习惯，不苛求自己

能够平静而且理智地看待自己的长处和短处，冷静对待自己的得与失。其实，过分的追求完美、过分苛求自己，无异于在心灵上给自己压力与枷锁，会窒息人的活力，使人心情压抑、行为退缩，失去许多展示自己的机会，要严重是，还会伤害到个体自尊，导致自我拒绝，最终自我放弃。

3. 建立和巩固良好的自我感觉

既不以虚幻的自我来补偿内心的空虚，也不能消极回避漠视自己的现实，更加不能够

以自责、怨恨甚至厌恶来消极否定自己。心理学家罗伯特.安东尼曾说，"将自己的每一条优点都列出来，以赞赏的眼光去看待它，经常看，最好能够背下来。通过集中注意力于自己的优点，将能在心理上树立信心：我是一个有价值有能力的人，绝不比别人差。不论什么时候只要做好一件事情，就要提醒自己记得这一点，甚至为此酬谢自己。"这样我们就能将焦点放在自己的优点和成功，这样有利于建立和巩固良好的自我感觉，提高自尊、自信，有价值感、自豪感和满足感。

故事悦读3-2

据说有位青年时常对自己的贫穷发牢骚。"你具有如此丰厚的财富，为什么还要发牢骚。"一位老人问。"它到底在哪里？"青年人急切地问。"你的一双眼睛。你要能给我一只眼睛，我可以把你想得到的东西都给你。""不，我不能失去眼睛！"青年回答。"好，那么，让我要你的一双手吧！为此，我用一袋黄金补偿。""不，双手也不能失去。""既然有一双眼睛，你就可以学习。既然有一双手，你就可以劳动。现在，你自己看到了吧，你有那么丰厚的财富啊！"老人微笑着。

同学们，当你自叹一无是处时，就想想这则小故事，大声说："年轻就是财富！"或许你能信心倍增，看到一片阳光灿烂的新天地。

4. 从错误和失败中吸取教训，但不被其打垮，永远给自己机会

因为人不可能不犯错误，不可能永远成功。其实犯错误并不可怕，因为错误可以改正和弥补，但是如果被错误和困境所打败，甚至打垮，则是最可怕的。我们应该平静且理智地看待自己的错误和失败，从中吸取教训，不因个别的错误和失败而轻率全盘否定自己，要对自己一直充满信心。

5. 勇于挑战自己，做一个优秀的人

央视名嘴主持人白岩松在谈到"什么样的人是优秀人才"时说："一个优秀的人，不能以他对社会做出多大贡献作为一个最直接衡量的标准。我觉得人的一生不过是在和自己不停地挑战。一个优秀的人总是能给自己提出一个新的目标，然后去攻克。我认识一个人，他18岁时得了一种病，他一生的努力就是如何由瘫痪变成走一步，然后走二步，你能说他给社会做出巨大贡献了吗？但是我觉得他是一个优秀的人，因为他一辈子都在挑战他自己。"

由此可见，每个人只要努力去做，不断挑战自己，就会成为一个优秀的人的。我们与其为自己的缺陷、不如意之处伤心落泪，还不如正视现实，战胜自卑，充实自己，以才补缺，努力成为一个受人尊重，才华过人的人。

6. 时常生动地把自己想象成胜利者

要相信"别人行，我也行！"当我们阅读成功者及伟大人物的传记时，就会发现，他们的足迹有共同的东西：他们几乎都是以超人的毅力将自身的缺陷、不足之处，诸如家境的贫寒，身体的缺陷，个性的孤僻等令自己无比痛苦的方面，转化为人生道路的动力，他们巧妙地克服了自卑心理，扬长避短、奋发而起，走向成功。

故事悦读3-3

> 狄摩西尼是古希腊的政治家、雄辩家。他7岁时父亲去世，家产被监护人侵吞了。他成年以后，决心向法庭提起诉讼，以讨还被夺走的家产。然而，由于他患有口吃，无法到法庭去陈述自己的意见。面对自己身体方面的缺陷，他没有灰心，没有放弃，而是勇敢地接受了事实，并尝试去改变它。从此，狄摩西尼每天口含石子，面对大海练习发音，训练雄辩术。功夫不负有心人，后来，他终于学会了正确发音，掌握了雄辩这门技术，在法庭上以流畅有力的言辞击败了对手，打赢了官司。

这个故事告诉我们，悦纳自己并不是意味着放纵自己的缺点和不足，而是要求我们在发现自己的缺点和不足之后勇敢接受，不是盲目逃避；而是要求我们予以改进和提高。

请同学们从现在开始，尝试悦纳自我：从现在开始，请无条件地、全盘地接受你自己，不管是你的长相还是学识，不管是优点还是缺点。这样的我们，开始学着设计自己的前途，在悦纳自我的前提下，才能更有效地找寻到适合自己的人生之路，包括自己的人生终极目标、长期目标、短期目标和日常规划。

四、尝试学会提升自我

老子说："自知者明，自胜者强。"隋代思想家王通说："自知者英，自胜者雄。"人类正是在不断地发现自己的弱点、缺点，同时也在不断地悦纳自我、战胜自我、超越自我的过程中得以进步的。"悦纳自我"不是盲目地自我接纳、自我赏识，而是全面地、实事求是地接纳自己，既不回避缺点，又不因有缺点而自暴自弃。做到一方面战胜自己的渺小、胆怯和懦弱，另一方面超越自己的迷惘、平庸和懒惰。

（一）自我完善

古人云，"人贵有自知之明"。作为当代的大学生，想要在竞争激烈的现代化社会中证明我们自身的能力，更加需要全面的认识自我，在清楚了自身的详细状况后，才能够对症下药，减少自己的缺点，强化自己的优点，慢慢地达到完善自身的目的。要使自我认识具有全面性、正确性，就要凭借各种正确的参考系和立足点。获取参考系的具体途径有：

1. 通过与他人的比较来认识自我

最初我们认识自我是通过与他人的条件和能力的比较而获得的。但是在与他人比较的过程中，应该注意比较的参照系和立足点。第一，比较对象应该是与自己条件类似的人，不应该各种类型没有选择的进行比较；第二，与人比较要看相对结果而非绝对结果，每个人能力不同、环境不同，不可一味死板比较，需要结合各方面因素，得出一个相对结果。

2. 通过分析他人对自己的评价来认识自我

个体对自我的认识难免存在偏差，所以需要考虑他人的评价、他人对自己表现出来的言行态度，来促进个体认识自我。他人的评价就像一面镜子，不过值得注意的是，镜子也并不一定能全面地反映事物本来的面目。对于他人的评价，应该理解为一个方面的客观反映，所以并不能将他人的评价和态度作为唯一的衡量标准，而且，最好能从多个不同的人在不同时间不同场合做出的评价搜集评价信息，这些评价里重复出现次数越多的信息，可信度越高。

3. 通过与过去、理想自我进行比较来认识自我

因为每个人的背景、经历、喜好、个性、能力等均有差异，所以对于自我的生活成长史作纵向梳理，可以让个体更好认识自我。与过去自我比，看自己是进步、成熟、还是退步，或是犯同样错误了，与理想自我比可以看自己还有哪些差距。前者可以发现自我成绩、进步，提高自尊、自信和自我效能感；后者则可以明确努力方向，进一步完善自我，但不能是不切实际的过高要求。

4. 通过自己的活动表现和成果来认识自我

因为自我的各方面都可以在具体事件中反映和表现，所以大学生可以通过对自己的学习、文学、艺术、社会工作、人际交往等各方面的能力和效果来对自己进行认识和评价，从而获得有关自我能力、志趣和意志等方面的信息，进而更好地了解自己。但是使用此法时仍不要把成就和成绩作为评价自己的唯一尺度。

5. 通过内省来认识自我

这是个体最直接认识自我的方法。古人云，"吾日三省吾身"，积极地进行与自我的内心对话。因为我们既是心理活动的主体，也是心理活动的对象，可以通过内省、自我剖析了解自己的优、缺点。但是自我认识、自我观察需要自身去积极创造条件，要让自身为自己营造一种和缓、平静、沉着的心态，这样才有利于客观公正地对自己进行剖析与认识。在自我对话中，我们应该明确自己希望具有什么样的品质，希望成为什么样的人。

（二）自我超越

自我超越既是个人所在群体、社会发展的需求，也是自身发展的需要。个体要想在群体里找到自己的位置，就必须进行超越。人类的历史就是"自我"做贡献的历史，也是自我超越的历史。当然，自我超越不仅意味着为社会、为集体、为他人做贡献，也是超越以往的自己，做更好的自己的过程。自我超越，挖掘自身潜力的过程中要重视以下三点。

第一，要充分利用自己的生物学物质潜能。脑是心的器官，心理是大脑的机能，脑为自我超越提供了无限发展的可能性。人类只发挥了极小部分的大脑潜能，所以说我们应该找准方向，挖掘我们大脑神经细胞的利用率，用于创造价值。

第二，要发掘和利用自己特色潜能。人与人之间不只有共同的生物学基础，还存在很大的区别和独特性，如感觉器官的结构和功能、神经活动的特征等，这些都是个人成才的潜在力量。思维较慢、好静且心思细的同学，应该抓住自己特色，可以考虑从事持久、细致、竞争力较小的工作。这些人与人之间的差异并无优劣之分，只要运用在合理地方，便可实现自我超越。

第三，要运用精神力量战胜惰性。惰性是通向成功之路的最大障碍。在我们实现自我、超越自我的过程中，一定会遇到很多困难、瓶颈、阻碍，甚至是痛苦，这些消极因素都可以让我们因为自我保护而产生惰性，但是我们应该明白，那些实现了自我价值的人都是这样一步一步坚强走过去的，我们只有清楚地认识了自我，积极开朗地悦纳自我，克服各种困难和自身惰性，才能真正踏上提升自我的康庄大道，拥有更好的生活和工作。

故事悦读3-4

　　电影《功夫熊猫》的主角阿宝是个天生笨拙且超级贪吃的功夫菜鸟，却阴差阳错地被指定为"神龙大侠"。训练中，师父发现使之功夫精进的方法是吃"包子"。阿宝贪吃本能成为了他的潜能开发之窗，乐在其中的阿宝因此功夫进展神速。而当他得知鸭子父亲祖传面汤秘籍便是什么都不放的时候，颓废的阿宝想起在无字秘籍里只看见的自己，忽然领悟——勇敢做自己，将一只胖子熊猫的潜力发挥到极致，最终战胜了能力超群、野心勃勃的雪豹太郎，从而拯救了和平谷。

　　这是一个简单的励志故事，却讲出了个亘古不变的道理。其实人人都是阿宝，我们每个人身上都有自己独特天赋、品质或是直觉，让我们把握自己，就能在自我超越中实现人生价值。

素质拓展

乔哈里窗游戏

　　我们生而为人，却在人生路上因为不能正确认识自我而逐渐远离自我。要真正成为一个心理意义上的"人"，成为独立自主的个体，做真实的自己，就需要我们敢于放开内心去体验"我"，并且学会真诚智慧地认识"我"。

　　在大学阶段，个体的自我意识逐步增强，但在相当长的时间内，它们并没有形成关于自己的稳固形象，使得自我意识并不够稳定，看待问题往往片面主观。内心脆弱易损，一遇到暂时的困难和失败就灰心丧气，怯懦自卑。而且他们对周围人给予的评价都非常敏感，哪怕随便一句评论都可能引起内心极大的情绪波动和应激反应，以致对自我的评价发生动摇。有调查表明，21%的学生对于该如何发挥自己的优点和克服缺点感到迷茫，有一部分学生看到班上同学多才多艺、能力较强，就感到自己一无是处，事事不如人，从而产生自卑心理。

　　下面我们通过以下小游戏来尝试更加清晰地认识自己，更加明确地了解自己。

　　请大家根据对自己逐渐加深的理解填写下表。

A 公开的我（我知道，别人也知道的我）	B 盲目的我（我不知道、别人却知道的我）
C 隐秘的我（我知道，别人却不知道的我）	D 未知的我（我不知道，别人也不知道的我）

　　我们填写的 A 是不能隐藏或是愿意公开的部分，这部分越多，说明个体认识自己就越客观越准确，心理也就越和谐；B 是我们没有意识到或是无意识在别人面前表现出来的部分，这部分越多表示个体的自我认识存在偏差，可能夸大了自己的优点和缺点，存在盲目自负或自卑的现象；C 是我们不愿在别人面前显露出来的部分，属个人隐私，这部分越多，

暗示个体害怕别人看清楚自己，进而否定自己，这样的个体一般会按照别人对自己的预期评价来表现自己，心理负担较重；D 是无意识部分，这部分的存在使我们无法全面认识自我。

这四个部分中，我们需要重点了解"未知的我"和"盲目的我"这两部分。

"未知的我"是影响个体未来发展的重要因素。因为每个人都有巨大的潜能，许多研究表明，人类只发挥了极小部分的大脑潜能。如果个体能够发挥大脑一半的功能，那我们将能轻易学会 40 多种语言，背诵整套百科全书。控制论的奠基人 N.维纳指出，"我可以有把握地说，每个人即使他是做出过辉煌成就的人，在他的一生中，利用自己大脑的潜能仍然不到百亿分之五。"由此可见，认识"未知的我"的重要性。

"盲目的我"是准确对自己评价的重要方面。如果个体可以做到诚恳地听取他人的意见和看法，就不难了解这部分的自我。当然，在这过程中，需要宽大的胸怀和开放的心态，否则，就很难听到别人真实的评价。

乔哈里窗理论认为，每个人的自我都由这四部分组成。但每个人四部分的比例是不同的，而且随着人的成长和生活经历，自我的四个部分都在发生变化。当公开的自我领域扩大时，其生活变得更加真实，不论是自处还是与人交往，都会显得轻松愉快而有效率；当盲目领域变小时，人对自我的认识会更清楚，更能够在生活中扬长避短，发挥自己的优势和潜力。

我心我诉

我的三个"我"

活动目的：协助个体自省，促进协调整合自我。

操作程序：

1. 理想的我

在空白纸上三分之一的地方，写出"理想的我"的形象、状态等。尽可能多地使用描述性语句。写好放在一边，暂时不翻看不讲评。

```
┌─────────────────────────────────────────────┐
│   理想的我                                      │
│   ─────────────────                          │
│   ─────────────────                          │
│   ─────────────────                          │
│   ─────────────────                          │
│   ─────────────────                          │
│                                               │
└─────────────────────────────────────────────┘
```

2. 镜像自我

在空白纸上三分之一的地方，写出"别人眼中的我"的形象、状态等。尽可能多地使用描述性语句。可选择为"父母眼中的我"、"兄弟姐妹眼中的我"或是"同学(朋友或恋人)眼中的我"等。写好放在一边,暂时不翻看不讲评。

理想的我	××眼中的我
_____	_____
_____	_____
_____	_____
_____	_____
_____	_____

3. 真实的我
在纸上剩余的三分之一处描述"真实的我"。

理想的我	××眼中的我	真实的我
_____	_____	_____
_____	_____	_____
_____	_____	_____
_____	_____	_____
_____	_____	_____

4. "理想的我"与"真实的我"的距离

核查一下,看看"理想的我"与"真实的我"是否协调一致。透过此关注点,可以发现两者之间的差距,甚至是矛盾,同时,也会发觉自己对人生所产生的一些深层感受和渴求。

活动总结:

理想的我可以激发我们上进,引导我们完善自己。但是理想过于脱离实际,力不从心,从而可能对个人的自信心造成致命的打击。一个心理健康的人,三个"我"应该是基本一致的,协调和谐的。当一个人自己与他人眼中的"我"没有太大的差距,个人理想也没有脱离现实,就是一个自我形象明确而健康的人。但当三个"我"不协调时,我们就应该问问自己,别人为何不了解我?我的目标是否定得过高?

不过,我们也不必期望自己的三个"我"完全一致,因为那是不切实际也不现实的期望,只会给我们带来负面情绪。如果有人急切的总是用理想自我标准去苛求现实自我,那么就会难以忍受二者之间的矛盾与差异,那么注定就要承受自己摧残自己的痛苦。而一旦一个人的自信被摧垮之后,他与理想的自我,便永远无缘了。

慧心讲坛

做最好的自己

小孩与石头的故事

从前，有一个生长在孤儿院中的小孩，常常闷闷不乐，经常问院长说，"我是不是一个特别不好的孩子？我爸爸妈妈都不要我了，我为什么还要活着？"院长总是笑而不语。

有天，院长交给孩子一块石头，说，"明早你拿着这块石头到集市去卖，但要记住，无论别人出多少钱，绝对不要卖出去。"

第二天，孩子拿着石头去到集市，意外的发现不少人好奇地对石头感兴趣，而且价钱也越出越高。回到孤儿院，孩子兴奋地向院长汇报一天的收获，院长笑了笑，要孩子明天拿去黄金市场上卖。结果在黄金市场上，有人出比昨天高出十倍的价钱来买这块石头。

最后，院长叫孩子拿到宝石市场去展示，结果石头的价格又上涨了十倍，更由于孩子怎样都不卖它，石头竟一时间被传为"稀世珍宝"。

孩子兴冲冲地捧着石头回孤儿院，把这一切告诉院长，并且问，"为什么会这样？"院长这次并没有笑，他望着男孩慢慢说道："生命的价值就像这块石头，在不同的环境下会有不同的意义。一块不起眼的石头，由于你的珍视、惜售而提升了它的价值。而你，不就正像这块石头吗？只要自己看重自己，自我珍惜，生命就是有意义的，有价值的。如果连你自己都不把自己当回事，那别人更会瞧不起你。所以，生命的价值首先取决于你自己的态度。"

珍惜宇宙间独一无二的自己，珍惜这短暂的数十年光阴，再去不断地充实自己，最后，世界才会认同你的价值。平凡并不可怕，关键是要做最好的自己。

如何做最好的自己

在我们努力成为最好的自己之前，请大家思考下面 8 个问题。

①我是不是常把想法误认为事实了？（例如我认为同学们都不喜欢我，而事实上，只是有几个同学对我不友好。）

②我对自己的看法有什么偏差？（例如我觉得自己长得很难看，但是身边的人却都认为我只是长相普通并且是很可爱的。）

③我是否总是将注意力集中在自己的弱点上？（例如经常责备自己反应慢，不够敏捷等等。）

④我是否往往以单一事件来责备自己是个怎样的人？（例如只要今天没有给好友在图书馆占个位子，就会觉得自己是个对朋友不负责任的人。）

⑤你有过什么成就，不论它们多么微不足道？（例如在班上一次手工物品制作中获得了嘉奖。）

⑥你有什么技能？（例如唱歌我很拿手。）

⑦你曾经面对过什么挑战，不论大小？（例如我今天在课堂上发言了）

⑧你到目前为止感到最得意的一件事是什么？（例如我用自己第一次打工的工资，给家里人买了台豆浆机。）

自我意识的核心是在正确自我认识基础上产生的自尊，即承认自己的自我价值和社会价值，对自己有信心，维护自我的独立和人格尊严。只有当我们能够平心静气的回答出这些问题，并且努力地找到最适合自己的答案，积极朝向这些方面行事做人，才会逐渐在寻找自我的道路上越走越宽，越走越稳，最终越走越远。

第四单元　奏响生活主旋律　寻宝学海又书山

未来的文盲不是不识字的人，而是没有学会学习的人。——（美）阿尔温·托夫勒

最有价值的知识是关于方法的知识。——（法）勒内·笛卡尔

智慧之灯

坚持学习与点石成金

众所周知，毛泽东主席可谓是终生学习的典范。他在延安时，曾大力倡导干部们加强学习——"年老的同志也要学习，即使我还能再活 10 年死，也要学 9 年 365 天。"毛泽东一生读书之多、之广、之深、之活，世所罕见，但他并没有就此满足。他曾不止一次说过"三天不学习，赶不上刘少奇"。这不仅是对刘少奇同志的一种夸赞，同时也是对于自己的一种激励。在他看来："学习的敌人就是自我满足，要认真学习一点儿东西，必须从不自满开始。"

毫无疑问，学习，就是我们"点石成金"的手指，是我们立足于社会的根本。在"千军万马过独木桥"的今天，唯有懂得学习、会学习的人，才能在芸芸众生中脱颖而出，摘下属于自己的胜利果实。"学"无止境，对每一个志在成功的人，必须不断在工作和生活中学习新的知识、吸取新的养分，借以不断提升自身的能力。要知道，在知识"折旧"的过程中，即便是原本可以"点石成金"的手指，也会逐渐失去光泽，最终变得与普通手指一般无二。

现如今，未来职场的竞争，将会逐渐由技能竞争转化为学习能力的竞争。随着现代信息技术的发展，世界科技日新月异，不仅知识总量极其庞大，知识、技能"折旧"的速度越来越快。据资料显示，人类知识在 19 世纪每 10 年增加一倍，20 世纪 70 年代每 5 年增加一倍，而目前已经达到每 3 年增加一倍的速度。一个大学生在校学习的知识只占工作所需的10%，而 90% 的知识需要在工作期间重新学习。毋庸置疑，在丰富多彩的大学生活中，学习是我们的主旋律。为了更好地适应现代社会，作为大学生不仅需要努力学习，更重要的是学会学习。面对着"谁在学"、"学什么"、"怎样学"等问题，我们都需要进行思考和诠释。本单元我们将一起探讨这些问题。

开启心门

我的大学学习入门了吗

专业性是大学学习的重要特征，大学的学习内容都是围绕专业的方向和需要展开的。作为大学生，你对自己所选择的专业了解多少，你又是如何开始你的大学专业化学习？

我的专业所属行业前景：

我的专业所属岗位群：

我的专业所需知识结构：

我的专业所需能力结构：

我想上什么课？

在大学里一定有很多课你非常感兴趣，也有一些课程你提不起兴趣。想一想你非常喜欢和非常不喜欢的课程，然后列出你的清单。

喜欢的课程及理由：

不喜欢的课程及理由：

对你不喜欢的课程，你打算怎么做？

以上的探讨给了你怎样的启发？对于大学学习，你自评已经入门了吗？是否需要更多的思考和准备？

心理学堂

了了我心——开启学习"发动机"

十几年的寒窗苦读，莘莘学子终于迈进大学之门。然而从跨进大学的那一刻起，高考的成绩就一文不值了，大家都站在了同一条起跑线上，处于"路漫漫其修远"的境地，又将开始另一番的"上下求索"。我们首先需要自问："我们到底为了什么读书"？是为了一份理想的工作？为了回报父母的养育之恩？为了完成儿时的梦想？为了纯粹的求知欲？……进入大学以后你是否考虑过自己的学习动机来自哪里？如果你是熬通宵看电影，却从来不去图书馆；废寝忘食打游戏，一到教室就打瞌睡；舍得花几百元买衣服，却不舍得买几十元的图书；每天专心娱乐八卦，对专业知识一问三不知……那么，这说明你的学习动机还不够明确，把学习的"发动机"弄丢了。古人云："知之者不如乐之者，乐之者不如好之者"。寻找到自己学习的兴趣所在，也许你会发现，学习也有无穷的乐趣。

一、认识学习动机

学习动机是推动学生学习的一种驱动力，是指激发学生的学习活动朝着一定的学习目标前进的心理动因和心理倾向。

学习动机的主要成分是学习自觉性与学习兴趣。一个人清晰地意识到自己的学习目的或学习的社会意义，通常称作学习自觉性。学习自觉性是学习动机中的重要成分。学习动机中最现实、最活跃的成分是学习兴趣，也叫做求知欲。学习兴趣是力求认识世界、渴望获得文化知识和不断探求真理而带有情绪色彩的意向活动。学习自觉性和学习兴趣的紧密结合便成为激励学生学习的极大推动力。

对大学生而言，学习动机在学习中发挥着重要作用。它决定着我们的学习方向和学习过程、影响着我们的学习效果。学生是否能持之以恒，差异在学习动机。学生学习动机的强弱直接影响到学习进程的稳定性和持久性，一个有着强烈的学习动机的学生在学习过程中会表现出坚强的意志和认真的学习态度。应该明白，学习动机与学习效果的关系并不是直接的，它们之间往往以学习行为为中介。而学习行为除了受学习动机的调节和控制外，它还要受学习基础、教师指导、学习方法、学习习惯、智力水平、个性特点、健康状况等一系列主客观因素的制约。因此，只有把学习动机、学习行为、学习效果三者放在一起加以考查，才能看出学习动机与学习效果之间既一致又不一致的关系（表4-1）。

表4-1 学习动机与学习效果的关系

	正向一致	负向一致	正向不一致	负向不一致
学习动机	+	-	-	+
学习行为	+	-	+	-
学习效果	+	-	+	-

注："+"表示好或积极，"-"表示坏或消极。

从表4-1可以看出，在四种学习动机与学习效果的关系类型中，有两种类型的学习动机与学习效果的关系是一致的，另两种类型的学习动机与学习效果的关系则不一致。一致的情况是：学习动机强，学习积极性高，学习行为也好，则学习效果好（正向一致）；相反，学习动机弱，学习积极性不高，学习行为也不好，则学习效果差（负向一致）。不一致的情况是：学习动机强，学习积极性高，如果学习行为不好，其学习效果也不会好（负向不一致）；相反，学习动机不强，如果学习行为好，其学习效果也可能好（正向不一致）。为此，我们应该改善各种主客观条件，把提高自己的学习行为水平作为重点来抓。只有抓住了这个关键，才能保持正向一致和正向不一致，消除负向一致与负向不一致。

二、内部动机与外部动机

按照学习动机的内外维度，可以将其分为内部动机和外部动机。内部动机是指人们对学习本身的兴趣所引起的动机。外部动机是指人们由于外部诱因所引起的动机，这类动机往往是对学习本身感兴趣不大，而对学习所带来的结果感兴趣，如为了得到家长的表扬、同学的钦佩、获得报酬高的职业等。

外部动机虽然在一定程度上对学习起着积极促进作用，但一旦达到目的，学习动力就会下降。另外，为了达到目标，他们在学习中往往采取避免失败的做法，不愿意冒险或接受挑战，这在某种程度上也会影响到学习及以后的个人发展。

故事悦读4-1

　　一位老人在一个小乡村里休养，但附近却住着一些十分顽皮的孩子，他们天天互相追逐打闹，喧哗的吵闹声使老人无法好好休息。

　　在屡禁不止的情况下，老人想出了一个办法，他把孩子们都叫到一起，告诉他们谁叫的声音越大，谁得到的报酬就越多，他每次都根据孩子们吵闹的情况给予不同的奖励。到孩子们已经习惯于获取奖励的时候，老人开始逐渐减少所给的奖励，最后无论孩子们怎么吵，老人一分钱也不给。

　　结果，孩子们认为受到的待遇越来越不公正，认为"不给钱了谁还给你叫"，再也不到老人所住的房子附近大声吵闹。

在这个故事中，老人的算计很简单，他将孩子们的内部动机"为自己快乐的玩"变成了外部动机"为得到奖励而玩"，自然孩子们的行为也由自己控制变成了被他人操控。

【思考】　问问我们自己：你现在是为自己学习还是为别人而学习？你还拥有最初属于自己的学习快乐吗？

知识窗 4-1：三种成就动机

　　教育心理学界非常重视学生的成就动机。成就动机指一个人对自己认为重要的、有价值的工作乐意去做，并力求达到成功的一种内在推动力量。成就动机主要由三方面的内驱力组成：

　　(1)认知的内驱力。在学习活动中，个体具有认识和理解周围世界的需要，并独立地思考具有一定难度的课题，乐于进行智力性活动，企求合理地解决问题等。这种以求知作为目标的内在驱动力量称之为认知的内驱力。

　　(2)自我提高的内驱力。自我提高的内驱力与认知的内驱力不同，它不是直接指向学习任务和学习目标，而是指向在集体和他人心目中赢得一定的地位。因此，自我提高的内驱力把获得成就看成为赢得地位和受到尊重的根源。显然这是属于外部动机的作用。心理学研究表明，自我提高内驱力的实质是一种为获得自尊而奋斗的竞争力量。

　　(3)附属的内驱力。附属的内驱力是指学生为了获得重要的他人(如家长、教师)的赞许或认可而表现出搞好学习、做好工作的一种需要。这种需要驱使行为获得成就，它既不是指向学习任务和学习目标，也不是指向自尊心的维护或提高地位，它是一种情感动机。

　　想一想，你的学习动机属于哪一种，是否需要做一些调整？

三、培养学习动机

(一)明确学习目标,不断强化自己的学习自觉性

仔细想想我们希望自己经过三年的大学学习后成为什么样的人? 如果这个还不足以激发我们学习的动机,那么不妨用纸和笔记下来,结合当前社会对人才的要求和自己的专业等实际情况,把大学三年的总目标明确,再一一细化每一学年、每一学期的学习目标。弗兰西斯·培根说:"跛足而不迷路,能赶过虽健步如飞但误入歧途的人。"只有明确了自己的学习目标,确定了方向,我们才能逐步取得大学里自己所追求的成功。

(二)制订学习计划,不断提高目标的吸引力

明确学习目标之后,就要把目标付诸行动。一份详细的学习计划将有助于我们的行动。我们或许听过或发出过这样的抱怨:大学里无论是老师还是学生都在辛勤地忙碌着,我也在忙碌着,但我却不知道我最终忙碌出了什么。如果我们有一份详细的学习计划,标明了这个学期、这个月、这个星期甚至是每一天的学习安排,那么我们就可以有条不紊地开展学习,忙碌过后再核对一下自己完成了哪些计划,还没有完成哪些,准备何时以何种方式完成,这样我们就不会感到"瞎忙"了,就能朝着我们的目标稳步前进。

(三)积极参加校园文化活动,激发自己的求知欲

大学校园的文化活动丰富多彩,我们可以根据自己的兴趣,有选择地参加一些自己喜欢的活动,这对激发我们的求知欲、增强学习动机有很大的帮助。例如,大二某学生原先对基础理论学习不感兴趣,后来因为参加学校举行的一次技能比赛并获了奖,从此之后,他的学习态度有了明显的转变,开始热爱学习,喜欢探究,并开始喜欢相关的理论课程了。可见,兴趣可以迁移,通过参加自己感兴趣的活动,可以逐步培养我们其他方面的学习兴趣。

(四)培养强烈的求知欲望和浓厚的学习兴趣

大学是提高个人修养的重要阶段,个人的知识水平和内涵不仅是人际交往中最受重视的品质,更是一个人找到理想工作的必要条件。因此,同学们应该好好地把握大学三年的时间,将学习作为首要的任务,广泛利用各种资源,努力提高自己的专业知识和能力。俗话说得好:"兴趣是最好的老师。"许多同学都有这样的体会,如果自己对某门课程感兴趣,学习起来就非常轻松,能将学习任务变成自觉的需要和愿望,而不会感到一种沉重的苦役和精神负担。对于自己不感兴趣的课程,试着从不同的角度去了解它,或许能发现对它的兴趣,从而学习"乐在其中"。

故事悦读 4 – 2

一位古代国君,政绩不平,学问也不错,但总觉得自己所掌握的知识实在是太有限了。在 70 岁的时候,他依然还希望多读点书,多长点知识。可是 70 岁的人再去学习,困难是很多的,国君对自己的想法还是不自信,于是他去询问他的一位贤明臣子。国君叹气说:"有很多东西我还不知道,可我现在已 70 多岁,再想学也太迟了吧!"这位臣子笑着答道:"那您就赶紧点蜡烛啊。"国君有些不理解。臣子回答说:"我听说,人在少年时代好学,就如同获得了早晨温暖的阳光一样,那太阳越照越亮,时间也长久;人在壮年的时

候好学，就好比获得了中午明亮的阳光一样，虽然中午的太阳已走了一半了，可它的力量很强，时间也还有许多；人到老年的时候好学，虽然已日暮，没有了阳光，可他还可以借助蜡烛啊，蜡烛的光亮虽然不怎么明亮，可是只要获得了这点烛光，尽管有限，也总比在黑暗中摸索要好多了吧。"国君恍然大悟，高兴地说："你说得太好了，的确如此！我有信心了。"

（五）正确对待成功与失败，学会合理归因

学习上的成功与失败会影响学习动机。当我们在某门课程上学得很好，且得到老师和同学的赞赏时，学习起来就会特别地积极，觉得很轻松。成功的体验可以增加我们的自信，激发我们的学习热情，增强学习的动机。相反，当我们学习失败时，就会沮丧，甚至会感到紧张、自卑，严重者连继续学下去的激情都没有了。然而，成功和失败的体验对学习动机的影响并不是绝对的，关键是要学会合理归因。面临成功和失败时，我们可能会将其归因于内部因素的作用，如能力或努力等；也可能认为是由于外部因素造成的，如任务难度、别人的作用或运气等。其中，能力、任务难度和别人的作用都是一些稳定的因素，而努力和运气则是一些不稳定的因素。

心理学家卡温特指出，学生的自我归因倾向有积极与消极之分。凡是将成败因素视为自己的责任（如努力），在心态上是积极的，被称为求成型学生；凡是将失败归因于自己能力不足或其他外在因素者，在心态上是较为消极的，被称为避败型学生。惯于追求成功的学生，他们相信自己能够应付学业的挑战，即使难免有失败经验，但他们并不把自己的能力视为失败原因，而是把成败的关键系于个人是否付出努力；而惯于逃避失败的学生，他们对应对困难缺乏信心，总把失败归因为能力不足，而把成功归因为运气或工作容易。研究表明，个体对活动成败的归因方式会直接影响其对待类似活动的态度与行为。

例如，大二学生小恩考英语三级失败了，他痛定思痛，深刻反思，认为"这次考试，自己在思想上没有足够地重视，因此没考好"，在今后就会更努力，继续积极地投入到英语的学习当中。相反，如果他把失败归因为自身的内部原因——"我实在不是学习英语的料，再怎么考都不会过"，就会对以后的英语学习不抱期望，动机不高，以消极的心态应付英语的学习和考试。

逃避失败型学生的归因倾向如果成为应付学业的一种习惯，就可能演变为习得无助感的严重地步。习得无助感是个体面对挑战情境时的一种绝望心态：纵使轻易成功的机会摆在面前，他也鼓不起尝试的勇气。因此，大学生在面临失败的时候，要学会乐观的归因方式，找出导致失败的那些自己可以控制的原因，改进学习方法，增强学习动机。

心理小测验：学习动机自我诊断

这是一份关于大学生学习动机的自我诊断量表，共有20个问题，请根据自己的实际情况，逐一对每个问题做"是"或"否"的回答。为了保证测验的准确性，请认真作答。

1.如果别人不督促我，我极少主动地学习。

2.我一读书就觉得疲劳与厌烦，只想睡觉。

3.我读书时，需要很长的时间才能提起精神。

4. 除了老师指定的作业外，我不想再多看书。

5. 在学习中遇到不懂的知识，我根本不想方设法弄懂它。

6. 我常想："自己不用花太多的时间，成绩也会超过别人。"

7. 我迫切希望自己在短时间内就能大幅度提高学习成绩。

8. 我常为短时间内成绩没能提高而烦恼不已。

9. 为了及时完成某项作业，我宁愿废寝忘食、通宵达旦。

10. 为了把功课学好，我放弃了许多我感兴趣的活动，如体育锻炼、看电影与郊游等。

11. 我觉得读书没意思，想去找个工作。

12. 我常认为课本上的基础知识没啥好学的，只有看高深的理论、读大部头作品才带劲。

13. 我平时只在喜欢的科目上狠下工夫，对不喜欢的科目则放任自流。

14. 我花在课外读物上的时间比花在教科书上的时间要多得多。

15. 我把自己的时间平均分配在各课程上。

16. 我给自己定下的学习目标，多数因做不到而不得不放弃。

17. 我几乎毫不费力就实现好几个学习目标。

18. 我总是同时为实现好几个学习目标而忙得焦头烂额。

19. 为了应付每天的学习任务，我自己感到力不从心。

20. 为了实现一个大目标，我不再给自己制定循序渐进的小目标。

【结果解释】

记分时选"是"记 1 分，选"否"记 0 分。

上述 20 道题目可分成 4 组，他们分别测试学生在四个方面的困扰程度：

1～5 题测试学习动机是否太弱；

6～10 题测试学习动机是否太强；

11～15 题测试在学习兴趣方面是否存在困扰；

16～20 题测试在学习目标上是否存在困扰。

假如对某一组（每组 5 题）中大多数题目持认同的态度，则说明在相应的学习动机上存在一些不够正确的认识，或存在一定的困扰。

请将各题得分相加，算出总分来评估学习动机的总体情况。

总分在 0～5 分，说明学习动机上有少许问题，必要时可调整；

总分在 6～13 分，说明学习动机上有一定的问题和困扰，可调整；

总分在 14～20 分，说明学习动机上有严重的问题和困扰，急需调整。

资源扫描——搭建学习资源库

一、了解大学生的学习特点

大学生的学习与中学生的学习具有一些共同的特点，但大学教育在目的、性质、途径、内容、方法、对象等方面与中学教育有了很大的不同，因而大学生的学习活动具有一些新的特点。

（一）学习具有较高层次的职业定向性

大学生的学习是在确定了基本的专业方向后进行的，因此其学习的职业定向性较为明确，即为将来走上工作岗位，适应社会需要所进行的学习。各专业课程的设置，将影响大学生的知识结构和能力结构，影响着将来对工作的适应性。为此，一旦选定了自己感兴趣的专业，就要围绕专业经营自己的知识结构，为未来的职业做准备。

大学学习的专业性，是随着社会对本专业要求的变化和发展而不断深入的，知识不断更新，知识面也越来越宽。为适应当代科技发展的既高度分化，又高度综合的特点，这种专业性通常只能是一个大致的方向，而更具体、更细致的专业目标是在大学几年的学习过程中或是在将来走向社会后，才能最终确定下来。因此，大学在进行专业教育的同时，还要兼顾到适应科技发展特点和社会对人才综合性知识要求的特点，尽可能扩大综合性，以增强毕业后对社会工作的适应性。一般来讲，专业对口是相对的，因此，大学生在大学期间除了要学好专业知识外，还应根据自己的能力、兴趣和爱好，选修或自学其他课程，扩大自己的知识面，为毕业后更好地适应工作打下良好的基础。

（二）学习更突出主观能动性

中学生学习时对教师有较大的依从性，而大学生的学习无论从学习内容、学习时间、学习方式等方面都更加强调个体在学习活动中承担角色，自主学习。独立性是自主学习的核心品质，如果说主动性表现为我要学，那么独立性则表现为我能学。

大学生在学习活动中，学习时间可以自由支配、学习内容可以自主选择。大学的学习虽然也强调课堂教学，但教师授课之后的理解、消化、巩固等各个环节主要靠学生独立完成。这样一来，除了上课之外，大学生约有45%的时间可以自由支配。这从客观上对大学生独立自主的学习能力提出了较高的要求。不能科学合理地安排好学习时间，制定相应的学习进程表，就会出现学习适应不良。

知识窗4-2：学习金字塔

学习金字塔（见图4-1）是美国缅因州的国家训练实验室研究成果，它用数字形式形象显示了采用不同的学习方式，学习者在两周以后还能记住内容（平均学习保持率）的多少。它是一种现代学习方式的理论。最早它是由美国学者、著名的学习专家爱德加·戴尔1946年首先发现并提出的。

在塔尖，第一种学习方式——"听讲"，也就是老师在上面说，学生在下面听，这种我们最熟悉最常用的方式，学习效果却是最低的，两周以后学习的内容只能留下5%。

第二种，通过"阅读"方式学到的内容，可以保留10%。

第三种，用"声音、图片"的方式学习，可以达到20%。

第四种，是"示范"，采用这种学习方式，可以记住30%。

第五种，"小组讨论"，可以记住50%的内容。

第六种，"做中学"或"实际演练"，可以达到75%。

最后一种在金字塔基座位置的学习方式，是"教别人"或者"马上应用"，可以记住90%的学习内容。

爱德加·戴尔提出，学习效果在30%以下的几种传统方式，都是个人学习或被动学习；而学习效果在50%以上的，都是团队学习、主动学习和参与式学习。

图 4－1　学习金字塔

（三）学习途径更具多样性

信息时代，获取知识的多元化带动了学习方式的变迁，网络又开辟了一条学习的新途径。课堂教学虽然还是大学生学习的主要途径，但已不像中学生那样几乎是唯一的途径。除了课堂学习外，大学生还要完成各种实践教学环节的学习，同时也可以通过参加各种学生社团活动丰富自己的知识面，提高自己的能力。除了校内的多种学习途径外，走出校门进行专业实习、社会调查及志愿服务等也都成了大学生学习的重要途径。通过多样化的途径，大学生不仅可以锻炼自己的实践能力和社交能力，也可为日后走向社会获得职业成功打下坚实的基础。

温馨提示：学习七法你可以有

- 经验学习：善于从经验教训中学习
- 榜样学习：三人行必有我师焉
- 阅读学习：阅读可以激发想象力与创造力
- 对话学习：谈话交流可以启发智能
- 网络学习：E－mail 与全球信息网
- 实践中学习：纸上得来终觉浅，绝知此事要躬行
- 向古人学习：圣哲的生活态度和智能

（四）学习具有更高的探索性和研究性

大学生的学习不仅要掌握知识，而且要掌握科学知识的形成过程、科学的研究方法，

培养分析问题和解决问题的能力，了解行业发展前沿，学会对未知领域的探索。注重对大学生探索性和研究性学习的培养已成了高等职业教育的普遍发展趋势。各高校在课程设置、课程安排、课程衔接上都越来越突出学生的主体地位，体现创新，加大学生实践环节的培养，旨在提高大学生的研究能力和创新能力。

以湖南工艺美术职业学院为例，每年学院积极引导学生参加湖南省"黄炎培创业规划大赛"，2013 年美院学子积极备战并成功斩获大赛一等奖，也成为入围项目最多、获奖项目最多等级最高的学校。学生的踊跃参赛经历有效营造了认真学习创业知识，强化创业意识和创业精神，提升创业能力的良好氛围，激发了美院学子利用所学专业知识开展创业实践的积极性和勇气。

二、大学学习的资源检索

大学学习是多方面的，正如戈登·德莱顿在《学习的革命》一书中指出："我们所看、所听、所尝、所触、所嗅、所做均为学习，学习的过程本身就有价值"。大学就是要通过各种各样的途径，利用各种丰富的资源来提高自身的修养。叶圣陶先生也说："从生活中学，从工作中学，从书本中学。"那么，我们的大学生活到底有哪些可以利用的学习资源呢？

（一）老师

大学里的老师不仅是把我们带进专业殿堂的领路人，更是能随时解答我们专业学习和人生疑惑的智者。我们可以向老师请教学习方法、研究课题方面的问题，同时也可以与老师探讨成长中所遇到的困惑。

（二）同学和学长

所谓"三人行则必有我师"，从来自不同文化不同背景的同学身上，你不仅可以了解到同学为人处世的有效方法，也可以通过与同学探讨问题来增加自己对专业问题的理解。

学长们的经验和教训也非常有帮助，尤其是本专业的学长，可以向他们请教课程的重点内容，学习时要注意哪些问题，以后什么知识或能力在工作或研究中有用，这样可以让我们在学习中少走弯路，尽快达到目的。

（三）图书馆

图书馆是精神食粮的仓库。几乎每个大学的图书馆都为本校的各个专业提供了最新、最权威的专业书籍和期刊资料。现代的图书馆其内容更加丰富，既有纸质的报刊书籍，也有电子类的文献资料，其分类更加具体和明确，检索也更方便，能够满足不同专业学生的学习需要。除了学校的图书馆以外，各个省、市的图书馆也会提供一些有利于自主学习的资源。

（四）网络

网络是当今世界上最便利、最快捷的学习资源。通过网络，你可以了解到学校内外的更多信息，一方面增长知识面，另一方面，你可以通过与朋友或网友的交流，来探讨感兴趣的问题，获得对世界的不同看法，形成多元的视角。

知识窗 4 – 3：网络时代，做"游学网络"而不是"游走网络"的智者

　　网络信息时代的到来，改变了人们的学习方式、生活方式、娱乐方式等原有模式。网络公开课，网络视频，网络学习资料，网络讲堂等一应俱全。大学生可以通过网络穿越全世界各大名校学习交流，可以全球化学习和互动，这是以前想都不敢想的变化。

　　对于当代大学生来说，我们应该在网络游学，不应该只是在网络游走。走的时候一定要停下来思考，写作，总结自己所见所闻。不应当在网络迷失自己要去的地方，而应利用网络快捷找到学习资料，学习策略，学习伙伴和学习榜样，从而提速自己的学习之能和学习之力。如何成功做到"网络游学"，而不是随意随性游走呢？以下是三点建议。

　　E 时代要建立自己的学习智库。建立自己的学习生活网络硬盘和学习资源库，吸取学习养分，积蓄成长力量。大学生应该拥有自己的主流信息搜索引擎来获取你想要的学习信息和学习资料，比如英语学习网站(如英语学习频道 http：//www.unsv.com/ 等)，心理知识学习网站(如心理学第一门户网站中国 NLP 学院 http：//www.nlp.cn/ ，爱课程网等，那里中国各大高校甚至是全世界高校的大学生学习成长智库。

　　E 时代要匹配自己的成长伙伴。古人云，独学而无友，则孤陋而寡闻。大学生应该根据自己的需要和实际情况匹配自己的网络抓手和成长伙伴，比如加入你感兴趣或你需要的 QQ 群和微信群等，向那些能力强大，知识渊博，视野广阔的人对话成长，问道人生；比如关注预订你需要的手机资讯，关于生涯，关乎就业，关联心理，关系未来的频道，你都可以从网络世界找到资源，匹配你需要的成长养料和氧料。

　　E 时代要建筑自己的未来窗口。作为大学生，应该多读书，多思考，多写作，多积淀。网络提供了许多菜，我们要的菜，就是网读经典书籍，是成长博客建设(任何对自己有用的网络资源都应该归类到自己的成长盒子里，记录自己所见所闻，所思所想，所学所写)等。

　　亲爱的大学生朋友，你打算游走网络，还是游学网络？自己心中要有数，行动要有法。古代的孔子游学全世界，凝聚学识集大成，如若孔子只是流浪式的游走，也许《论语》就不会成为经典了。你的青春，你的年轻，足以让你走向经典，成为经典。

（五）讲座

　　大学是学术的殿堂，讲座就是近观学术的楼台。有人称听讲座可以"吸取最先进的思想，涤荡头脑中的陈词滥调"。大学期间珍惜机会去听各个领域的学术精英所做的讲座，可以了解生活和科学的不同领域，拓展自己的视野。

（六）学校内外的活动

　　大学为学生提供了许多丰富的活动，而校外的一些企业、事业单位也为学生的发展提供了许多实践机会。我们应该把握好这些机会，有目的地选择感兴趣的活动，参与其中，锻炼自己，增长才干和见闻，使自己的大学学业收获更加丰厚。

　　有的同学大学毕业后只得到一张文凭，但有的同学却收获颇丰，其中一个很重要的原因就在于，这些同学充分地利用大学里的各种资源，开展自己多彩的学习生活。除上述资源外，你还能发现其他的学习资源吗？和同学一起分享，有效利用各种学习资源。

知识窗 4 - 4：信息时代的学习

现代教育正在发生一场这样的变革：走向信息化、个体化和国际化。信息化时代的到来不仅改变了我们的生活，也改变了我们的学习方式。

21 世纪我们为什么要学习？

在 21 世纪，以下八类人将被时代淘汰：知识陈旧、技能单一、情商低、心理脆弱、目光短浅、反应迟钝、单打独斗、不善学习的人。为了不让时代远离我们，为了不让自己被社会淘汰，我们必须学会学习，终身学习！

21 世纪我们学习什么？

新时代需要两类人才：(1)T 型人才（复合型人才）：知识面广，综合能力强，学习能力强，具有一定专业能力；(2)专业人才：精通专业，创新能力强，行业顶尖人才。如果你什么都不是，那你一定要加快学习的步伐！

新时代大学生的学习目标有：学会与人相处(learning to live together)；学会追求知识(learning to know)；学会做事(learning to do)；学会发展(learning to be)；学会改变(learning to change)。

21 世纪我们要如何学习？

学习方式：读书、读人、读市场、读团队、借用有效的工具、听演讲。

21 世界的学习心态

空杯——挑战自我的永不满足，对自我的不断扬弃和否定，忘却成功，学习变化，不断学习，与时俱进。

归零——把以前的一切全都掀翻过了，明天一切从零开始，新的起点，新的希望，等待着新的收获。

谦逊——在知识的海洋里，知识境界愈高，视野就愈开阔；视野愈开阔，就愈觉得自己掌握的知识不过"大海之一滴"而已，于是便愈知己之不足；愈知己之不足，便愈是谦逊虚心，学习起来便愈是勤苦。

用零碎业余时间——充分利用零碎时间，最大限度地提高学习效率。比如在车上，在等待时，可用于学习思考。短期内也许没有什么明显的感觉，但长年累月，将会有惊人的成效。宋代文学家欧阳修认定："余平生所做文章，多在三上：马上、枕上、厕上。"

哈佛也有一个著名的理论：人的差别在于业余时间，而一个人的命运决定于晚上8点到10点之间。每晚抽出2个小时的时间用来阅读、进修、思考或参加有意的演讲、讨论，你会发现，你的人生正在发生改变，坚持数年之后，成功会向你招手。

集思广益——掌控学习智慧门

一、掌握学习策略

（一）了解自己所擅长的学习风格

学习风格是指学习者在学习的过程中经常采用的学习方式。根据不同的角度，学习风格可以分为不同的类型。了解自己的学习风格，适应自己的学习风格，对提高学习的兴趣和效率具有非常重要的作用。

1.清晨型/上午型/下午型/夜晚型

每个学习者都有自己的生物节律，表现在学习时间上有不同的偏爱，有的人喜欢在清晨（也叫百灵鸟型），有的人喜欢上午，有的人喜欢下午，有的人喜欢晚上（也叫猫头鹰型）。

2.视觉型/听觉型/动觉型

不同的学习者对不同的感觉通道有所偏爱，或者有某些知觉优势。视觉型喜欢通过观察图片、图表、实验演示等来学习；听觉型喜欢通过听讲来学习；动觉型喜欢通过动手操作来学习。

3.安静型/背景声音型/适度噪音型

学习者对学习的环境，诸如声音等也有不同的要求。有的喜欢非常安静；有的喜欢有背景声音相伴，以避免其他干扰因素；有的在一定的噪音环境下照样能集中注意力学习。

4.安静型/活动型

学习者在学习中也会表现出一定的活动偏爱和坐姿偏爱。有的同学喜欢在一段时间后活动或休息一下再接着学习，有的喜欢一直安静地学习直到最后完成任务；有的喜欢正襟危坐，有的喜欢随便坐着，有的喜欢坐在桌上，有的喜欢斜靠或躺着。

5.独立型/依赖型

在学习上，有的同学喜欢独立自觉地学习，靠内在的学习动力支配；有的同学容易受暗示，需要周围的学习氛围感染，学习不太主动，需要外在的学习动力。

6.左脑型/右脑型

学习者左右脑使用情况不一样，较多地使用左脑的同学，表现在学习积极主动，爱用言语、逻辑方式处理信息，做事有计划性、自控性、责任心强；较多地使用右脑的同学，表现在空间概念较强，喜欢接受新东西，以直觉方式处理信息，善于把握整体，灵活，但自律性、计划性不强。当然也有些同学属于左右脑协同型。

【思考】　根据自己的体验，判断一下你属于哪一类学习风格，思考在以后的学习中如何有意识地加以利用。

（二）运用科学的学习策略提升学习能力

学习策略是学生学习中的极为重要的机制，直接影响到学生的学习效率，甚至对学生的学习行为和学习态度都有一定的作用，它有助于提高学生的认知水平与学习能力，已成为衡量学生学习能力的重要尺度。大学生的几种主要的学习策略为：

1.自主学习策略

自主学习是指个体自觉确定学习目标、制定学习计划、选择学习方法、监控学习过程、评价学习结果的过程和能力。它是一种新的、能促进学生知识和技能的有效迁移，使学生在扩展新知识基础上较少依赖或不依赖教师的学习方式。在某种意义上讲就是采取各种调控措施使自己的学习达到最优化的过程，能够提高自己的学习质量。

自主学习包含内在动机激发、认知策略应用、元认知调节，以及资源利用等子过程，这些子过程的核心是自主学习的学习策略地合理运用，这些学习策略可以分为认知策略、元认知策略和资源利用策略三类。

认知策略是学习者将外部信息转换为内部可认可的信息的方式方法，比如精加工策略、组织策略、问题解决策略等。正确运用认知策略能够显著提高短时间内学习者的学习效率。元认知策略体现在学习者对学习活动的监控过程中，它是学习活动能够持续下去、及时调整学习策略的基本保证，尤其对于长期的学习过程具有重要的作用。自主学习能力的一个重要体现就是有效地管理和利用好学习资源。常见的资源利用策略包括学习时间管理策略、努力管理策略和学业求助策略。其中，后两种资源利用策略很容易被众多学习者忽略。努力管理策略包括意志控制和自我强化，学习者通过有意识地控制并强化自己的意志可以对努力起维持和促进作用。学业求助策略则必须通过与他人的互动完成，它是在学习时遇到自己不能解决的困难时采取的一种求助策略。值得注意的是，采取适当的学业求助而不是别人包办解决问题，这是获取正常知识的一种途径而不是自身缺乏能力的表现。

知识窗 4-5：康乃笔记法

　　康乃笔记法，又叫做 5R 笔记法，是用产生这种笔记法的大学校名命名的。这一方法几乎适用于一切讲授或阅读课，特别是对于听课笔记，5R 笔记法应是最佳首选。这种方法是记与学，思考与运用相结合的有效方法。你可以选择一两门课尝试一下，具体方法如下：

课程名称：	教师：
章节：	
听课时间：	
回忆栏：	主栏：
思考栏：	

　　(1)记录(Record)：在听讲或阅读过程中，将教师的讲授、板书内容记载在主栏内。

　　(2)简化(Reduce)：下课以后，及时简化主栏内容，以摘要形式将听课笔记整理概括出来，提纲挈领地写在回忆栏内。

　　(3)背诵(Recite)：把主栏遮住，只看回忆栏中的摘记提示，用自己理解的语言尽量完满地叙述课堂上讲过的内容，然后敞开主栏，对照检查。

　　(4)思考(Reflect)：将自己的听课随感、意见、经验体会之类的内容写在思考栏。

　　(5)复习(Review)：每周花10分钟左右时间快速复习笔记，主要是先看回忆栏，适当看主栏。

　　2. 合作学习策略

　　合作和与人共事的能力是 21 世纪公民必备的基本素质和能力。学生在学校不仅要学会竞争，更要学会如何合作。合作学习既可以增强大学生的主体地位，又有利于开发学生的多元智力。大学生的合作学习可以在课堂、社团、宿舍、社会活动以及网络等各个层面中展开，既包括课堂内外的小组合作学习，也包括社团活动、协会活动和自发的团队活动的合作学习方式，还有个人自发参与的各种交流会以及针对具体的项目所开展的合作学习。

3.研究性学习策略

研究性学习,是指学生在教师指导下,以类似科学研究的方式获取知识和应用知识的学习方式。大学生不再是被动接受和再现来自教师、教科书上的理论知识,而是要把所学的知识积极运用到专业实践中,将理论与实际联系起来,通过运用知识、获取知识、解决问题的过程获得深切的体验,激发科学探究的欲望,培养探索求真的理性精神、实验取证的求实精神、开拓创新的进取精神。要达到这个目标,离不开学生对研究性学习策略的掌握。

在实际的学习情境中,这三种学习策略存在着一种相互交叉、互为补充的关系。本着充分利用三种学习策略的优势、促进个人发展的原则而寻求一种最佳的学习方式搭配,那么这三种学习方式之间的关系可表示如下(图4-1):

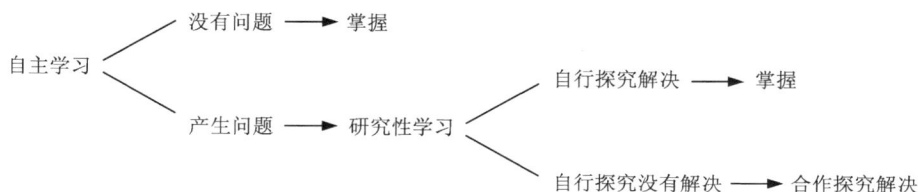

图4-1　三种学习策略的搭配

［资料来源:庞维国.当前课改强调的三种学习方式及其关系.当代教育科学,2003(6)］

知识窗4-6:识记的复述策略

在学习中,复述是一种主要的记忆手段,许多新信息,如人名、外语单词等,只有经过多次复述后,才能在短时间内记住并长期保持。

(1)及时复习

德国心理学家艾宾浩斯研究发现,遗忘的进程是先快后慢。在学习20分钟之后,就差不多遗忘了40%左右,在31天以后遗忘已达到了78%左右。所以,新学习的材料一定要注意及时复习,至少要在当天加以复习,以减缓遗忘的进程;如果过了很长时间或者等到考试前才复习,则几乎相当于重新学习了。

(2)多种感官参与

心理学研究证明,人的学习83%通过视觉,11%通过听觉,3.5%通过嗅觉,1.5%通过触觉,1%通过味觉。而且,人一般可记住自己阅读的10%,自己听到的20%,自己看到的30%,自己看到和听到的50%,交谈时自己所说的70%。这一结果说明,在进行识记时,运用多种感官,如用眼睛看、用耳朵听、用嘴巴说以及用手写等,即所谓"眼到、耳到、口到、手到、心到",能有效地增强记忆。

(3)排除干扰

在学习中,前后所学的材料之间存在相互干扰。先学习的材料对识记和回忆后学习的材料的干扰叫做前摄抑制；后学习的材料对识记和回忆先学习的材料的干扰叫做倒摄抑制。在一项实验中，实验者要求被试学习 32 个单词的词表，然后不按顺序对这些单词进行回忆，结果发现，最后呈现的单词最先回忆起来，其次是最先呈现的单词，而中间的单词最后才回忆起来。这种现象称之为系列位置效应。最后呈现的材料最容易回忆，叫做近因效应，最先呈现的材料最容易回忆，叫首因效应；而中间的材料由于受到了最先呈现材料的前摄抑制和最后呈现材料的倒摄抑制的干扰，最难于回忆。因此，在学习时，要尽量考虑预防两种抑制的影响，如将重要的内容放在早上起床后或学习开始时，可以克服前摄抑制的影响；相反，在晚上睡觉前，或学习结束前，学习重要内容，可以克服倒摄抑制的影响；同时，对于学习材料的中间部分，可以加强复习；对于两种容易混淆的学习材料要分开学习，避免相互干扰。

（4）适当的过度学习

对学习材料的识记没有一次能达到无误背诵的标准，称之为低度学习；如果达到恰能背诵之后还继续学习一段时间，称之为过度学习。心理学实验证明，低度学习的材料容易遗忘，而过度学习的材料比恰能背诵的材料记忆效果要好一些。过度学习的程度达 50% 至 100% 时效果较好，如读一篇文章，从头到尾读 10 遍就能记住，那么，再多背 5 次的效果是最好的。但过度学习并不意味着重复次数越多越好，超过 150% 的过度学习反而会造成精力和时间的浪费，引起疲劳、注意力分散甚至厌烦情绪等不良效果。

二、摆脱学习困扰

（一）走出学习适应不良

进入大学，有些人一味追求高分而忽视综合能力的锻炼，有些人仍采用中学的学习方法而颇感学习压力巨大，有些人总是等待老师来安排学习任务而无所事事，等等，这些都是学习适应不良的表现。当代大学生如何克服学习适应不良问题呢？

1. 熟悉新的环境，做好充足的心理准备

人的一生会经历许多不同的新的生活环境，每面临一个新情境都有一个适应过程，当用心去熟悉新环境的新特点，就会有新的体验、新的欣喜、新的收获。要努力发现新的学习环境的特点，做好充足的心理准备，迎接新环境的挑战，并尽快处理新环境给自己学习上带来的不便之处。

2. 利用身边的资源，寻找应对方式

在学习目标定位方面，可以请教一个或几个自己敬佩的专业老师，以更深一步了解专业内涵、更妥善树立学习目标；在学习方式方法方面，可以设法找机会和学长学姐进行交流，由此可以获得许多学习的间接经验；在具体的学科学习方面，可以同任课老师、同班同学多交流，以提高自己该学科的知识水平。

3. 学会主动学习，规划学习时间

大学学习模式和节奏与中学有很大的不同，大学生学习的主动性是提高学习适应水平的关键。主动在课余时间里学习，主动去图书馆拓展自己的知识，都能让自己慢慢适应大学的学习模式和节奏。"一寸光阴一寸金，寸金难买寸光阴"，在主动学习的前提下，有效规划学习时间，提高时间的利用率，不仅能使自己轻松面对学习任务，又能从中愉悦自我。

（二）调整学习动机不当

学习动机不当包括学习动机不足和学习动机过强，这二者都会影响大学生的学业绩效。

1.学习动机不足

焦点点击：我恨自己不成钢

小张是一位来自山区，家庭经济困难的大学生。由于高考失利，考上了一所自己并不满意的大学。上大学后，面对学习的全新要求感到迷茫，学习没有动力，生活没有目标。每当想到辍学在家的妹妹和日益衰老的父母，小张心中极度愧疚，觉得自己不争气，但又找不到奋斗的方向和学习的动力。在学习上仍旧马马虎虎，盲无目的，上课打不起精神，日子得过且过。后来渐渐迷上了上网聊天和网络游戏，以打发无聊空虚的时间。小张知道不能这样过下去，内心深处渴望改变自己，却不知道如何改变目前的状况。

心理点评：小张的情形是典型的学习动机缺乏或过弱，这种情况在大学生中存在较多。经过了三年高中的艰苦奋斗，终于"船到码头车到站"，没有了高考的压力，学习的动力也随之消失，加上大学丰富多彩的活动，学习变得不再那么有吸引力。有的同学开始懒了起来，不愿上课，学习拖沓散漫，经常以"这个大学不是我想读的"、"我不喜欢这个专业"、"反正还有时间"等为借口放弃努力，即使去上课也是"人在心不在"，注意力差，容易分心，学习满足于一知半解，学习不好也无所谓。

专业支招：调整学习动机不足首先须明确自己的学习目标。正确认识学习的价值与大学的目标，重新规划学业与人生。在平时的学习生活中我们要清楚自己学习的目的到底是什么。要将学习目的同实际生活联系起来，根据自己的学习目的和实际能力制定出合适的学习目标。目标不宜过高或过低：过高容易使自己在学习过程中产生挫败感；过低则达不到学习的效果，只有难易度适中的学习目标才能激起我们强烈的学习动力。其次，要学会正确的学习归因。在追寻学习成功或失败的原因时，同学们最好将原因归结于不稳定但可以控制的因素，比如努力程度。当学习成功时这种归因就可以促使自己为下一步的成功继续努力，而当暂时失利时，我们也能够对自己说，我的努力程度还不够，还要加把劲。最后，培养自己的学习成功感。以积极的心态对待学习特别是学习中遇到的挫折与困难，多发现自己的优点，看到自己的进步之处。不要盲目地和成绩优秀的同学横向比较，而是要同过去的自己纵向比较，看到和过去相比自己的进步。

2.学习动机过强

焦点点击：我要崩溃了

敏敏今年已经大三了，严格的家教下敏敏从小就习惯了努力与奋斗。带着父母的殷切期望，进入大学后她从不敢懈怠，对大学生活进行了认真细致的规划设计，从不迟到缺课，每次考试也是如临大敌，希望成绩始终拔尖。敏敏相信"付出总有回报"，她像一只陀螺飞速运转着，珍惜大学的分分秒秒……后来，敏敏却发现离自己的目标越来越远，她开始怀疑自己的学习能力，感到自己在学习上的优势正慢慢消失，甚至多年积累的自信开始有所动摇，她忽然很担心自己的未来……

心理点评：敏敏的学习困惑是由于学习动机过强造成的。大学生学习动机过强的主要表现为：①学习强度过大，几乎把所有心思和时间都用于功课的学习上。把学习看成至高无上的，不允许自己浪费时间去从事其他与学习无关的活动。②奖励动机过强，看重分数名次，害怕失败，经常想得到老师长辈同学的赞扬，唯恐失败被人看不起。③容易自责，对自己的要求严格而苛刻,不敢接受学习失败的现实,易产生挫败感,容不下自己的挫折,一旦没有达到自己设定的目标,就给自己施加更大的压力,期望下次获得成功,他们往往不满意自己的现状,总觉得自己应当做得更好,即使成功也并不能给他们带来多少喜悦。

专业支招:调整过强学习动机首先应正确认识自己的学习能力。学习动机过强者往往是因为抱负和期望值与自己的实际情况不相符合,或者过低地估计学习任务的难度,或者过高估计了自己的能力。因此,在学习中要不断获得反馈信息,随时知道自己学习的阶段性效果,并不断对这种学习过程和学习效果进行反思,并参照同学、朋友对自己的评价,这样就会不断提高自己的自我评价水平。在这个基础上再制订恰当的学业目标与学业期望,调整成就动机,与此同时,脚踏实地,循序渐进,不好高骛远。其次要设置合理的学习目标。学习目标是学习的出发点,也是学习的归宿。合理的学习目标能够使学习任务具体化、系列化,使学习任务具有质与量的规定性、实施评价的程序性。因此,应学会将相对宽泛的总体目标分成多个具体的子目标,将一个长远目标分成多个近期子目标。同时还要要建立正确的认知模式,找出自己的不合理的信念,如"只要有努力就一定有对等的回报;我付出了努力,我必须获得成功,别人可以失败,我必须成功"等错误认识。建立正确的认知模式,如成功=努力+能力+方法+基础+机遇+环境+心态等;最后要学会以宽容的心态对待自己,降低对学习成败的敏感度,保持情绪的稳定,积极参加各种有益于身心健康的校园文化活动,并注意培养自己多方面的兴趣爱好。

知识窗4-7:耶克斯-多德森定律

无论是动机不足还是动机过强,都不利于我们的学习。耶克斯-多德森定律(图4-2)告诉了我们,在学习过程当中应将学习动机和学习任务的难度相匹配。在比较容易的任务中,工作效率随动机的提高而上升;随任务难度的增加,动机的最佳水平有逐渐下降的趋势。越是繁难的学习和工作,譬如重大的考试、比赛,动机水平较低些,效果会更好。一般,最佳水平为中等强度的动机。如果我们有意识培养和激发自身的学习动机,就能在新的学习环境中积极地适应,自觉排除内外干扰,勤奋学习;在学习遭遇困难和挫折的时候,也能及时地进行自我调节,用坚定的意志力迎接挑战。

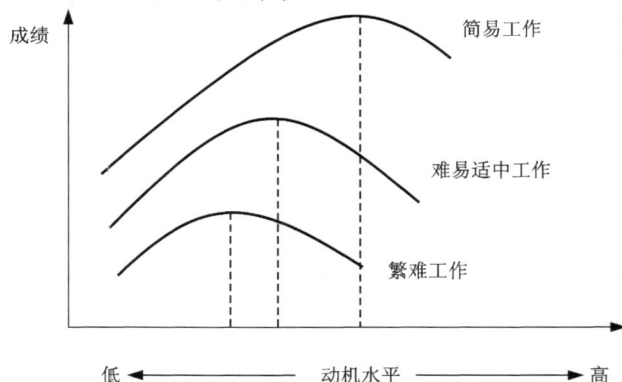

图4-2　耶克斯-多德森定律示意图

（三）缓解学习疲劳

焦点点击：我看不到希望

小燕十年寒窗终于考上了大学。专业并不是自己喜欢的，有些课程学习需要较扎实的数学基础，每想到这个心里都沉甸甸的。但周围的人都说这个专业好就业，小燕硬着头皮上了。读到大二，专业学习越来越难，小燕怎么努力都感觉自己学习效率越来越低，心理越紧张越怕学不好，觉得自己不是学这个的料。本想换个专业，心里也没谱。所以更是绝望了，"没劲"、"郁闷"成了她的口头禅。上课也无精打采的，也没有心思去跟其他同学交往，总喜欢一个人发呆。

心理点评：小燕的厌学症状是学习疲劳的必然结果。学习疲劳是指由于长时间的持续学习，在生理和心理等方面产生了怠倦，致使学习效率下降，甚至达到不能继续学习的状态。表现为学习错误增多，效率下降，注意力集中困难等。学习疲劳经过适当的休息就可以得到恢复，对心身健康不会造成什么影响。但是如果长期处于疲劳状态，勉强让大脑有关部位继续保持兴奋，就会导致大脑兴奋和抑制过程的失调，严重的会引起神经衰弱。目前，厌学现象在大学生中较为普遍，主要表现为：学习不主动，课前不认真预习，课后不及时复习；情绪消极，作业拖拖拉拉，敷衍了事；注意力分散，上课不认真听讲；学习纪律松懈，经常迟到早退，甚至逃课。伴随而来的是学习效率降低，考试成绩下降。

专业支招：解除"厌学症"的方法主要有：

1.科学用脑，劳逸结合

现代科学已经比较清楚地揭示了大脑两半球的不同功能：左半球与逻辑思维有关，主管智力活动中的计算、语言、逻辑、分析、书写及其他类似活动；右半球与形象思维有关，主观想象、色觉、音乐、幻想及类似的活动。如果长时间地运用一侧大脑，相对容易疲劳，因此学校在课程的安排上，要注意不同性质的课程在时间上的参差搭配。

2.遵循人体生物节律，保证睡眠

人在一天中生物机能是这样一个规律：在上午 7 ~ 10 点逐渐上升，10 点左右精力充沛，处于最佳工作和学习状态，之后趋于下降；下午 5 点再度上升，到晚上 9 点达到高峰；11 点以后又急剧下降。因此，大学生在学习过程中应遵循人体生物节律，同时要保证每天 7 ~ 8 小时的充分睡眠时间，以取得事半功倍的学习效果。

3.培养学习的兴趣，优化学习环境

如果学习兴趣浓厚，学习时心情愉快，则长时间的学习也不会觉得疲劳；反之，对学习不感兴趣甚至厌恶学习，则很快就会进入疲劳状态。学习环境应尽量布置得优雅、整洁，使人感到心情舒畅。尽量不在噪音刺耳的地方学习，避免心烦意乱，焦躁不安，不在过暗或过亮的地方学习，避免头晕目眩，出现视觉疲劳。

三、培养创造性思维

（一）什么是创造性思维

创造性思维是指学生独立地获取与发现知识，并运用知识和技能不断解决问题的能力。创造性思维过程具有强烈的探索动机，经过质疑、假设、推理、验证等阶段，可以达到对事物的深刻认识。创造性思维的特点是新颖、独创和深刻性。它能激发想象和灵感，活跃思维。培养大学生的创造性思维，能提高其学习的主动性和积极性，大大提高其认知水平和学习效率。

知识窗 4 - 8：创造性思维的三个特征

（1）流畅性，是指在单位时间内迅速作出反应的数量。流畅性强的人思路通畅，能在短时间内表达出多种观念，从多种途径思考问题，用多种方法解决问题，对问题可能出现的各种情况进行全面讨论。

（2）变通性，也叫灵活性，是指思路的变换与贯通。变通性强的人对待同样的问题，不受思维定势的影响，能够用许多不同的办法和途径，一旦思维出现困难能主动地改变思路，从其他的角度重新考虑问题。因此，变通性不仅表现为思维产品的数量，而且还主要表现为产品之间的不同性质。

（3）独特性，是思路的奇特与新颖，对问题能提出超于寻常的、独特新颖的见解。

以上三个特征相互联系、相互统一，以流畅性为基础，以变通性为关键，以独特性为核心。

（二）训练你的创造性思维

大学生创造性思维的自我培养可采取以下途径和方法：

1. 积极参加社会实践活动

社会实践为大学生提供了一个运用所获得的知识去独立地、创造性地解决问题的机会。积极参与社会实践，对开阔他们的眼界、打开思路，培养勇于探索、勇于创新和独立解决问题的能力都起着积极的作用。

2. 敢于提出与众不同的问题

大学生在学习过程中，应经常思考事物为什么是这样而不是那样、理论为什么这样阐述而不是那样阐述、实验为什么是这样做而不是那样做等诸如此类的问题。经常提出问题，尤其是敢于提出与众不同的问题，这对大学生激发丰富的想象力和灵感，深刻揭示事物的本质并加深理解具有十分积极的作用。

3. 敢于发表与众不同的观点

来源于实践的思想观念必然要随着实践的发展而发展。大学生应在实践中努力探索，不断追求真理，突破书本框框、突破老师的思想观点，敢于发表与众不同的观念，这才可能不断地培养创造性思维。

知识窗 4 - 9：聪明办法 12 条

加一加	能在这件东西上添加些什么吗？加高、加厚、与其他东西组合……
减一减	可在这件东西上减掉些什么吗？降低、减轻、省略、取消……
扩一扩	把这件东西放大、扩展会怎样？
缩一缩	让这件东西缩小会怎样？

变一变	改变一下形状、颜色、声音、气味会怎样？改变一下次序会怎样？
改一改	这件东西存在什么缺点需要改进？它在使用时是不是还有什么不便和麻烦？
联一联	把某些东西或事物联系起来能达到什么目的？
学一学	模仿其他事物的结构会有什么结果？学习它的原理、技术又有什么结果？
代一代	有什么东西能代替另一些东西？
搬一搬	把这些东西搬到别的地方，能有其他用处吗？
反一反	一件东西、事物的正反、上下、左右、前后、横竖、里外颠倒一下，会有什么结果？
定一定	为解决某问题或改进某东西，需要规定些什么吗？

素质拓展

正确归因促效能

归因，即归结行为的原因，指个体根据有关信息、线索对行为原因进行推测与判断的过程。归因是人类的一种普遍需要，每个人都有一套从其本身经验归纳出来的行为原因与其行为之间的联系的看法和观念。

美国心理学家伯纳德·韦纳（B. Weiner, 1974）认为，根据内外因、稳定性和可控性三个维度，可把行为成败原因的分析归纳为以下六个方面：能力（根据自己评估个人对该项工作是否胜任）；努力（个人反省检讨在工作过程中曾否尽力而为）；任务难度（凭个人经验判定该项任务的困难程度）；运气（个人自认为此次各种成败是否与运气有关）；身心状态（工作过程中个人当时身体及心情状况是否影响工作成效）；其他因素（其他人与事的影响因素，如别人帮助或评分不公等）。

韦纳的归因模型

	内部（归因）		外部（归因）	
	稳定的	不稳定的	稳定的	不稳定的
可控的	平时的努力	对特定任务的努力，随知识技能而增长的能力观	通常他人（如老师）对我的帮助	这次工作我得到的帮助
不可控制的	恒定不变的能力观	情绪、健康	任务难度	运气

1. 检查我的归因习惯

情境一：当你的职业技能鉴定考试没有通过，你会怎么归因？

A：我不适合学这个专业（能力天资）

B：我准备不充分（努力程度）

C：考试太难（任务难易）

D：恰好身体不好（运气）

情景二：当你的职业技能鉴定考试取得了好成绩，你会怎么归因？

A：我专业学习能力强（能力天资）

B：我学习扎实（努力程度）

C：考试很容易（任务难易）

D：我运气好（运气）

归因有积极归因和消极归因，不同的归因会对我们后续的学习发展造成不同的影响。积极的归因会成为我们积极进取的动力，消极归因会成为我们消极逃避的借口。如果一个学生的消极归因成为应付学习的一种习惯反应，那么他一定会对自己越来越绝望，面临挑战时必然失去尝试的勇气。

积极归因：把成败归于努力程度或方式方法，归于可控制改变的原因。上面的积极归因包括：

_____

它们会产生怎样相应的后果？_____

消极归因：把成败归于自己的能力水平，归于无法控制改变的原因。

上面的消极归因包括：

_____

它们会产生怎样相应的后果？_____

2. 重构归因模式

请大家回忆一下在过去的日子里，你认为最好的或者最差的功课的学习情况，结合以上提到的四个方面进行归因，思考平时自己倾向于哪种归因方式？你有怎样的启发？

_____

_____

_____

我心我诉

我的大学生活直白

我是服装艺术设计专业的大三学生，自进入大学后就立志要成为一名优秀的服装设计师。为此，我学习刻苦努力，上课认真听讲，用心做笔记，课后积极复习。为了实现自己的理想，我对不同课程采取不同的学习态度和方式，在保证基础课程的学习下，侧重学习计算机软件、制版工艺等方面的知识，又有选择地自学相关的知识，并极其重视操作技能的学习，一有空就往工艺室里钻。经过三年的努力，我的服装设计水平提高很快，遥遥领先于同年级的其他同学，而且其他功课都不错。今年4月份参加全国真维斯杯服装设计大赛获得一等奖。现在好几家单位都向我抛出了就业橄榄枝。

上面的例子给了你怎样的启发？

大学学习作为专业性学习，要求大家对专业有深刻理解，这仅仅靠死记硬背老师上课的内容是不够的，我们应该积极利用各种有效的资源来进行思考、探究。事实上，为了更好地适应大学学习，大学生必须完成以下三个转变：一是由教师指导下的学习向自主学习转变；二是由接受型学习为主，向接受与创造相结合的学习的转变；三是由运用常规思维为主，向运用创造性思维为主的学习转变。只有从现在开始自觉主动地科学谋划和充实自己，取得大学生活和学习的主动权，按自己的规划顺利地完成大学学业，才能成为适应社会发展所需要的探究型、创新型人才。

慧心讲坛

终身学习，处变不惊

当今信息爆炸的时代背景要求每个人只有抱定"终身学习"的理念，具有"不断充电"的紧迫感和行动，才能处变不惊，才能不被社会淘汰。

有人曾做过一个实验：把六只蜜蜂和六只苍蝇装进同一个玻璃瓶中，然后将瓶子平放，让瓶底朝着窗户。很快你就会看到，蜜蜂不停地想在瓶底上找到出口，一直到它们力竭倒毙或饿死；而苍蝇则会在不到两分钟内，穿过另一端的瓶颈逃之夭夭。

蜜蜂以为，囚室的出口必然在光线最明亮的地方，于是，它们不停地重复着这种合乎逻辑的行动。对蜜蜂来说，玻璃是一种超自然的神秘之物，它们在自然界中从没遇到过这种突然不可穿透的大气层，而它们的智力越高，对这种奇怪的障碍就越显得无法接受和不可理解。事实上，正是蜜蜂对光亮的喜爱，导致了它们的灭亡。

而那些愚蠢的苍蝇则对事物的逻辑毫不留意，它全然不顾亮光的吸引四下乱飞，结果误打误撞地碰上了好运气。这些头脑简单者总是在智者消亡的地方顺利得救。因此，苍蝇得以最终发现那个出口，并因此获得自由和新生。

蜜蜂和苍蝇的故事告诉我们：以往的经验也许就是今天失败的原因，当我们置身新的环境、面临必须解决的新难题时，首先应该改变思维方式、破除陈规、勇于探索、不断创新！不然，则是死路一条。

读完这个小故事，你有怎样的感慨和启发？

第五单元　沟通无极限　快乐你我他

一个人的成功，只有百分之十五是由于他的专业技术，而百分之八十五则要靠人际关系和他的做人处世能力。——戴尔·卡内基

友谊是我们哀伤时的缓和剂，激情的舒解剂，是我们的压力的流泄口，我们灾难时的庇护所，是我们犹疑时的商议者，也是我们脑子的清新剂，我们思想的散发口。——杰里米·泰勒

智慧之灯

跨越人际暗礁

大学生活最棘手的问题莫过于人际关系，人际交往是引发大学生心理问题的主要原因。很多大学生第一次远离父母，处在陌生的大学校园里，他们渴望发展人与人之间的交往，但很多大学生因为缺乏交往技巧而受挫。寝室室友之间的摩擦、人际关系失调、异性交往障碍、社交恐惧等问题屡见不鲜；自负、自卑、孤独、无助、无聊、失望、恐惧等心理体验频频光顾，令不少同学十分烦恼。有一部分大学生带着良好的交往愿望与同学交往，但耐心和信心不够，常常几个回合下来，便感到迷惘、无所适从，甚至发展到不敢主动与别人交往的地步；有些同学深深地陷在交往障碍的泥潭里无法自拔；还有些同学喜欢抱怨他人，历数别人的种种不是，却看不到或者不肯面对自己身上的缺点与不足。

林肯说过，"人生最美好的东西，就是他同别人的友谊"。作为大学生，我们怎么样才能赢得别人的友谊，有好朋友、有好同学，进而有好人生呢？

开启心门

人际关系自测

心理学家认为：一个人的心理健康程度与其人际关系密切相关，良好的人际关系能缓解心理压力，促进心理健康；不良的人际关系，则很容易让人产生心理障碍。请做下面的小测试来了解你的人际关系状况。仔细阅读各个题目，并根据个人的真实情况做出回答。如果问题中所提到的问题与你的情况相符合，就回答"是"；如果问题与你的情况不相符，就回答"否"。

1. 关于自己的烦恼有口难言。（　　　）
2. 和生人见面感觉不自然。（　　　）
3. 过分地羡慕和嫉妒别人。（　　　）
4. 与异性交往太少。（　　　）

5. 对连续不断的会谈感到困难。（　　）

6. 在社交场合，感到紧张。（　　）

7. 时常伤害别人。（　　）

8. 与异性来往感觉不自然。（　　）

9. 与一大帮朋友在一起，却常常感到孤寂或失落。（　　）

10. 极易受窘。（　　）

11. 与别人不能和睦相处。（　　）

12. 不知道与异性相处如何适可而止。（　　）

13. 当不熟悉的人对自己倾诉他的生平遭遇以求同情时，自己常觉得不自在。（　　）

14. 担心别人对自己有什么印象。（　　）

15. 总是尽力使别人赏识自己。（　　）

16. 暗自思慕异性。（　　）

17. 时常避免表达自己的感受。（　　）

18. 对自己的仪表（容貌）缺乏信心。（　　）

19. 讨厌某人或被某人所讨厌。（　　）

20. 瞧不起异性。（　　）

21. 不能专注地倾听。（　　）

22. 自己的烦恼无人可以倾诉。（　　）

23. 受别人排斥与冷落。（　　）

24. 被异性瞧不起。（　　）

25. 不能广泛地听取各种意见、看法。（　　）

26. 自己常因受伤害而暗自伤心。（　　）

27. 常被别人谈论、愚弄。（　　）

28. 与异性交往不知如何更好地相处。（　　）

评分标准：

答"是"的得 1 分，答"否"的得 0 分。

结果解释：

0～8 分之间：说明你在与朋友相处上的困扰较少。你善于交谈，性格比较开朗，善于主动关心别人，你对周围的朋友都比较友好，愿意和他们在一起，他们也都喜欢你，你们相处得不错。而且，你能够从与朋友的相处中得到许多乐趣。你的生活比较充实而且丰富多彩，你与异性朋友相处得也很好。总之，你较少存在交友方面的困扰，你善于与朋友相处，人缘很好，获得许多人的好感与赞同；

9～14 分之间：说明你与朋友相处存在一定程度的困扰。你的人缘一般，你和朋友的关系并不牢固，时好时坏，经常处在一种起伏波动的状态中；

15～20 分之间：说明你在同朋友相处上有较为严重的困扰；

超过 20 分，则表明你的人际关系困扰很严重，而且在心理上出现较为严重的心理障碍。你可能不善于交谈，也可能是一个性格孤僻的人，或者有明显的自高自大，不讨人喜欢。

想一想：我的人际交往方式哪些方面需要改变，如何改变？

故事悦读5-1

人能承受多少孤独

人到底能承受多少孤独呢？1954年，美国做了一项实验。该实验以每天20美元的报酬(在当时很高的金额)雇佣了一批学生作为被测者。实验者将学生关在有放音装置的小房间里，为他们戴上半透明的保护镜以尽量减少视觉刺激。并让他们戴上木棉手套，且在其袖口处套了一个长长的圆筒。为了限制各种触觉刺激，在其头部垫上了一个气泡胶枕。除了进餐和排泄以外，实验者要求学生24小时都躺在床上，营造出所有感觉都被剥夺了的状态。

实验持续数日后，受测的学生开始产生一些幻觉。到第4天时，学生陆续出现双手发抖、不能直行、回答迟缓以及对疼痛敏感等症状。

结果，尽管报酬很高，却几乎没有人能在这项孤独实验中忍耐3天以上。最初的8个小时都能撑住，渐渐学生有的吹起了口哨或者自言自语，烦躁不安起来。实验结束后受测者做一些简单的事情，也会频频出错，精神集中不起来，这些学生一般至少需要3天以上的时间才能恢复到原来的正常状态。

通过这个实验我们明白了：人的身心想要维持正常状态就需要不断地从外界获得新的刺激。

心理学堂

大学生的人际交往

一、人际交往的定义

社会是一个大群体，在这个大群体中，个体不是独立存在的，它总是借助一定的系统与他人发生作用，建立一定的关系。人际交往是指人与人之间通过一定的方式进行接触、交流思想、沟通感情、传递信息，并在心理上和行为上相互产生影响的互动过程。

二、人际交往的作用

(一)沟通信息

英国作家萧伯纳曾经形象地比喻人际交往中的信息沟通：如果你有一个苹果，我有一个苹果，彼此交换，那么每人还是一个苹果。如果你有一种思想，我有一种思想，彼此交换，我们每个人就有了两种思想，甚至多于两种思想。

人与人之间的社会交往是信息沟通的最基本的形式。个体通过与他人的交往，实现信息的沟通、思想的交流、经验的共享，从而获得很多宝贵、有效的知识和经验。如果故步自封，抱着万事不求人的态度，一个人一生的精力与时间毕竟有限，事必躬亲，效率一定不会高，最终会制约和影响我们的成长与发展。

（二）保健身心

根据马斯洛需要层次理论，人有安全感和归属感的需要，人们通过人际交往及信息互动，从而使这些需要得到满足。一个人际关系和谐的人朋友就多，遇到问题可以降低心理压力；相反，人际关系紧张的人，得不到有效的支持力量，消极的情绪得不到缓解，负面的体验累积到一定程度，就会影响到个人身心健康，甚至发展成心理障碍。

故事悦读5-2

社交剥夺实验

1959年，美国心理学家哈洛和同事做了一个有趣的实验，他们把幼小的恒河猴关在一个自动化喂养的笼子里，把它和其他猴子或人隔绝沟通和接触。一段时间后，实验猴子和常规长大的猴子出现了明显的不同：实验猴身体状况较差，本能活动受到影响，与常规猴放在一起时，实验猴惊恐地蜷缩在笼子一角，明显缺乏安全感，不能与同类进行正常的交往。这个实验被称为社交剥夺实验。实验的结果表明，社交剥夺使恒河猴不能像正常的猴子一样进行交往和沟通。动物没有社会交往都能造成这么大的伤害，更何况人呢。

（三）发展个性

心理学家奥尔波特发现，个性成熟者人际关系良好、融洽，他们对人对事相对有较好的包容和理解能力，情绪平和稳定，具有给人以温暖、关怀、亲密和爱的能力。个性的发展和完善需要通过不断地与外界交往和互动，交往过程中，大学生可以了解到不同人对世界的不同看法，"以人为镜"，借鉴好的个性品质，修正自身不良的特点，从而逐渐丰富知识，扩大视野，锻炼能力，学会处事，理解生活，最终获得自身的成长。

三、大学生交往特点

（一）强烈的交往愿望

案例再现：我的世界在网络。

某男，21岁，大二学生，因为对所学专业不感兴趣，上课不认真听课，考试经常挂科，经常被老师点名批评，引得同学哄堂大笑，弄得他很没面子。该生感觉自己与同学格格不入，性格变得越来越内向，很难融进班集体中去，因此流连网络世界以寻求心理寄托。他说："我喜欢上网，特别喜欢玩网络游戏，我的技术非常棒，别人都称我为老大，别人都很佩服我，尊重我，没有人看不起我。我在网上交了许多朋友，甚至有的朋友还经常打电话给我，说我又有个性，又幽默，是个很棒的小伙子。在网上我似乎找到了我要找的东西，我能呼风唤雨，但在现实中老师和同学都看不起我，我只能独来独往，感觉很孤单。"

大学生正处在人生转型期，渴望被人接近和理解，渴望友情，表现出强烈的交往愿望。案例中男生的交往需要在日常的学习生活中得不到满足——老师不喜欢他，同学疏远他。

但在网络世界里，他的能力获得了网友的尊重和欣赏，摆脱了日常生活中的孤独感和挫败感，体验到了拥有朋友的快乐和满足。但网络世界和现实生活终归是有距离的，该生可以总结一下在网络上的交际感悟运用于现实生活，让身边的同学、老师发现自己的闪光点，用积极的心态和行动营造良好的人际氛围。

（二）理想化的交往期待

案例再现：纠结的我

小林，大一女生，平时勤奋学习，参加活动积极主动，入学后不久就获得了奖学金。成绩优异的小林经常和室友探讨学习问题，分享学习经验，在她的带动下，宿舍整体学习气氛浓厚。渐渐地，小林心里有了落差：室友的成绩一个个上来了，甚至于有超过她的势头，她们是在她的带动下提高的，但是没有人对她表示过感激的意思，好像理所当然。小林想：我还要不要继续像以前一样呢？

大学生的人际交往具有浓厚的理想色彩，崇尚高雅、真诚、纯洁的友谊，强调平等，认为同学之间相互合作、相互帮助、相互关心、共同进步。一旦交往过程中有与预期不符的地方，则认为不够朋友。人际交往期望过于理想化，使很多大学生无法接受现实中人际关系的不如意，如案例中的小林。事实上，一个集体内，成员之间关系融洽、和谐，大家相处在一起心情也就舒畅，心情好了事情就好做，智慧的火花也容易迸发出来。

在学习上，通过不断地互通信息，互相帮助，可以最大限度地挖掘彼此的学习潜力，提高彼此的学习效率，实现双赢，即你在帮助别人的同时也在帮助自己。即便是有竞争，可以把竞争的压力变为动力，鞭策自己更加勤奋地去钻研学习，不断地追求进步。有的大学生过于看重彼此间的相互竞争，把学习资料小心收藏着，生怕被别人发现，甚至有同学因为害怕他人看到他看的是什么书籍，以至坐到教室、图书馆都无法安静下来学习，信息不交流的结果是大家都不能获得提高。

想一想：看了小林的故事后，你有什么样的感受？你会怎么样看待同学间的合作与竞争呢？

（三）注重交往的情感内涵

大学生的交往注重情感内涵，讲究志同道合。一般情况下，相较于利益关系，大学生更加注重人与人共同活动当中形成的情感联系。男生更强调爱好兴趣的一致性，女生则更注重性情的相似性。

四、大学生常见的人际交往困惑

（一）怀念以前的同学

许多大学生通常能进行正常的交往，人际关系也不错，但深感缺乏能掏心掏肺、肝胆相照、配合默契、同甘共苦的知心朋友，大学生注重个人独立性的生活方式使得他们有时不免感到孤独和无奈。有同学说："以前我在高中有很多好朋友，我们在一起坦诚相待，什么话都可以说，有什么事情也一起面对。但上大学后我觉得大学的同学太自私了，找不到和高中同学在一起的感觉，我真怀念以前的朋友。"

（二）为什么总是和我过不去

有些同学觉得生活中，有某位或者几位同学老是针对自己，和自己过不去。如学生小A，他每天都有早读的习惯，可是舍友认为小A影响到了他的休息，日子久了，小A觉得同学跟他说话即便是在平时口气也很冲，对他什么都看不惯，小 A 很难过，不知道该怎么办。小 A 和他同学的问题典型地表现出人际交往中常见的"晕轮效应"，两个人由于双方行为习惯上的差异而导致双方的人际障碍，由此而引发"晕轮效应"，致使互相看不顺眼。大学生活中，室友关系是最重要的人际关系之一，室友相处和谐与否，直接影响大学生的心理状态。

（三）和人交往太难

大一女生小李，性格比较内向，终日埋头学习，很少与别人接触，不知道怎么样与陌生人特别是异性打招呼，也不知道怎么与同学相处。有时开口说话，说得不好，就被同学笑话。她说："我们宿舍的同学一起外出，别人总是三人一群，两人一伙，只有我被落在后面；班里搞活动，大家都有说有笑，在一起很热闹很开心，唯独把我晾在一边，接不上话，让我感到很尴尬，也很孤独。"

大学生渴望交往，但有的同学由于交往能力、方法或个性、交往心理等原因，致使人际交往不如意，很少有成功的体验，他们往往为此感到苦恼，很希望改变社交状况。

（四）和人交往我很紧张

小乔，女，21 岁，大二学生。她说："小的时候，父母因为我是女孩子，从不鼓励我和其他小朋友交往，独处的时间多。"高中的时候，班主任很凶，再加上学习压力大，她从不与人多说话，特别是男生，与人说话时不敢直视，心里紧张，眼睛躲闪，像做了亏心事一样。一说话脸就发烧，低头盯住脚尖。遇上男老师上课时，只要老师面对学生，就不敢朝黑板方向看。常常因为紧张，对老师所讲的内容不知所云。由于存在这些问题，她极少去社交场所，很少与人接触。自己也曾觉得自己有问题，也力图克服，看了不少心理学方面的书，按照社交技巧去指导自己，但作用就是不大。这个怪毛病严重影响了她各方面的发展——学习成绩下降，独来独往，同学们说她是个怪人。

小乔同学属于一个典型的社交恐惧症的例子，社交恐惧是大学生常见的人际交往问题之一，常常来源于早期社交经验缺乏或社交挫折。社交经验缺乏往往导致社交能力不足，社交挫折又通常会引起社交中的负面情绪，久而久之，就会不自觉地形成一种紧张、不安的心理状态，从而产生恐惧感。

大学生内心渴望与他人交往，但有些同学有"聚光灯"心理，担心自己成了别人注意的中心，害怕被别人观察，害怕在别人面前出洋相而被别人嘲笑，在这种心理暗示的压力之下，他们在交往时就会表现出紧张、恐惧、心跳加快、面红耳赤，难以自制，甚至于处于严重焦虑状态。为了避免遭受焦虑情绪的困扰，他们在交往时大多采取回避的态度，认为只要没有人在场，自己就会安全。由于总是采取社交主动性回避的策略，慢慢就将自己封闭起来了，有些会发展到对他们所害怕的场合或人产生草木皆兵的心态，即"过敏性牵连"，潜意识地认为他人的一举一动都暗示着对他的讨厌、排斥或无奈，从而进一步强化其回避的理由："由于我不好，人家才讨厌我"，"与其让人讨厌我，不如主动回避，以免自讨没趣"等，以维持内心的平衡。

（五）我不想交往

小秋是一个北方女孩子，来到南方上大学，但情况令她很失望，她觉得身边没有值得交往的人，觉得她们太俗气，因而一心想考回北方的学校。她说："这里我所见的同学们，关心的是流行歌曲、服饰美容、挣钱、找工作，没有人能和我一样有远大的理想——我还要考研，甚至出国留学。"于是，从大一开始，她就只把宿舍当成旅馆，有时间尽可能去读书，自己总是一个人独来独往，不愿意和同学交往。

小秋的情况和上述四种情况不同，她是一种不想交往的心态，类似小秋这种缺乏交往愿望和兴趣、自我封闭、孤芳自赏、独来独往的大学生不多，他们把自己游离在群体之外，不被人了解，也不去了解别人，最终也会陷入深深的孤独当中。

五、影响人际关系的因素

（一）邻近律

邻近律是指人们生活空间上的距离越小，双方越容易接近，彼此越容易相互吸引，这一规律也称为时空接近原则。"远亲不如近邻"就是邻近律的具体体现。

邻近律的发生不是无条件的，在以下两个条件的作用下，邻近律才能发挥作用，即交往频繁和产生积极的交往体验。邻近律在人际关系建立之初，所起到的作用较大，但是随着交往的深入和彼此了解的加深，邻近性对人际吸引的作用会逐渐减弱。

（二）相似律

相似律是指人们在交往过程中，如果双方或若干方在年龄、职业、性别、社会地位、文化程度，尤其是认识态度上具有某种一致性和相似性时，容易相互吸引。相似性的因素很多，包括文化背景、民族、年龄、学历、修养、社会地位、职务、思想成熟水平、兴趣、态度、观点、专长等方方面面。

（三）互补律

互补律是指在交往过程中，当双方的需要和满足途径正好成为互补关系时，会产生强烈的人际吸引。交往的双方，当一方所具有的品质和表现出的行为正好可以满足另一方的心理需要时，前者就会对后者产生吸引力。互补性与相似性并不矛盾，只不过它们在不同的场合和领域发挥作用。一般在人际关系建立的最初阶段和较低水平时，人们更注重相似性因素，但在人际关系发展的高级阶段，则是互补性占优势，但并非所有的相反特征都能互补。

（四）对等律

对等律是指人们在社交中喜欢同那些同样喜欢自己的人交往。"敬人者，人恒敬之；爱人者，人恒爱之。"社会心理学家阿伦森曾经用实验证明：人们喜欢那些喜欢自己的人，喜欢那些给自己带来愉快感的人。

（五）个性吸引律

个性吸引力主要包括外表、性格和能力的吸引力。

1. 外表

亚里士多德曾说："美丽是比任何介绍信更为伟大的推荐书。"美国社会心理学家西格尔等人通过实验发现，外貌与交往密切。

2. 个性

个人的吸引力最根本在于一种使人喜爱、仰慕并渴望接近的个性品质。美国心理学家安德森1968年曾经进行了一项研究，将555个描绘个性品质的形容词列成表格，让大学生被测试者按照喜欢程度由高到低顺序排列，得到被大学生列为最喜欢的品质、最不喜欢的品质和中间品质的前19个个性品质排列表（表5-1）。

我国西南师范大学的黄希庭教授于1983年曾经主持了"关于大学生班集体人际关系的心理学研究"课题，运用社会测量、访问、观察等方法对21个班级进行了人际吸引的研究，发现每个班级内部有少数人缘型学生和嫌弃型学生。人缘型学生是最受欢迎的人,一个30人左右的班级内有2~3个人缘型学生。人缘型与嫌弃型学生的个性品质分别如表5-2、5-3所示。

表5-1　大学生品质喜好列表

令人喜欢的个性品质	中间品质	令人不喜欢的个性品质
真诚	固执	古怪
诚实	刻板	不好
理解	大胆	敌意
忠实	谨慎	饶舌
真实	易激动	自私
可靠	文静	粗鲁
智慧	冲动	自负
可信赖	好斗	贪婪
有思想	腼腆	不真诚
体贴	易动情	不善良
热情	羞怯	不可信
善良	天真	恶毒
友好	不明朗	虚假
快乐	好动	令人讨厌
不自私	空想	不老实
幽默	追求物欲	冷酷
负责	反叛	邪恶
开朗	孤独	假装
信任	依赖别人	说谎

表5-2　人缘型个性品质

次序	个性品质	人数	百分比
1	尊重、关心他人,对人平等,一视同仁,有同情心	39	100
2	热心班集体活动,对工作热情,责任心强	37	94.9
3	持重、耐心、忠厚老实	37	94.9
4	热情、开朗,喜爱交往,待人真诚	36	92.3
5	聪颖,善于独立思考,成绩优良且乐于助人	35	89.7
6	重视自己的独立性格和自制,有谦虚的品质	35	89.7
7	多方面的兴趣和爱好	20	51.3
8	有审美的眼光和幽默感	15	38.5
9	温文尔雅,仪表美	5	12.8

表 5 – 3　个性品质嫌弃型

次序	个人品质	人数	百分比
1	自我中心，不为他人的处境和利益着想，嫉妒心强	55	100
2	对集体工作漠不关心、敷衍了事，缺乏责任心	55	100
3	虚伪、不诚实，固执，爱吹毛求疵	50	90.9
4	不尊重他人，操作欲、支配欲强	45	81.8
5	对人淡漠、孤僻、不合群	45	81.8
6	有敌对、猜疑和报复的性格	43	78.2
7	行为古怪、喜怒无常，粗鲁、粗暴、神经质	39	70.9
8	狂妄自大，自命不凡，浮夸	38	69.1
9	学习成绩好，但不肯帮助他人，甚至看不起他人	35	63.6
10	自我期望很高，小气，对人际关系过于敏感	30	54.5
11	势利眼，想方设法巴结老师，而不听取同学意见	30	54.5
12	学习不努力，无组织纪律，不求上进	24	43.6
13	兴趣缺乏	18	32.7
14	生活放荡	8	14.5

3. 能力

一个人的能力大小与他人喜欢程度的高低有着密切的关系。一般人们比较喜欢聪明能干的人，特别是有某些特长的人。追星族就是典型的对他人某方面能力和特长的极度崇拜。同时，能力或才华与外貌具有互补性。一个长相一般甚至丑陋的人，如果其才华出众，或者具有某方面的特长，其能力因素就会起主导作用，产生人际吸引，而其相貌劣势可以被忽略或接受。但是，能力与吸引力之间并非总是成正比的关系；有些能力超强的人，反而在人际交往中被孤立和排斥。

知识窗 5 – 1：人际吸引的"犯错误效应"

"犯错误效应"，也称"白璧微瑕"效应，即小小的错误反而会使有才能的人人际吸引力提高。它源自于美国社会心理学家阿伦于 1966 年进行了一项实验。他让被测者听录音，录音带有四种声音，显示出四种具有不同条件的人：能力超凡的人；能力超凡但犯了错误的人；能力平平的人；能力平平又犯错误的人。结果发现，最受欢迎的人是第二种，最不受欢迎的人是第四种。

实验揭示了生活中常见的一种心理现象，对一个有能力的人来说，偶尔的小过失并不会使他失去吸引力，反而使它更接近普通人，而受到人们的喜爱。值得说明的是，"犯错误效应"的产生是有条件的，即犯错误者应该是具有非凡才能的人，而且犯的错误都是些可以原谅的小错误。在阿伦森的实验里，那个平庸又犯错的人成了最不受欢迎的人。能力平庸的人即使是犯小错误，给人感觉也是不可原谅的。这种效应提示我们，如果你是一个强者，请不要过于"包装"自己，追求"锦上添花"，适当地"示弱"，适度地暴露些"瑕疵"反而会赢得更多人喜欢。

六、人际交往的心理效应

社会心理学的研究表明，在人际交往中有一些非常有趣的心理现象。科学地用好人际交往中的心理效应对每一个人都非常有意义。人际交往中常见的心理效应如下：

（一）首因效应

首因效应是指两个陌生人初次见面时对对方的第一印象。如看到一个人举止热情大方，便容易得出其聪明、慷慨、能力强的结论。因此，在人际交往中应该注意留给他人好的第一印象。首先，应该注意仪表，比如衣着整洁、服饰搭配和谐得体；其次，要注意自己的言谈举止，为此，必须锻炼和提高言谈技能，掌握适当的社交礼仪。

（二）晕轮效应

晕轮效应又称光环效应，是指在人际交往中，人们常常把对方所具有的某个特征扩展到其他尚不知道的特征上，从局部信息形成一个完整的印象。人们常说的"情人眼里出西施"、"爱屋及乌"、"一俊遮百丑"就是一种晕轮效应。

为了防备晕轮效应的不利影响，我们要善于倾听和接受他人的意见，尽量避免感情用事，全面评价他人，理性与人交往。如果想利用晕轮效应的有利面，我们在与人交往过程中应采用先入为主的策略，全面展示自己的优点，掩饰缺点，以留给他人尽量完美的印象。

（三）近因效应

近因效应是指在人际交往过程中新获得的信息对人的印象形成强烈的影响。人们在相识交往过程中，第一印象确实很重要，但是最近的印象也很重要。有的大学生平时一贯表现很好，可是最近做了一件错事，有的同学便对他产生坏印象。还有些同学，平时虽然表现一般，但他在评优评奖时候，刻意地表现自己，做表面文章，去迎合广大同学，以获得同学们的好感。我们可以利用近因效应来改变形象、弥补交往中的过错。例如两个朋友因故"冷战"一段时间后，一方主动向对方表示好感或歉意，往往会出乎意料地博得对方的好感，化解恩怨。

（四）刻板印象

刻板印象是指对于某一类人或事物产生的一种比较固定、概括而笼统的看法。如认为北方人豪爽率直，南方人灵活精明；认为家庭社会地位高的学生傲气、不好相处等。刻板印象是由于过分依赖自己过去的经验而产生。

（五）投射效应

投射效应，就是"由己推人"，常常以为别人与自己有同样的爱好、个性等，常常以为别人应该知道自己的所思所想。"以小人之心，度君子之腹"就是典型的投射效应。人们习惯用自己的标准去衡量别人，从而认为别人是错的。例如喜欢嫉妒的人常常认为每个人每天都在嫉妒。还有的大学生习惯把自己的主观愿望或主观想象投射到他人身上，比如一位男生内心喜欢一个女生，希望对方也喜欢自己，由于经常会碰面，那位女生对他表示友好，走路遇见时，对他点头微笑，于是这个男生断定女生对他一定有意思，大胆写信给她表白自己的爱意，结果弄得对方不知所云。要克服投射效应的消极作用，应该辩证地、一分为二地看待自己，严于律己、宽以待人，尽量避免以自己的标准去判断他人。

七、人际交往中的相互影响

（一）"登门槛"效应

"登门槛"效应又称得寸进尺效应，是指一个人一旦接受了他人的一个微不足道的要求，为了避免认知上的不协调，或想给他人以前后一致的印象，就有可能接受更大的要求。这种现象，犹如登门槛时要一级台阶一级台阶地登，这样你更容易更顺利地登上高处。在人际交往中，当我们要求某人做某件较大的事情又担心他不愿做时，可以先向他提出做一件类似的、较小的事情。

"登门槛"效应在教育工作上也有应用和借鉴。如对学习有困难的学生，教师不宜立即对他们提出过高的要求，而是先提出一个只要比过去有进步的小要求，当学生达到这个要求后再通过鼓励逐步向其提出更高的要求，学生往往更容易接受并力求达到。"登门槛"效应蕴含的是一种教育的理性、教育的智慧，犹如"随风潜入夜，润物细无声"。

(二)"门面"效应

"门面"效应是指当你想让对方接受的是一个小的但对方一般也不会答应的条件，那么你不妨先向他提出一个大的更高的要求。对方拒绝你的更高要求，一般会接受你再次提出的那个小的要求。"门面"效应利用人们的补偿心理，正如"登门槛"效应，人们往往都希望扮演慷慨大方的角色，所以拒绝别人也是一件难事。女士的同情心强，容易产生负疚的心理，"门面"效应对女士通常更有效。

(三)过度理由效应

过度理由效应是指每个人都力图使自己和别人的行为看起来合理，因而总是为行为寻找原因。一旦找到足够的原因，人们就很少再继续找下去，而且在寻找原因时，总是先找那些显而易见的外在原因。因此，如果外部原因足以对行为作出解释，人们一般就不再去寻找内部的原因了。在日常生活中常有这样的体验：亲朋好友帮助我们，我们不会觉得奇怪，因为"他是我的亲戚"，"他是我的朋友"，理所当然他们会帮助我们；但是一个陌生人向我们伸出援手，我们却会认为"这个人乐于助人"。因为我们无法用"亲戚"、"朋友"这样的外部理由来解释别人的行为，只能追究到他们内部的原因。

(四)"自己人"效应

"自己人"是指对方把你与他归于同一类型的人，"自己人"效应是指对"自己人"所说的话更信赖、更容易接受的现象。强化"自己人"效应，就是要使他人确认你是他们的"自己人"。100多年前，林肯引用一句古老的格言，说过一段颇为精彩的话，他说："一滴蜜比一加仑胆汁能够捕到更多的苍蝇，人心也是如此。假如你要别人同意你的原则，就先使他相信，你是他的忠实朋友即'自己人'，用一滴蜜去赢得他的心，你就能使他走在理智的大道上。"

(五)从众效应

从众效应，也称为"乐队花车"效应，是指当个体受到群体的影响（引导或施加的压力），会怀疑并改变自己的观点、判断和行为，朝着与群体大多数人一致的方向变化。即个体受到群体的影响而怀疑、改变自己的观点、判断和行为等，以和他人保持一致。从众是合乎人们心意和受欢迎的；不从众不仅不受欢迎，还会引起祸灾。例如，车流滚滚的道路上，一位反道行驶的汽车司机；弹雨纷飞的战场上，一名偏离集体、误入敌区的战士；万众屏气静观的剧场里，一个观众突然歇斯底里的大声喊叫……公众几乎都讨厌越轨者，甚至会群起而攻之。

(六)PAC理论

心理学家伯恩认为，交往中每个人对别人的态度都包括三种成分，就好像一个人身上的三个"小我"：父母、成人与孩童。

父母（Parent，简称P）身份以权威和优越感为标志。通常表现为统治人、训斥人等权威式的作风。这种状态学自父母与其他权威人物。当一个人的人格结构中P成分占优势时，他的行为表现为：凭主观印象办事，独断专行，滥用权威。其语言特征："你应该……"、"你不能……"、"你必须……"，等等。

成人（Adult，简称A）身份表现了客观与理智。其行为表现为，待人接物冷静、慎思明断、对自己负责、对他人尊重。其语言特征："我个人认为……"、"我的想法是……"，等等。

孩童（Child，简称C）身份表现为服从和任人摆布，喜怒无常，撒娇，感情用事，一会儿天真可爱，一会儿乱发脾气，让人讨厌。他的表现都是即兴的、不负责任的，追求享乐、玩世不恭，遇事无主见、逃避退缩，自我中心、不管他人。其语言特征："我是……"、"我想……"、"我不知道……"、"我不管……"，等等。

在P、A、C三种成分中，P、C具有盲目性、被动性与双面性。而A具有自觉性、客观性与探索性，致力于弄清事物真相、事物间的关系与变化规律，能够站在别人的角度审视自己，具有反省能力。根据PAC理论，不同的心态可以构成6种不同的交往组合：（P–P、A–A、C–C、C–P、A–P、C–A）。P–P双方都自以为是，这不顺眼，那也不好，双方谈得很投机，但都在指责别人。这样的两个人一直在一起交往，久而久之，会互相助长偏激苛求的性格。C–C交往则有些同流合污的味道，两人一拍即合，但都不负责任。C–P、A–P、C–A均属于互补型的交往。只有A–A交往是最健康的，大家都本着负责与尊重的原则，力图合情合理地解决问题，因此，A–A交往是最成功的。

知识窗5–2：人际交往的"六不合作七不交"

【六不合作】
- 不与私欲太重的人合作，因为他们看不见别人的付出，只在意自己的得失与结果。
- 不与没有使命感的人合作，因为他们以赚钱为目的。
- 不与没有人情味的人合作，因为在一起会不快乐。
- 不与负能量的人合作，因为他们会消耗你的正能量。
- 不与没有人生原则的人合作，因为他们认为赚取利益就是人生原则。
- 不与无感恩之心的人合作，因为忘恩的人必然会负义。

【七不交】
- 对父母不孝者不可交！
- 为人刻薄者不可交！出言不逊、口无遮拦、为人不丈夫，处事不能将心比心，此类人往往会伤害他人，岂能为伍？
- 斤斤计较之人不可交！凡事斤斤计较，生怕自己吃亏，投机钻营、耍小心眼儿，似乎以占便宜方能使其心态安然，相交何宜？
- 不知敬重之人不可交！俗话曰：来而不往非礼也。凡事有来有往，你敬我一尺我敬你一丈，又则滴水之恩当涌泉相报，对自私只知索取小人何必相交！
- 善于阿谀奉承者不可交！此辈往往见风使舵，好利忘义，此种自私有余、无义鼠辈，是人生中最危险的人物，万万不可掉以轻心，与其相交焉知祸福？

- 对权贵无原则不可交！做人有自己的尊严和人格，或高官或平民、或大款或贫者，都为血肉之躯，不可仰视以嗅他人鼻息、也不可俯瞰他人使之卑躬屈膝，差距相大者何苦相交？
- 没有同情心的人不可交！要么心肠歹毒，要么自私绵绵，此辈为伍如同以狼为伴。

【人生要交的四位朋友】
- 交一个欣赏你的朋友，即便在你穷困潦倒时反而会更安慰你、帮助你。
- 交一个有正能量的朋友，在你情绪低落的时候陪伴鼓励你。
- 交一个为你领路的朋友，自愿做你的垫脚石，带你走过泥泞、拨开迷雾。
- 交一个肯批评你的朋友，时刻提醒监督你，让你时刻发现自己的不足。

素质拓展

心灵沟通的金钥匙

许多同学发现，在大学里，人际交往是每个人都必须"自修"的一门课程，良好的人际交往可以使我们获得更多的友谊，同时还能有效地促进我们的学习，让我们的生活更加丰富多彩。那么，如何才能拥有好人缘呢？

一、寻找心灵沟通的钥匙

（一）塑造良好的个人形象，增加个人魅力

社会交往中，个人的知识水平与涵养直接影响着交往的效果。有调查数据表明，82.9%的人只愿意与具备优秀个人品质的人交往。在大学具有浓厚文化氛围的环境中，个人的涵养在人际交往中显得更为重要。所以，要想改善自己的人际交往，首先应该提高自己的人格魅力，只有让自己成为一个有着高尚人格魅力的人，人际交往的技巧才能拥有施展的平台。大学生在人际交往的过程中必须具备如下品质：

1. 积极进取，奋发向上

积极者乐观开朗，豁达大度，给人以如沐春风的愉悦感，相反，消极者悲观阴沉，多疑狭隘，会使与之相处的人以如顶乌云之感。外向的积极者因富有感染力而能让人心境豁然开朗，愁云一扫而光；内向的积极者会因其温和宽厚的态度而给人以一种可信可托的安全感；两者都有吸引人的特质，从而都会有不错的人缘。

2. 不卑不亢，真诚坦率

孤傲、目空一切的个性固然不会受广大同学的欢迎，但自卑、瞧不起自己的人只知其短不知其长，缺乏应有的自信心，甘居人下，这种不平等的感觉也让与之相处的人感到压抑，难以互动。而不卑不亢者犹如四平八稳的天平，既不会盛气凌人，也不盲目自卑，对己能保持自己个性的独立，对人能一视同仁地给予平等和尊重，给人以公正信赖的感觉，真诚坦率使得人与人之间能够倾心相谈，去用心感知心与心的相通、心与心的牵引、心与心的信任和鼓励，这样，大学的友情天空才会晴空万里、风和日丽。

3. 心胸宽广，热情大方

正如雨果所说:"世界上最广阔的是海洋,比海洋更广阔的是天空,比天空更广阔的是人的心灵。"宽广的心灵不仅可以容纳来自不同地区的同学的个性、生活习惯,也可以体谅和理解同学的缺点及所犯的错误。当与同学意见不一致时,不是互相攻击、恶言相向,而是要用宽容的心态去理解他人的不同想法。正是有了宽广的胸怀,热情大方的态度,主动地与同学交往,容纳不同的思想和意见,我们才会赢得不同的朋友,也才会有更精彩的大学生活。

想一想你身上有什么让人喜爱的品质? 观察你身边比较受欢迎的同学,他们身上又有什么优秀的品质呢?

(二)主动交往

人基本上都是以"自我"为中心的,任何事都先想到"我",因此有时便会想:为什么同学不主动关心我? 某人为什么不先对"我"打招呼? 某人为什么不请"我"吃饭,而要请别人? 其实,你这样想,别人也这样想,每个人都把"得"放在心上,挂在眼前,如果双方都不愿意主动,那么这份关系便不可能开展。要建立良好、广阔的人际关系,必须主动出击,先去满足对方的自我。既然如此,你为何不主动出击,先去满足对方的自我,为双方关系的建立踏出第一步呢?

我们要主动出击,首先要舍掉武装,向对方展露和平的心态。接下来就要有实际的做法:普通的日常寒暄和打招呼看来没什么,但如果在普通谈话中加入对对方的关心,那么这种人际关系就会慢慢发酵。当然,你的关心不可带有刺探的意味,否则会引起对方的警戒。"借题发挥"最好,例如从学习、工作谈起,再扩展到家庭、休闲,慢慢地把对方的心窗打开。仅仅这样还不够,因为这只能让你建立一份普通的人际关系,你必须再加入某些成分,才能把这人际关系巩固起来。

下一步就是要为对方做点什么? 比如,观察、了解对方的需要,不等对方开口,你就先替他做,他不只感谢,还会感到惊喜。或者分享你的资源,包括物质、精神的以及人际的,例如你可介绍你的朋友给他认识,借他你的 CD、送他你种的花或你收藏的书,只要对方没有而你有的,便可和他分享。

但需要注意的是,有时你主动出击,可能会有一些人并不领情。"一样米,饲百样人",你不必去期待对方是否有善意的回应,但要相信,有付出,总会有收获。

知识窗 5 - 3: 打开交往僵局有招数

(1)熟悉的人见面

询问对方的身体、学习、工作及家人情况,如"你的身体还好吗?"

称赞对方的衣着、发型、饰物等,如"你的胸针好别致!"

描述对方正在做的事,如"去上课?"

谈论天气,如"今天真够热的啊!"

(2)陌生人见面

主动与人打招呼:"你好"、"见到你真高兴"……;

主动自我介绍,引起其注意;

主动表达赞美,引起对方兴趣,但应注意,赞美要真诚,要具体,要及时,要恰当;

主动关心对方,抓住对方的情感。

（三）善用交际技巧

1. 记住别人的名字和一些私人信息

资料卡

　　美国当代著名演讲学家和人际关系学家戴尔·卡内基发现，人对自己的名字看得惊人的重要，所以他曾说："记住人们的名字，而且很轻易就能叫出来，等于给予别人一个很巧妙而又有效的赞美。"反过来，如果你把别人的名字忘掉或者记错，在交往中就会处于非常不利的地位。

　　初次见面，最好能准确记住对方的名字。如果第二次见面时，你一下子就能说出对方的名字，对方一定会感受到极大的尊重。当然，要做到这一点，也并不是一件容易的事情。拿破仑的侄子，法国国王拿破仑三世，据说能记下他所见过的每一个人的名字。平日政务繁忙的他，能做到这一点，其中的窍门何在呢？说穿了很简单，如果他在介绍时没听清楚对方的名字，他会立即说："抱歉！我没听清楚你叫什么名字！"如对方的姓名很特殊，他还会问："请问是怎样的拼法？"在谈话之中，他会刻意地提起对方的名字，以加深印象，并暗中注意对方的外形、表情和反应，记下对方的种种特征。如果对方是重要人物，那他的态度就会更加认真了。等宾客离去，他就立刻将对方的名字抄在小纸条上专心端详，尽可能将之印进心底，很久才将纸条撕掉，这么做为的就是使对方的姓名，不论是在他耳中，眼里都能留下深刻的印象。

2. 换位思考，将心比心

　　"换位"，即设身处地地站在别人的立场去理解和处理问题。大学里的同学来自五湖四海，个性丰富多彩，许多同学因为生活习惯、做事方式、性格脾气等不同而相互抱怨、互相指责，结果弄得形同路人，甚至同室操戈。其实，人总不会离群索居，否则将无法生存。尽管这世界上的人形形色色，有脾气相投的，也有脾气不合的，但是无论我们喜不喜欢对方，都可能会因为某种原因必须与他交往。这时候，你就更要学会从对方的立场来思考问题，而不要把自己的意志强加于别人或以自己的标准评论别人。人际交往中的烦恼常常使我们耿耿于怀、心情烦躁，只有换位才会给你更广阔的视野、更宽容的心态、更和平的心境。试试看，使自己置身于别人的处境里，"我要是处在他的情况下会有什么感觉，会有什么反应？"

　　人与人和谐相处，最重要的是学会互相体谅和适应，每个人都应从对方的角度去考虑问题。比如，当别人午睡的时候，尽量放轻动作；自己听音乐时戴上耳塞；有同舍室友亲友来访，热情接待；当对方总是脾气暴躁对人苛刻的时候，想一想是不是他最近的压力太大……

　　从对方的立场考虑问题是一种豁达，一种宽容，一种将心比心，也是一种尊重他人、适应他人的成熟态度，它会让你成为一个受欢迎的人。

知识窗 5-4：换位思考的四部曲

换位思考就是站在对方的立场，看人之所看，感人之所感，想人之所想。

换位思考四步曲——如果我是他：

第一步，我需要的是……

第二步，我不希望……

第三步，我的做法是……

第四步，我是在意他期望的方式对他吗？

心理小测验：交往细节自我检测

以下测试将帮助你评估和了解自己的交往状况，请仔细阅读每一题，并根据自己的真实情况回答，并在相应的栏目下打"√"。

项　目	经常做到	有时做到	没有做到
1. 我能从对方的表情和动作中看出他想要表达的意思。			
2. 我常说："请"和"对不起"。			
3. 我的要求遭到别人拒绝时，我能体谅对方。			
4. 在和别人发生争执时，我能站在对方的角度考虑问题。			
5. 和别人交往时我能面带笑容。			
6. 当别人遇到烦恼时，我能同情和安慰他/她。			
7. 我喜欢与人合作。			
8. 别人发言时我不打岔。			
9. 我能保守朋友的秘密。			
10. 别人讲话时，我能积极倾听。			
11. 我尊重别人的生活习惯。			
12. 和朋友约会，我很守时。			
13. 在和不认识的人在一起时，我会主动交谈。			
14. 朋友做了令我不愉快的事时，我能宽容、原谅对方。			
15. 别人表演完后，我总是鼓掌表示赞赏。			
16. 别人意见和我不同时，我能尊重对方的意见。			
17. 我乐意接受别人的意见和劝告。			
18. 我乐意发现别人的优点并赞赏他/她。			
19. 我不乱翻别人的东西。			
20. 我喜欢参加团体游戏。			

计算出"经常做到"、"有时做到"、"没有做到"各自的百分比。这个测试为你提供了一个机会,去检查自己在日常的与人交往过程中,哪些细节自己做到了,哪些没有注意,应加以改善。这些细节往往能够反映出你给他人留下的印象如何。

3.出租你的耳朵,学会倾听

故事悦读5-3

我要去拿燃料,我还要回来

美国知名主持人林克莱特有一次在节目里问一名小朋友:"长大后想要做什么呀?"小朋友天真地回答:"嗯……我要开飞机!"林克莱特接着问:"如果有一天,你的飞机飞到太平洋上空,燃料没有了,你会怎么办?"小朋友想了想:"我会先告诉坐在飞机上的人绑好安全带,然后我挂上降落伞跳出去。"现场的观众笑得东倒西歪。没想到,现场的笑声却把孩子弄哭了。于是林克莱特问他:"你为什么要这么做?"

小孩的答案出人意料:"我要去拿燃料,我还要回来!"

因此,不管赞同还是反对,我们应该先弄懂对方的意思。听别人把话说完——这就是"听的艺术"。

倾听非常重要,认真地倾听态度可以让对方感受到你对他(她)的尊重和肯定,从而拉近你们之间的距离,增进友谊。冷静的倾听还能化干戈为玉帛。认真地倾听可以使我们在交往中成为受欢迎的人,我们也会因此懂的更多,因为每一个人都有自己的经历和感受,当他们充满感情所谈论的往往是其感受颇深的,我们在倾听中扩展了我们的视野,增长了我们的经验。

与人交往中,用耳朵比嘴巴更受到尊重与欢迎。把耳朵出租,耳到、眼到、心就到;静静听,不要插话也不要加以评论,就是给朋友的最好的礼物。

知识窗5-5:倾听的技巧

注视说话者,保持目光接触,不要东张西望,注意对方的眼神,适时地以"哦"、"嗯"回应对方,表示自己在倾听。

单独听对方讲话,身子稍稍前倾,情绪适应,神情随着对方的说话内容,而伴之喜怒哀乐。

面部保持自然的微笑,表情随对方谈话内容有相应的变化,恰如其分地频频点头。

不要中途打断对方,要协助对方把话讲下去。如果对方说了一大通以后,得不到你的态度,尽管你是在认真地听,对方也会认为你心不在焉。因此,在对方谈话过程中,不妨加点评语,以表示你在认真地听,如"太好了!"、"真的吗?"、"到底是怎么回事?"、"后来呢?",等等。

适时而恰当地提出问题或插话，或者可以说"这一点我很了解"等，边听边想，配合对方的语气表述自己的意见。

不离开对方所讲的话题，但可通过巧妙的应答，把对方讲话的内容引向所需的方向和层次。

4. 拉近距离的纽带，学会赞美

生活中，我们都渴望得到别人的赞赏和肯定，可是，我们却很少去赞美别人。古语有云："己所不欲，勿施于人，己所欲之，厚施于人。"既然渴望得到别人的欣赏，为什么不学着欣赏别人呢？

赞美是很难得的特质，我们可以赞美美丽、赞美漂亮。才华是一个人通过后天努力所得，所以，更需要他人的肯定和赞美。赞美他人的才华比赞美他人的相貌更让人高兴。因此，当你在现实生活中遇到其貌不扬者时，不妨仔细地将其才华赞美一番，如常用"你真有知识、你真有能力、你真有判断力"之类的话，这样不仅可以使对方身心愉悦，也可以为你迎来更多的赞美。

赞美可以给人带来鼓励和愉悦，可以拉近两者的心灵，但值得注意的是，只有真诚的赞美才有如此的魅力，适时、适度的赞美犹如锦上添花，过度的、不合实际的赞美是虚伪的恭维和吹捧，只会招人反感。

知识窗 5 - 6：赞美的艺术

赞美应及时

时机越快，影响越大。若能抓住对方做得好的那一刹那去赞美它，效果是会很好的。

赞美要明确

你必须清楚地说出："谢谢你刚刚在我心情不好的时候那么包容我。""你这篇报告写得很好。""早上的那件事你处理得很好，你真是很棒。"

赞美要公开

指责一个人要在私下，称赞则要在人前。公开要比私下赞美效果强上好几倍，你可以瞧见对方喜滋滋的模样，所以，可千万别吝于公开给别人赞美。

练一练：学会赞扬别人的训练方案

找一个你愿意赞美的人，可以是熟悉的人，也可以是不大熟悉的人，只要是你不常给对方赞美的人就可以了。

每天赞美他一次，持续两周。

记录下你对他的赞美，填在赞美行为记录表中。

在你的赞美之下，对方是不是有反应。如果可能，和他交流一下双方的感受，并记录在下面。

请对你的记录结果进行分析。

时间	对方值得赞美的地方	你的赞美是怎样的	对方的反应

5. 帮助他人成长的良药，学会批评

俗话说："金无足赤，人无完人。"人生在世，孰能无过。在与人交往的过程中，不难发现对方的一些缺点和过错。一般人都有自知之明，可以对自己的缺点和错误进行反思和修正。但有时候"当局者迷，旁观者清"，自己的反思再深刻，也不如"旁观者"看得透彻。所以当我们发现别人的过失时，及时地予以指正批评，是很有必要的。有人说，赞美如阳光，批评如雨露，二者缺一不可，这话是很有道理的。我们在沟通中，既需要真诚的赞美，也需要中肯的批评。

诚心诚意的批评，是对人的另一种赞美。你只有诚心诚意地动口，他才会动心，才会修正自己的错误和过失，铲除前进路上的障碍，向着目标奋进。但俗话说得好"伤树莫伤根，伤人莫伤心"，在对他人提出批评时，要把握好分寸，注意批评的"度"，不要伤害了对方的自尊心。批评是要讲究艺术的。

知识窗 5 - 7：批评的艺术

应注意场合

尽量在只有双方在场的情况下进行。当着他人批评别人，对方很可能首先意识到自己的形象和自尊受损而不是自己所犯的错误。这样的批评只会增加对方的反感和抵触。

从赞扬和诚心的感谢入手

赞扬和感谢可以提高对方的自信和自尊，从而在感情上接纳我们。在这种背景下，我们诚恳地提出批评，对方往往更容易接受。

对事不对人

不要将事情和对方的人格、能力牵扯到一起。因为人格、能力比具体事情更重要。如果你在肯定其能力、人品的前提下指出其某一个具体事情的错误，他/她往往容易接受。

批评应针对现在，而不要纠缠旧账

如果习惯于用"你怎么总是……""向来都""老是"之类的形式批评别人，不会取得好的效果。因为这种说法暗示对方："你旧习难改。"卡内基告诉我们：让对方感到自己的错误很容易改掉，这样对方往往会有信心去改变自己。另外，翻旧账的做法也容易引起对方的反感。一两件事可以归因于偶然，许多件事则更可能归因于人品，所以翻旧账等于在贬低对方人品。记住，只针对当前这一件事。

批评前先提到自己的错误

被批评者在批评面前会有一种错觉，似乎批评者是在用批评显示他的优越。如果我们先提到自己的不足，可以明显弱化人们的这种意识，使人们更容易接受批评。

> **间接提醒他人注意自己的错误**
>
> 人们不能轻易承认自己不足的根本心理障碍是对自我遭到否定的恐惧。如果我们不直接批评，而是间接地暗示，比如用"我想"、"假如"、"或许是"等字眼，则可以使人避免自我否定的恐惧，从而使人顺利地接受批评。

6. 让自己更快成长，正确对待批评

来自他人的批评激发起我们的第一个反应常常是奋起而为自己辩解，甚至更加严厉地反击。其结果是除了造成自己的进一步伤害外，不是误伤他人，便是让他人的恶意得逞。

知识窗 5－8：如何对待批评

> **质问不正确的观念**
>
> 我们会喜欢所有的人吗？不可能！那我们能否要求所有的人都喜欢我们呢？事实上，除非你平庸至极，这样没人会注意你，批评也会少许多；否则，在你的生活中，批评将永远伴随你；你越是出众，受到的批评就越多。
>
> **选择自己对待批评的反应**
>
> 想一想：过分看重批评会如何？卡内基说过，"虽然我不能阻止别人不对我做任何不公正的批评，我却可以做一件更重要的事，我可以决定是否让我自己受那些不公正批评的干扰。"
>
> **识破对方的动机，选择策略**
>
> 有的人批评是为了发泄妒忌的恶气，对这类批评者，你的辩解、愤怒和痛苦会让他们感受到一种极大的快感。对此，你可以置之不理！如果批评确实是在指出自己的不足，此时你要冷静地分析其中是否含有可供参考、有助于自我完善的东西。这样不仅体现了你的自信和博大，也让你从中获得不断的完善。傻人受到一点点的批评就会发起脾气来，可是聪明的人却急于从这些责备他们、反对他们和"在路上阻碍他们"的人那里，学到更多的经验。实际上，只要我们愿意，一切都可以拿来为我所用，一切都可以成为我们学习的源泉。

7. 获得好心态和好人缘，学会感恩

我们常常听到这样的抱怨：甲同学总和自己作对，乙老师上课不好，丙朋友心胸狭窄，连个小忙都不肯帮……抱怨在生活中无处不在，但没有一个人会喜欢生活在抱怨声之中，过多的抱怨会惹人讨厌，使自己成为孤家寡人一个。人活于世，实属不易，我们应怀着感恩的心去面对身边的人和事。感恩来自我们对生活的爱和希望，当心存感恩时，风是轻的，太阳是温和的，一切是美好的。当我们怀着感恩的心态来面对身边的人时，感谢别人的理解进而理解别人、感谢别人的帮助进而帮助别人、感谢别人的支持进而支持别人、感谢别人的赞美进而赞美别人、感谢别人的关心进而关心别人，那么世界上最美好的理解、帮助、支持、感谢和关心都会一齐向你涌来……

知识窗 5 – 9：学会感恩

感谢父母

虽然父母不能给予我们金钱、地位、名誉，但他们却给了我们世界上最重要的东西——生命，在我们成长过程中，他们把无私的爱奉献给了我们，含辛茹苦把我们养大，教导我们做人的道理。我们的成长历程中，无不包含了父母的辛苦和期望。所以，作为儿女的我们，有何理由不对父母感恩呢？

感谢老师

从小学到大学，我们升学的每一步都有老师的谆谆教导，循循善诱，为我们的成人成才，老师呕心沥血、默默地工作着，他们燃烧了自己，照亮了我们的前程，为此，我们应该献上我们的一份感恩！

感谢同学

因为在我们的成长过程中，都少不了他们的陪伴。有了他们的陪伴，我们走过了快乐的童年，多梦的少年，走进了风华正茂的大学时代。虽然有的同学毕业后就失去了联系，但少数成为了我们的知己，一直陪伴我们、支持我们走下去，难道这不是一件值得庆贺和感恩的事情吗？

感谢跟我们过不去的人

感恩伤害你的人，因为他磨炼了你的意志。

感恩欺骗你的人，因为他增进了你的见识。

感恩鞭挞你的人，因为他消除了你的自责。

感恩遗弃你的人，因为他教导了你要独立。

感恩绊倒你的人，因为他强化了你的能力。

感恩斥责你的人，因为他助长了你的智慧。

是的，因感恩我们获得了更多……

四、解开人际之结

（一）转移法

人在愤怒时，大脑处于强烈的兴奋状态，转移法就是通过把注意力从愤怒的人或者事情上移开，在自己要发脾气的时候，可以尽快离开这个环境，或者把自己关起来闭目养神，待情绪稳定后再去面对这些人或者事情。

（二）释放法

将闷在自己心里的愤怒、悲伤等负面的情绪通过别的方式发泄出来。你可以到空旷的地方大声喊叫，去打场球，跑几圈，可以找要好的朋友谈这些不顺心的事情，也可以到没人的地方大哭一场。

（三）培养自己的幽默感

幽默是化解尴尬的润滑剂。在与他人的交往中，自己的一时疏忽，或是某些人对自己的别有用心的攻击，都会使自己处于尴尬的、不利的局面中，如果能够巧妙地运用幽默，就能尽快地从窘境中摆脱出来，重新掌握交往的主动权。钢琴家波奇谈吐非常幽默，是个有名的幽默家。有一次她到美国密歇根州福林特城演出，当她登上舞台时，竟失望地发现，剧场的观众不够多，有一半以上的座位都空着。她定了定神，然后幽默地对观众说："福林特城的人一定很有钱，我看到你们每个人都买了两三个座位票。"整个剧场顿时一片笑声，于是演出在欢快的气氛中进行下去，获得了圆满成功。

类似这样的不利局面突如其来地出现在我们面前，使我们措手不及，与其言辞激烈地为自己辩护，不如运用幽默的手段，或许能收到事半功倍的效果。

知识窗5－10：幽默运用有规则

运用幽默时需注意几点：首先，幽默应该是善意的，善意的幽默才会带来良好的效果，否则反而会弄巧成拙，发生冲突。其次，幽默要得体。有些同学自认为很幽默，但其他人却笑不起来，这是由于幽默不得体的缘故。第三，幽默贵在含蓄。含蓄是幽默最吸引人之处，含蓄的幽默意味深长，如果把话说尽了，就没有幽默可言。

（四）消除隔阂

消除隔阂是一种积极解决问题的方法。使用这个方法的条件是：双方都很重视冲突的解决，把冲突看成阻碍双方发展的共同问题。同学之间朝夕相处，为了共同的目的从各个地方走到一起，应该相互爱护。意见出现分歧，要真诚地与对方交换想法，耐心地向对方了解详情并向对方解释事情的原委。即使自己认为主要的过错在对方，也要豁达大度，心怀坦荡，可让对方坐上座，给对方留足面子，允许对方先后退，在自己的底线上有最大的弹性。在沟通中，不能将自己的意见和欲望强加于人，也不能希望通过损害他人的利益来满足自己的欲望。

隔阂虽然是由双方共同造成的，但是你却可以作为积极主动的一方去打破这些隔阂，一些不经意的示好，如帮忙接电话、还书，分享对方喜欢的食物之类，可以让对方感受到你的善意。

想一想：你怎么看待同学之间的冲突？如何解决同学间的冲突？

请拿出一张纸，回想自己上大学后自己印象最深刻的一次冲突，写下自己当时的真实想法以及现在最想对对方说的。

我心我诉

我该如何战胜我的紧张

小奇，男，21岁，大学二年级学生。性格内向，由于高中时喜欢侧看同一排的女生，引起了其他同学的反感，连男生也不愿坐在他旁边，甚至全班同学都嘲笑、排挤他，于是他就认为世上最难打交道的是人，十分害怕与人交往，不敢正视人，与人讲话时连嘴唇也颤抖起来。上大学后，害怕被别人看不起，担心别人中伤自己，到阅览室去，总觉得别人的眼光在盯着自己。与人讲话时，总是低着头，害怕双方的目光对视。出席同学聚会总是感到不自在，甚至说不出一句合适的话。这属于社交恐惧症。高中时的社交挫折，在他的心底造成了很深的伤害，以至于他来到大学仍无法摆脱交往时的紧张和恐惧。

1. 超越自卑

著名心理学家阿德勒在其《超越自卑》一书中提到："每个人都有不同程度的自卑，因为自卑是每个人在追求更加优越的地位和完美的人生过程中必然要出现的心理反应，超越自卑可以激发我们努力和上进。"

超越自卑的关键就要正确地认识自己。既要看到他人的优点，也要看到自己的长处，善于根据自己的特长和优势来唤起自信心，相信自己有社交的技能，只是不常用，生疏而已；要学会进行积极的自我暗示，如"我能行"，"我对自己的社交有信心"，"再试试"等。避免在交往之前便认定自己在与他人打交道时注定要失败。

2. 表现自然得体

平时多阅读一些有关社交的书籍，扩大知识面，掌握一些社交礼仪，一方面可以使自己在社交场合表现得体，另一方面则可以增强自己的社交自信心。社交时，给自己以暗示，不要过度关注自己给别人留下的印象。要知道自己不过是个小人物，不会引起人们的过分关注，而是学会把注意力放在自己要与他人交谈的事情上，努力将事情讲得明确具体，避免含糊其词。同时，注意对方能力、知识水平等背景，避免使用让人产生歧义、使人不快的词汇，如别人作业未交，忌用"懒惰"一词；此外，交往过程中，保持微笑；注意倾听，目光正视对方，表示正在洗耳恭听；善于利用交谈的空隙，迅速处理言语信息，记住对方观点。

如果当自己对社交过于紧张或害怕时，不妨让自己的思维走向极端：再坏又能坏到哪里去？最终我又能失去些什么？最糟糕的结果又会是怎么样？经过（采用）这样的极端法，我们就会发现实际情况远没有原先想象的那么严重，于是注意力就转移到正题上了。

3. 尝试自我系统脱敏疗法

自我系统脱敏疗法也是一种矫正社交恐惧的有效方法。个人可以通过想象和实境两种方式进行系统脱敏。想象法是指在头脑中循序渐进，由轻到重，形象逼真地想象和再现令自己紧张、恐惧的社交场合，每当感到紧张、恐惧时，就运用肌肉放松的方法，消除紧张感，然后再想象，再放松，如此循环，直到社交紧张、恐惧消失为止。实境法则是让自己身临其境，越是害怕什么就去做什么，逐步地接近实境，形成一种习惯后就可以消除紧张、恐惧了。如果面对自己内心里爱恋的女孩子感到恐惧，可用循序渐进的方法克服恐惧心理。第一步，先下决心看她的衣服；第二步，看她的脸蛋和眼睛；第三步，向她笑一笑；第四步，当有朋友在身边时主动与她说话；第五步，有勇气单独与她接触。如果自己恐惧的是与陌生人交往，第一步与自己的父母无拘束地交谈；第二步，与同舍友畅怀交谈；第三步，主动与隔壁寝室同学交谈；第四步，与同班同学交谈；最后，主动与上选修课的同学或与同桌吃饭的陌生学生交谈。像这种避免直接碰撞敏感中心的方法使一个原本看来很困难的社交行为变得容易起来，对轻度社交恐惧有立竿见影的效果。

慧 心 讲 坛

天堂和地狱里的长勺

有一天，上帝对教士说："来，我带你去看看地狱。"

他们进入一个房间，许多人围着一只正在煮食的大锅坐着，他们又饿又失望。每个人都有一个长勺，但是长勺的柄太长，所以食物没法送到口里。

"来，现在我带你去看看天堂。"上帝又带教士进入另一个房间，这个房间跟上一个房间的情境一模一样，也有一群人围着一只正在煮食的大锅坐着。所不同的是，这里的人看起来又快乐又饱足，而他们的勺子跟刚才那群人的一样长。

教士奇怪地问上帝："为什么同样的情境，这个房间里的人快乐，那个房间里的却愁眉苦脸的？"

上帝微笑着说："难道你没有看到，这个房间的人都学会了互相喂对方吗？"

第六单元　爱如花开　行走无悔青春

爱是一位伟大的导师，教会我们怎么做人。——莫里哀

不要只为了爱，盲目的爱，而将别的人生的意义全盘疏忽了。——鲁迅

智慧之灯

走进爱情伊甸园

"关关雎鸠，在河之洲，窈窕淑女，君子好逑。"古往今来，没有一个主题比爱情传唱得更宽广、更久远，也没有一个主题比爱情的力量更巨大更坚实。可以说，爱情是一种最具创造性、激发性、想象力和爆发力的情感，在每一时刻都能闪耀出神性的光芒。

"哪个男子不钟情，哪个少女不怀春。"正值青春年少的大学生青年男女，经历了生理上翻天覆地的变化，心理也伴随着开始了春天的萌动。爱，悄然出现在我们的眉间心上，校园里，卿卿我我、成双成对的身影已经是无法回避的风景。爱情，独具魅力，拨动我们的心弦，令人寻觅神往；爱情，让我们感受世间无与伦比的美好的同时，也给我们带来了不可理喻的困扰。"问世间情为何物？直叫人生死相许。"让人欢喜让人忧的爱情，究竟有着怎样的庐山真面目？

开启心门

观点争锋，爱情观点大家谈

对于爱情，不同年龄、不同时代、不同文化、不同民族都有不同的理解，爱情成为人们把捉不住的精灵。在你的心里，是怎样"丈量"和"标尺"爱情呢？从小到大，我们听到过也看到过许许多多的爱情故事，耳熟能详许多与爱情有关的诗词歌赋、名言名句，你是否可以选择其中的一个来表达：这就是你对爱情的理解，这就是你心目中的爱？

一、爱情宣言

我最喜欢的爱情格言：＿＿＿＿＿＿＿＿＿＿＿＿＿＿＿＿＿＿＿＿＿＿＿＿＿

（如：不求天长地久，但求曾经拥有；两情若是久长时，又岂在朝朝暮暮；曾经沧海难为水，除却巫山不是云；爱情只是一种缘分，缘至则聚，缘尽则散；爱情就是一个人的自我价值在别人身上的反映；爱情是一种最坚牢的感情，同时，也是一种最脆弱的感情；没有什么能比爱情使两个人靠得更近，也没有什么能够比爱情最终使两个人离得更远；没有什么比爱情带给人的希望更大，也没有什么比爱情带给人的失望最多；爱情使人弱智，唯弱智才

产生最纯美的爱情；人类将永远因爱情而幸福，人类也将永远因爱情而痛苦……）

　　结合你的爱情格言谈谈自己对爱情的理解。

二、爱情典范

　　我最喜欢的爱情故事：＿＿＿＿＿＿＿＿＿＿＿＿＿＿＿＿＿＿＿＿

＿＿＿＿＿＿＿＿＿＿＿＿＿＿＿＿＿＿＿＿＿＿＿＿＿＿＿＿＿＿＿＿

（如：梁山伯与祝英台、周恩来与邓颖超、邻居家的老爷爷和老奶奶……）

　　对你提供的爱情榜样进行描述和展示，讲述他们或相濡以沫、或伉俪情深、或不离不弃的感人故事、传奇经历，突出谈谈自己感触最深的部分。

心理小测验：恋爱倾向测试

　　以下是 MBTI（Myers-briggs type indicator）恋爱倾向测试，每道题有两个选择，每 7 道题为一个部分。所有的题目都没有对错之分，请忠实地记下你心目中的答案，最后在每一部分中选出你选择较多的一个字母，组成你的测试结果。（要求：每题考虑的时间不得超过10 秒钟）

　　第一组：

　　1. 你倾向从何处得到力量：

　　（E）别人

　　（I）自己的想法

　　2. 当你参加一个社交聚会时，你会：

　　（E）在夜色很深时，一旦你开始投入，也许就是最晚离开的那一个

　　（I）在夜晚刚开始的时候，我就疲倦了并且想回家

　　3. 下列哪一件事听起来比较吸引你？

　　（E）与情人到有很多人且社交活动频繁的地方

　　（I）待在家中与情人做一些特别的事情，例如，观赏一部有趣的录影带并享用你最喜欢的外卖食物

　　4. 在约会中，你通常：

　　（E）整体来说很健谈

　　（I）较安静并有所保留，直到你觉得舒服

　　5. 过去，你遇到你大部分的情人是：

　　（E）在宴会中、夜总会、工作中、休闲活动中、会议上或当朋友介绍我给他们的朋友时

　　（I）通过私人的方式，例如个人广告，或者由亲密的朋友和家人介绍

　　6. 你倾向拥有：

　　（E）很多认识的人和很亲密的朋友

　　（I）一些很亲密的朋友和一些认识的人

　　7. 过去，你的爱人和情人倾向对你说：

　　（E）你难道不可以安静一会儿吗

　　（I）可以请你从你的世界中出来一下吗

第二组：

8. 你倾向通过以下哪种方式搜集信息：

(N)你对有可能发生之事的想象和期望

(S)你对目前状况的实际认知

9. 你倾向相信：

(N)你的直觉

(S)你直接的观察和现成的经验

10. 当你置身于一段关系中时，你倾向相信：

(N)永远有进步的空间

(S)若它没有被破坏，不予修补

11. 当你对一个约会觉得放心时，你偏向谈论：

(N)未来，关于改进或发明事物和生活的种种可能性。例如，你也许会谈论一个新的科学发明，或一个更好的方法来表达你的感受

(S)实际的、具体的、关于"此时此地"的事物。例如，你也许会谈论品酒的好方法，或你即将要参加的新奇旅程

12. 你是这种人：

(N)喜欢先纵观全局

(S)喜欢先掌握细节

13. 你是这种类型的人：

(N)与其活在现实中，不如活在想象里

(S)与其活在想象里，不如活在现实中

14. 你通常：

(N)偏向于去想象一大堆关于即将来临的约会的事情

(S)偏向于拘谨地想象即将来临的约会，只期待让它自然地发生

第三组：

15. 你倾向如此做决定：

(F)首先依你的心意，然后依你的逻辑

(T)首先依你的逻辑，然后依你的心意

16. 你倾向比较能够察觉到：

(F)当人们需要感情上的支持时

(T)当人们不合逻辑时

17. 当和某人分手时：

(F)你通常让自己的情绪深陷其中，很难抽身出来

(T)虽然你觉得受伤，但一旦下定决心，你会直截了当地将过去恋人的影子甩开

18. 当与一个人交往时，你倾向于看重：

(F)感情上的相容性：表达爱意和对另一半的需求很敏感

(T)智慧上的相容性：沟通重要的想法，客观地讨论和辩论事情

19. 当你不同意情人的想法时：

(F)你尽可能地避免伤害对方的感情；若是会对对方造成伤害的话，你就不会说

（T）你通常毫无保留的说话，并且对情人直言不讳，因为对的就是对的

20.认识你的人倾向形容你为：

（F）热情和敏感

（T）逻辑和明确

21.你把大部分和别人的相遇视为：

（F）友善及重要的

（T）另有目的

第四组：

22.若你有时间和金钱，你的朋友邀请你到国外度假，并且在前一天才通知你，你会：

（J）必须先检查你的时间表

（P）立即收拾行李

23.在第一次约会中：

（J）若你所约的人来迟了，你会很不高兴

（P）一点儿也不在乎，因为你自己常常迟到

24.你偏好：

（J）事先知道约会的行程：要去哪里，有谁参加，你会在那里多久，该如何打扮

（P）让约会自然地发生，不做太多事先的计划

25.你选择的生活充满着：

（J）日程表和组织

（P）自然发生和弹性

26.哪一项较常见：

（J）你准时出席而其他人都迟到

（P）其他人都准时出席而你迟到

27.你是这种喜欢……的人：

（J）下定决心并且做出最后肯定的结论

（P）放宽你的选择面并且持续搜集信息

28.你是此类型的人：

（J）喜欢在一段时间里专心于一件事情直到完成

（P）享受同时进行好几件事情

结论

针对以上四组问题，把每一组中你所选的答案最多的提取出来，代表你最强的偏好，当把四个最多的项合并起来时，将显现出你的恋爱类型。

（1）哲学家型（INFP）——内向的、直觉的、感觉的观察者："爱情是最完美的所在：安静、平和与善良。"

（2）作家型（INFJ）——内向的、直觉的、感觉的果断者："爱情在我的脑中、心上和灵魂里。"

（3）记者型（ENFP）——外向的、直觉的、感觉的观察者："爱情是神秘的、有启发的和有趣味的。"

（4）教育家型（ENFJ）——外向的、直觉的、感觉的果断者："爱情是被你所爱的人

占满。"

（5）学者型（INTP）——内向的、直觉的、理性的观察者："爱情不过是另一个灵光乍现。"

（6）专家型（INTJ）——内向的、直觉的、理性的观察者："爱情可以被分析并改进得更完美。"

（7）发明家型（ENTP）——外向的、直觉的、理性的观察者："首先我在脑海中发明爱情。"

（8）陆军元帅型（ENTJ）——外向的、直觉的、理性的观察者："爱情可以因为量、影响和成就而加强。"

（9）照顾者型（ISFJ）——内向的、感受的、感觉的果断者："爱情是一个值得为它牺牲的目标。"

（10）公务员型（ISTJ）——内向的、感受的、理性的果断者："爱情是建立在义务和责任上的。"

（11）主人型（ESFJ）——外向的、感受的、感觉的果断者："爱情建立在服务他人之上。"

（12）大男人型（ESTJ）——外向的、感受的、理性的果断者："爱情是建立在坚固的家庭价值、传统和忠贞上的。"

（13）艺术家型（ISFP）——内向的、感受的、感觉的观察者："爱情是温柔的、自然的和奉献的。"

（14）冒险家型（ISTP）——内向的、感受的、理性的观察者："爱情是一连串的动作。"

（15）表演者型（ESFP）——外向的、感受的、感觉的观察者："爱情是享受和陶醉在此刻的狂热中。"

（16）挑战者型（ESTP）——外向的、感受的、理性的观察者："爱情应该是经常充满刺激及能激发人的。"

类　　型	说　　明
哲学家型（INFP）	喜欢艺术、哲学和心理学，对于自己的人生有使命感；很敏感也很理想化；通常很随和，除非他的价值被侵犯；倾向于对他们喜爱的人有很高的期待
作家型（INFJ）	会被心理学、哲学、神秘主义和心灵感应所吸引；是很好的聆听者而且非常具有同情心；通常很安静；有些时候极端固执；喜欢阅读和写作
记者型（ENFP）	对发现生命的意义非常有兴趣，喜欢被人们所肯定；开朗并且富有领袖魅力；倾向于开始很多事情（包括感情），但却不一定会完成它们
教育家型（ENFJ）	是卓越的沟通者和游说者；可以成为有效率的领导人和发动人；如果他们觉得他们的恋人把他们的存在视为理所当然，会变得善妒且具占有欲；喜欢在任何事情上给予他们的朋友劝告，而且在情感上非常具有支持性
学者型（INTP）	是个着迷于理论但心不在焉的教授，总是忘东忘西，可是仍然有出色的想法和观察力；通常是随和且易相处的伴侣，有时是安静的，但有时又非常好辩；也许会忘记他们感情关系中的情感需求

续表

类　型	说　明
专家型（INTJ）	对爱情有一套详细的理论概念；重视他们伴侣的能力；是所有恋爱类型中教育水平最高的；通常在科学和思想的世界中有所成就，且不断追求自我成长
发明家型（ENTP）	几乎可以针对任何事情侃侃而谈；是创造新发明、计划事情或提出方案的天才；是多才多艺的个体也是个挥金如土的冒险家；喜欢同时进行很多件事情并且有能力把所有事情都做得不错
陆军元帅型（ENTJ）	非常具权威性而且擅长沟通；通常在他们所选择的领域中有卓越的成就；野心很大，通常对他们自己和伴侣要求很高；具有审判律师的个性；享受热烈的辩论
主人型（ESFJ）	重视他们感情关系中的和谐；喜欢对他人表示善意；是完美的主人且具非常的家庭导向
公务员型（ISTJ）	非常负责任和可靠；很具有忠诚性也很安静；不喜欢他们伴侣俗丽的爱情举动或"敏感的"表达方式
照顾者型（ISFJ）	具有强烈的责任感，相信生命应该适得其所；通常对生命中弱小的人物特别关心；儿童、动物、病人和老年人；在服务别人的过程中找到快乐，他们会是很好的护士、教师和母亲/父亲
大男人型（ESTJ）	呈现负责任的个性；重视权威和指挥体系，享受一种粗糙的幽默感；追寻婚姻和家庭生活的稳定性和结构，也是家庭极佳的保护者和供养者
艺术家型（ISFP）	拥有强烈的艺术气息；喜欢动物和大自然；是温柔及关爱的情人；既安静又随和
冒险家型（ISTP）	喜欢用他们的双手工作且为了自己的兴趣而活；非常重视他们的个人空间；相信"能活就该好好活着"的哲学；具有让人无法预期的极端个性
表演者型（ESFP）	是天生的演艺人员；通常以温柔、有魅力的俊男或美女和诱惑者著称；是那种典型的"夜总会爬行类"；呈现永恒的乐观主义；如果在一段感情初期发现彼此的不和谐，他们会很快离开
挑战者型（ESTP）	追求刺激、兴奋和每件事情中的多样性；可以是专业型的诱惑者；相信行动，不相信理论；通常是极佳的促销者且具有操纵性

心理学堂

大学生恋爱心理

大学生生理发展已完全成熟，心理发展已走过性疏远期和性接近期，进入恋爱期。大学生恋爱是自然的、正常的生理和心理发展。近年来国家政策也由禁止到默认再到现在的允许适龄大学生结婚生子。大学生的婚恋及引发的相关问题，已经渗入大学生活的各个方面。

一、揭开爱情的面纱

美国科学家经研究发现，造成两性之间的感情吸引力与"化学反应"有着密切关系。研究表明，产生恋爱双方之间吸引力的物质大多数是一种类似氨基丙苯的化学物质，如苯乙胺、多巴胺、去甲肾上腺素等。这些化学物质可以通过双方之间的眼神传递、肌肤触摸等产生，从大脑开始，沿着神经传导进入血液，进而使皮肤变红，身体发热甚至出汗，心情激动亢奋，促使热恋中的双方坠落"情网"，难以自拔。

爱情产生的基础是种族繁衍与心理需求。人类作为生物的一种，在本能的驱使下产生求偶冲动，并引发相应的生理反应。人类有别于其他生物还具有社会性，求偶受社会化因素如双方思想、情操、志向、趣味、学识等方面的影响。爱情能满足很多的心理需要：被关心、被接纳、被重视、被信任；提升自我价值感、获得归属感；分享快乐，分担痛苦。所以爱情，是人的自然属性与社会属性的统一，是性爱与情爱的统一，是一种渴望与对方长相厮守的最强烈、稳定、专一的感情。

二、探究爱情的理论

心理学对于爱情的研究，落后于对人际关系的研究，比较有影响力的理论有斯坦伯利的爱情三角理论等，对爱情的结构、组成和表现形态等进行了揭示。

（一）爱情三角理论

斯坦伯利的三角理论认为，两个人的情感关系有三个成分：第一个是亲切感，即与对方在一起时，会有一种相知相悦的温柔感觉，这是属于情绪面；第二个是性的吸引力，即情欲，想要有肌肤之亲的欲念，这是属于动机面；第三个是认定（承诺），即认定了一个人，决定跟他在一起，而不要跟别人在一起，这是属于认知面。如果这三个成分都全的话，就是最完美的。可是这种爱很难找到，即使有，也不容易长期存在。婚姻的蜜月期可能有这种最完美的爱。但蜜月期有多久呢？这很难说，它也许是一个月，也许是一年。因为这几个成分并不固定，随着时间和环境的变迁，它们会有所改变。所以，完美爱的状态不可能永久维持，而只是在某些时期能达到这种境界。因此，很多人想要找一段永远不变的爱情，那只是幻想而已。斯坦伯利的爱情三角理论如图6-1所示。

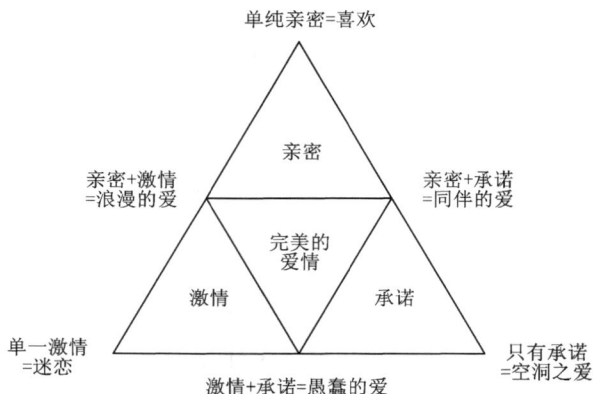

图6-1　爱情三角理论

根据斯坦伯利的三角理论，我们可以通过亲近感、情欲和承诺三个成分的不同组合，得出八种可能的关系类型，这就是无爱、喜欢、欲恋、虚爱、浪漫之爱、友伴爱、热爱和完美之爱。

（二）爱情态度理论

爱情态度理论由罗宾提出，他认为爱情是对某一特定的他人所持有的一种态度。这种理论将爱情归为社会心理学的人际吸引，并能使用一般测量方法研究爱情。他假设爱情是可以被测量的独立概念，可视为一个人对特定他人的多面性态度，他从文艺著作、普通常识及人际吸引的文献资料中，寻找拟定叙述感情的题目，经过项目分析、信度、效度考验而建立爱情量表（love scale）和喜欢量表（liking scale），他发现爱情与喜欢有质的差别，其爱情量表中包含三种成分：一是亲和和依赖需求；二是帮助对方的倾向；三是排他性与独占性。

（三）爱情依恋理论

爱情依恋理论将爱情与童年依恋联系研究。婴儿时期与人建立的依恋关系，会使个体形成一个持久且稳定的人格特质，这项特质在个体与异性建立亲密关系时自然流露出来。Hazan 和 Shaver 将成人的爱情关系视为一种依恋的过程，分三种类型：

安全依恋型：与伴侣的关系良好、稳定，能彼此信任、相互支持。多数人的爱情属于安全依恋性。

逃避依恋型：害怕且逃避与伴侣的亲密。法国电影《天使爱美丽》中的艾米丽就属于这种类型。

焦虑/矛盾依恋型：时常具有情绪不稳、极端反应的现象，善于忌妒且希望跟伴侣的关系是互惠的。《过把瘾》的男女主人公就属于这种类型。

hazan 和 shaver 的研究中发现，三种不同的爱情依恋类型在成人中所占的比例分别为：安全依恋型约占56%，逃避依恋型约占25%，而焦虑/矛盾依恋型约占19%。

（四）爱情形态理论

爱情形态理论认为人类受文化背景、教养模式、人格基础及不同情境的影响，对于爱情的需求与理解会不一样，恋爱双方相处模式会表现出不同的形态。

1. 共生关系

共生的双方都视与对方合二为一为最高境界，导致缺乏成长空间，爱情关系容易成为制约双方的镣铐，如图6-2所示。

2. 寄生关系

寄生的关系，对寄生的人而言，寄主是他的全部；而对寄主而言，寄生的人只是他生活的一小部分。这种关系，容易引起情感的落差，如图6-3所示。

3. 各自独立关系

各自独立而无交集，在这样一种关系中，常因彼此距离拿捏不准而渐行渐远，如图6-4所示。

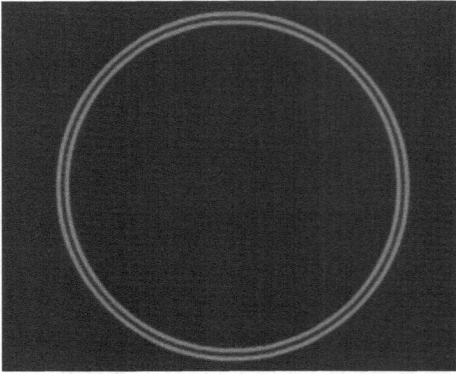

图6-2　爱情形态之共生关系

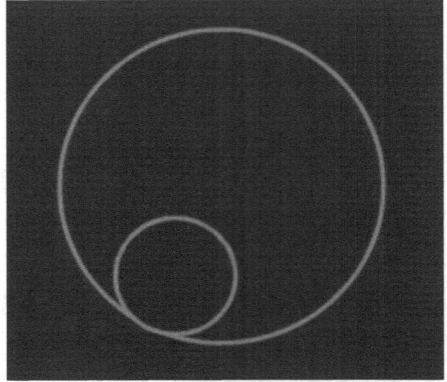

图6-3　爱情形态之寄生关系

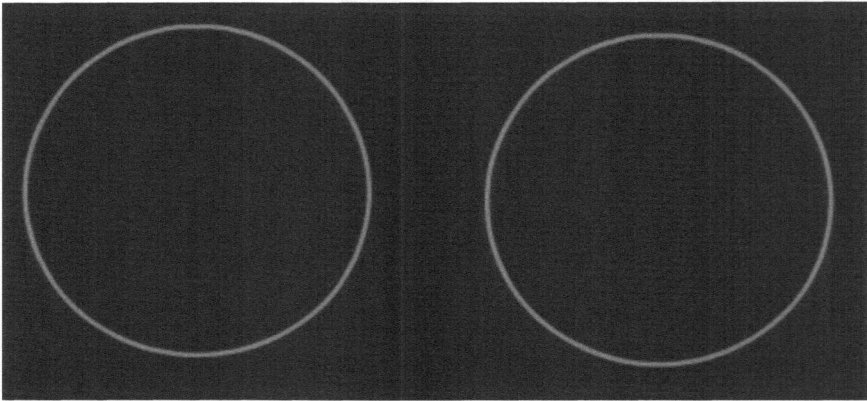

图6-4　爱情形态之各自独立关系

4. 相互依存关系

有交集也有各自独立的部分，在这样的关系里，有亲密的交流，也有尊重对方独立的一面，如图6-5所示。

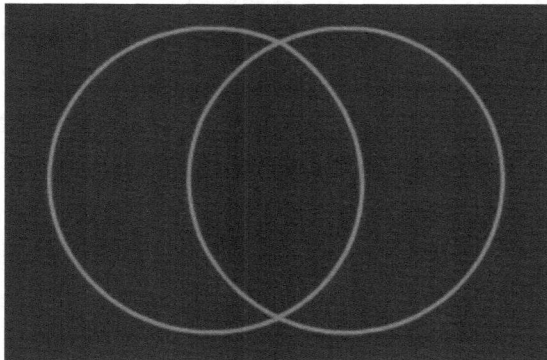

图6-5　爱情形态之相互依存关系

三、溯寻爱情的轨迹

一段爱情的发生发展过程称为爱情周期，有观点认为，爱情的周期为 18 个月至 30 个月。我们把恋爱分成三个阶段、九个心理过程：初恋阶段的三个过程分别是了解、试探性的投入和认可；热恋阶段的三个过程是思念、心理时间差（一日不见如隔三秋）和内在化（此时已不在乎对方的外表而是心的相容）；准婚阶段的三个过程是占有欲、强烈地排他性和淡漠期（恋爱到一定时间后对爱情的感受进入不敏感状态，就是有些会说"不过如此""没有意思"）。爱情周期的长短，不全是由社会心理因素来制约的，在诸多社会条件的背面，有些生物心理因素也不能忽视。科学家们发现，人体的苯乙胺等化学物质不能永久存在，恋爱一段时间后，苯乙胺等化学物质开始逐步减少，直到消失。恋爱双方的激情逐渐淡薄，爱情也相应一步步进入到末期。有的研究还提出了男性的"克立茨"现象和女性的"返祖"行为。"克立茨"现象即指喜新厌旧的现象。性学家认为男人的喜新厌旧有相当的生物学内因，似乎是男人的种属性。不过这种属性可因一个人的信仰和观念不同而表现各异。至于女性的"返祖"行为，是针对那些多次易夫或过分性放纵的现象而言，因为在原始母系社会里，女人是无性约束的。

爱情在不同的阶段以曲线的状态存在，维持久的爱情通常它的曲线不会偏离太远，而是或上或下地围绕其向前发展，这股力量来自爱情双方的合力，分歧的角度越大同等力下产生的合力就小，反之亦然。普遍认为，维持爱情的武器或法宝有：相互关怀、理解、包容、兴趣、情调等，这是爱情长久的相同性方面。不同性由各人的性情和客观的现实情况决定，譬如人不可能永葆青春但有的人可以让对方在不同年龄段都有吸引对方的秘密和方法；男女的生理条件不同，从而决定爱情不和谐的因素等。恋爱双方可以尽量地根据爱情的不同阶段进行调适，一方面通过自身的努力和相应的改变加强自身素质和修养；另一方面影响和引导对方共同朝着积极健康的方向发展，使双方关系转化为一种平衡、安全、互相依靠的深化状态。

四、透视爱情的误区

几乎所有的大学生都能背诵《大话西游》中那段经典的台词："曾经有一份真挚的爱情摆在我的面前，我没有珍惜，等它失去时我才追悔莫及，人世间最痛苦的事莫过于此。如果上天能够给我一个再来一次的机会，我一定要对你说'我爱你！'如果非要给这份爱情加上一个期限，我希望是一万年！"这段爱情台词之所以触动我们，是因为有不可复得的残缺、遗憾给它抹上了一层悲伤与凄美。现实生活中，初涉爱河的我们，面对眼花缭乱的爱情泡泡，如何避开爱情的误区呢？

（一）偶像化

一个没有达到产生高度自我知觉的人，倾向于把自己所爱的人"神化"，他同自己的力量异化并把自己的力量反射到他爱的人身上，将他爱的人当做一切爱情、光明与祝福的源泉而受到他的崇拜。这一过程中，人失去了对自己力量的觉悟，在被爱者身上失去了自己，而不是找到自己。从长远观点看，没有一个人能符合崇拜者心愿，当然不可避免地会出现失望，而解决这一问题的方法是寻找新偶像——这种偶像式的爱情在最初的体验是强烈性与突发性。这种爱常常被看做是真正的与伟大的爱情。恰恰是这种所谓的强烈性和深度却表现了那些恋爱者的饥渴和孤独。

(二)完美化

这种爱情的本质只能存在于想象之中，而不是存在于同另一个人实实在在的结合之中，这种爱情往往是用代用品使自己满足；另一种表现是将现时推移过去。我们常常将恋爱的对方想象得极其完美，特别是校园爱情被称为"真空爱情"或"玻璃爱情"，因为大学生扩大了爱情的完美性而忽视了其现实性。当真实的生活摆在面前时，大学生的爱情显得脆弱不堪，因为完美本身拒绝缺点。

(三)爱的投射

当恋爱失败或受挫后，将注意力放到"所爱者"的错误和缺点上，对他人细微错误的反应十分灵敏，而对自己的问题与弱点却不闻不问。他们考虑更多的是如何指责对方或者教育对方。那么，二者之间的爱情关系就成为相互投射。事实上，当恋爱受挫后，当事人需要认真反思自我，而非投射。

(四)非理性观念

认为爱情意味着甜蜜，意味着没有冲突。恋人之间的相互冲突，那些属于人的内在现实并能在人的心灵深处体验到的冲突绝不是毁灭性的，这些冲突会带来净化，会带来心灵的沟通与理解。关于爱情的非理性观念主要有以下十类：一是没有爱情的大学生活是失败的；二是爱情靠努力可以争取到，即付出总有回报；三是爱不需要理由；四是因为相爱而发生的性关系无可非议；五是恋人是完美的，爱情是至高无上的；六是爱是缘分也是感觉；七是不在乎天长地久，只在乎曾经拥有；八是爱情重在过程不在结果；九是爱情能够改变对方；十是失恋是人生重大的失败。由于受非理性观念的影响，部分大学生将恋爱置于其他重要人生任务之上，有的甚至采取极端举措。

关于爱情的非理性观念影响着他们的人生选择，经常在咨询中听到学生讲，"我一直在努力，为什么得不到她的爱？我的爱可以感动神灵，唯独不能令她感动。"还有单相思的"我只是默默地爱他，我不在乎他是否在乎我"；"为什么随着交往的深入，我发现他不是我生命中等候的人"等等，都是受到自己头脑中非理性观念的影响。

(五)孤独无助时的爱恋

爱情产生于何时？我们无法精确计算。但很多悲剧产生于开始，因为开始本身就意味着错误。特别是大学新生，来到陌生的城市，面对陌生的环境，显得无助与孤独。此时，可能一声问候、一束鲜花都会令孤独无助之中的你感动至极。要记住：在孤独无助时，更需要广泛的社会支持如友情而不一定是爱情。

素质拓展

爱的能力培养

心理学家弗洛伊德认为："爱是人的一种主动的能力，一个突破把人和其他同伴分离之围墙的能力，一种使人和他人相联合的能力；爱使人克服了孤独分离的感觉，但他允许他成为他自己，允许他保持他的完整性。"

爱的能力是指和他人建立亲密关系的能力，它对人的一生发展有着重要的意义。具备了爱的能力会引导一个人去真正地爱他人，也真正地爱自己，能真正体验到爱给人带来的快乐和幸福。恋爱的过程也是培养爱的能力的过程。

你质疑过自己爱的能力吗？你在什么情况下会质疑自己爱的能力？

_____

_____

一、选择爱的能力

一个好的开始似乎是成功的一半，我国学者孙守成等人的研究表明，根据大学生择偶的标准取向可把择偶标准分为三类：

第一类是精神满足型，这类大学生选择恋人以理想、信念、价值等标准来衡量对方，或以气质、性格、兴趣作为共处的基本条件。

第二类是以获得纯粹感官满足为目的的爱情，是所谓的"情欲之爱"。择偶时注重恋爱对象的外表条件和风度，这类爱情很难维持长久。

第三类是以社会地位、经济条件等为标准，是所谓的现实之爱，其实质是出于一种相互交换、互惠互利的理性考虑。

以上三类择偶标准都是客观存在的，但单纯依据一种标准的人很少，参照一下自己的择偶标准吧，你心目中的白马王子（白雪公主）出现了吗？

_____

_____

二、表达爱的能力

当确定你的白马王子（白雪公主）出现了，那么第二步就是爱的表达了。很多大学生因为单相思而苦恼，往往没有勇气或不懂如何把自己的爱表达出来，如何恰当地表达爱？这就是爱的表达艺术。

爱的表达：一是选择最佳时机，双方相处融洽，情绪轻松愉悦；二是要选择合适的地点，不会给对方和自己造成心理紧张和不适的地点；三要选择恰当的方式，选择你自己最擅长、对方最容易接受的表达方式。

（一）"忍看朋辈成新'对'，'急向花'丛觅小诗"
在黑板下写下一首你最喜欢的爱情小诗；同时再写下一首自创的爱情小诗。

我最喜欢的爱情诗	自创爱情诗
_____	_____
_____	_____
_____	_____
_____	_____

（二）"'相思'连三月，'情'书抵万金"
尝试着写一篇情书，要求不落俗套，避免低级趣味。最好能够结合自己的特点、专业、个性等；文风要亦庄亦谐，不拘一格，然后当众诵读。

```
┌─────────────────────────────────────────────┐
│              写给心中的你                      │
│                                               │
│                                               │
│                                               │
└─────────────────────────────────────────────┘
```

（三）"语不惊人死不休"

通过抽签方式，确定面对女生中的某一位为虚拟好感对象，针对她展开追求攻势。一句话表白：用一句话表白对选定对象的追求，要"语不惊人死不休"，有足够的创意和独特的心思。可以用道具（如小礼物）、音乐、舞蹈、才艺表演等辅助。

我要对你说：_____

_____

小练习：_____

用眼睛传达爱的信号；以关爱行动来表示；用书信和写纸条来传情；送去代表相思之情的爱情信物；他人转达。

三、接受爱的能力

你的爱情是突如其来的吗？对于被爱你感到高兴吗？你接到爱的讯号了吗？

_____

_____

你有"男尊女卑"的思想吗？你能接受女追男吗？

_____

_____

如果一个很帅或很漂亮的人追求你，你会为了虚荣而和他在一起吗？

_____

_____

如果你目前没有恋情，又有些空虚，你是否会接受一个自己不爱的人？

_____

_____

四、拒绝爱的能力

你是博爱还是对爱一概避而远之？拒绝爱时你够果断吗？拒绝爱时你够智慧吗？

_____

_____

设想一个你不喜欢的人向你求爱的情景，在头脑中想象出至少10种不同的方法拒绝对方。前提是不伤害对方，使你们的友谊可持续发展。

_____

_____

拒绝的艺术

"拒绝"是一种艺术，当别人对你有所追求而你不想答应时，你不得不拒绝他。被拒绝是很难堪的，不得已要拒绝的时候，我们建议大家掌握一些拒绝的技巧。在下方给出的技巧后面，想一想具体应该怎么说，用自己的话组织成一个实例，然后写下来。

不要立刻就拒绝：_____

不要轻易就拒绝：_____

不要盛怒就拒绝：_____

不要随便就拒绝：_____

不要无情就拒绝：_____

不要傲慢就拒绝：_____

不要婉转就拒绝：_____

不要笑容就拒绝：_____

不要代替就拒绝：_____

不要出路就拒绝：_____

不要帮助就拒绝：_____

拒绝爱情的表白技巧

先肯定，再加以拒绝。你不妨先对对方的人品、长相等加以赞许，然后再说明你为什么不能接受对方的爱。

说出的理由要合情理，除了"已经有了恋人"这条理由以外，必须要让对方明白拒绝是为了他(她)好，要从对方角度提出有利的方面。

在对外解释时，你不妨把原因归于自己，给人造成这样的印象：是他(她)拒绝了你，而不是你拒绝了他(她)。

五、解决爱的冲突的能力

爱情和冲突是一对孪生子。大学生在谈恋爱过程中会碰到很多麻烦，如自己不爱对方，对方却拼命地追缠，自己喜欢的异性却喜欢别人，等等。

回想一下自己与另一半发生口角或冲突的经历，然后填入下表：

经　历	原　因	结　果

回答下面的问题：

(1)争吵之后是否分出了对与错？你认为有必要分出对与错吗？

(2)如果一方暂停，争吵是不是会停止？

(3)你看到对方受伤后的痛苦了吗？你后悔吗？

（4）你觉得冲突是不是有利有弊？利弊在于什么？

（5）恋人之间也难免会有误会，有了误会你是否能积极地解除？

（6）对方无意中说的一句伤人的话你是否老是放在心里？

（7）你是不是在外面脾气很好，回到家里总是喜欢挑刺儿？或者能把无名火发在恋人身上？

（8）一吵架，你就先指责对方的过错吗？

（9）对方做了你看不惯的事，你就直接地批评他吗？

（10）恋人之间想说什么就说什么，无需考虑太多吗？

（11）你说过"你这个人糟透了"、"我看透了你"之类的话吗？

（12）你喜欢向长辈告状吗？

（13）你喜欢向别人诉说你和恋人之间的一切吗？

（14）你是否越来越觉得对方不如以前讨人喜欢了？

越是从小缺乏爱，对爱越饥渴的人，恋爱时潜意识中越容易有下列期待：过去生命中所有的痛苦悲伤从此消逝；心中所渴望的快乐幸福将从此开始；心上人是十全十美的，像自己从来没有过的慈父或慈母一般，能在自己不安、有心理需求时，不用开口就会体贴到我的需要，主动来抚慰、满足我。

心理愈空虚或愈不成熟的人，愈容易依赖对方来支撑自己脆弱的自我价值感。两颗寂寞的心像饮鸩止渴一般，只能暂时减轻双方的痛苦，两个爱的乞丐，却彼此都逼对方先付出一些爱，是一幅非常悲惨的图画。

不管你现在处于恋爱的过去时、现在时，还是将来时，请记住英国诗人纪伯伦的忠告：

你们的结合中要保留空隙

让来自天堂的风在你们中间舞蹈

相爱但不要制造爱的枷锁

让爱成为你们灵魂两岸之间的海洋

在年轻的时候

如果你爱上一个人

请你，请你温柔地对待他

若不得不分离，也要好好地说声再见

长大以后你才会知道

在蓦然回首的刹那

没有怨恨的青春，才会了无遗憾

如山冈上那轮静静的满月

六、区分爱与喜欢的能力

爱情量表

以下是二份《爱情量表》，设有 26 道测试项目。请在符合你情况的选项后打"√"。

1. 他觉得情绪很低落的时候，我觉得很重要的职责就是使他快乐起来。

2. 在所有事情上，我都可以信赖他。

3. 我觉得我要忽略他的过失是一件很容易的事情。

4. 我愿意为他做所有事情。

5. 对他我有一种占有欲。

6. 若我不能和他在一起，我觉得非常不幸。

7. 假使我很孤寂，首先想到的就是要去找他。

8. 在世界上也许我关心的事情很少，但有一件事就是他幸不幸福。

9. 他不管做错什么，我都愿意宽恕他。

10. 我觉得他的幸福是我的责任。

11. 当我和他在一起时，我发现我什么事都不做，只是用眼睛看着他。我发觉好像两个人都有相同的心情。

12. 若我被他百分之百地信赖，我觉得十分快乐。

13. 没有他，我觉得难以生活下去。

喜欢量表

14. 当我觉得喜欢量表和他在一起时，我发觉好像两个人都有相同的心情。

15. 我认为他非常好。

16. 我愿意推荐他去做被人尊敬的事。

17. 以我看来，他特别成熟。

18. 我对他有高度的信心。

19. 我觉得什么人和他相处，大部分都会有很好的印象。

20. 我觉得和他很相似。

21. 我愿意在班上或团体，做什么事都投他一票。

22. 我觉得他是许多人中，容易让人尊敬的一个。

23. 我认为他是十二万分聪明的。

24. 我觉得他是所有认识人中，非常讨人喜欢的。

25. 他是我很想学的那种人。

26. 我觉得他非常容易赢得别人的好感。

【结论】

你打"√"的项目若集中在 1～13 项，表示你对他(她)的感情以"爱情"成分居多；而若多集中在 14～26 项，表示你对他(她)的感情以"喜欢"成分居多。

这两个量表有许多相同之处，但爱情有依附感、关怀感、亲密感三个要素；而喜欢只是正面的感受和好感、喜欢、崇拜，没有涉及你为他(她)做什么和占有欲的成分。

七、识别和接纳性取向的能力

(一)含义

20 世纪初，世界医学界否定了同性恋性取向与道德相关的观念，认识到同性恋是人性的一种自然流露。同性恋、双性恋和异性恋一样，被认为是自然存在的"性倾向"。性倾向被认为是"持久的对某一特定性别成员在性爱，感情或幻觉上的吸引。"根据这一理论，同性恋是"对自身性别成员基本的或绝对的吸引"，并非一种内心的扭曲，应尊重他们的个性化情感的发展。如果发现自己有同性恋倾向，本人又没有心理冲突，觉得找一个同性恋人自己可以接受，这也正常。如果自己觉得这样不好，那么首先需要自己调整，正确认识同性恋。如果调整无效，则需要找专业的心理咨询机构帮助疏导。

性倾向的界定，至今依然没有形成统一的定义。目前大学校园里同性恋群体有日渐发展的趋势，一方面是因为社会环境对同性恋越来越宽容，同性恋者敢于公开承认自己的性倾向，另一方面也与大学生自身特点及所处的环境有关。

（二）类型

1. 真性同性恋

在性爱、心理、情感上的兴趣主要对象均为同性别的人，其中有一部分长期以来对自己的性别不认同，甚至于对自己的性别及性器官产生厌恶心理，在内心把自己看成"异性"的身份。形成同性恋的因素很多，可能是儿时的成长经历，也可能是自身的遗传基因使然。

2. 临时同性恋

因环境原因无法拥有正常的异性感情，或者是在感情上受过异性的伤害，因而在同性身上寻找寄托和安慰。他们本质上从未拒绝过异性，只是想以同性恋的方式来娱乐自己或报复他人，这种同性恋只是临时的同性恋。

3. 同性依恋

青年男女基于对情感和肌肤的接触潜意识的需求，在生活上的密切交流过程中，同性之间特别是女生之间容易出现一些搂搂抱抱之类的亲密行为，如果还加上对彼此身上一些优秀品质的向往，会产生很深厚的感情，甚至会对对方产生强烈的占有欲，会限制对方与别的同性或者异性交往。但是，这样的情感和同性恋有本质区别。

4. 娱乐同性恋

因为好奇或是标新立异的心理，有一部分学生为了追求时尚，追求与众不同，当同性恋这样一个机会出现在面前，便马上以之作为标榜个性的方式。在这部分学生眼中，同性恋只是一场时尚的游戏。

严格意义上，只有第一类是真正的同性恋者。真正的同性恋一个基本的特征就是对异性表示淡漠和排斥，对同性具有持久而强烈的好感及性欲。而这部分人，在大学校园的同性恋群体中，实际上只占很小的比例。目前大学校园内的同性恋当中，大部分的出发点只是觉得"好玩"、"新潮"、"时尚"，他们从同性的"恋情"中获得的是对好奇心理和时尚需求的满足，而非性方面的生理和心理的满足。笔者接触到的大学生当中，有半数以上者都表示，大学生之间的同性恋是现在校园中的一种时尚。大学生了解同性恋的主流渠道基本上来自对名人同性恋的披露，例如美国摇滚歌手杰克逊，香港红星"哥哥"张国荣，还有希尔顿等偶像的同性恋传言等，这使得学生们误以为同性恋也是诸多时尚元素的一种。

以追求时尚为目标而成为同性恋者的人，不仅是对她（他）的伙伴的伤害和不负责任，更是对自己的不负责任，到最后都会加深社会对同性恋之间爱情的偏见。还有一部分学生对自己的性取向判断不明确，误把同性之间比较亲密的友情当做同性的爱情，或者把同性依恋当做同性恋，这种现象尤其容易发生在相对单性的大学校园里，青年男女，在单性环境里，有时为了满足需求，甚至还会诱发一些亲密举动，或者亲密伙伴之间通过各种盲目的手段体验性感觉，如拥抱、亲吻、玩弄外生殖器等行为，即便发生同性性行为，也并不代表他们就是同性恋。但如果同性之间过分依恋，就容易使自己丧失与异性交往的机会或兴趣，从而导致对未来社会生活的适应障碍。

知识窗 6 - 1：1/0 和 T/P

1/0

在男同性恋中，人们习惯把外表阳刚、在 GAY 中相对男性化的一方称作"攻"，网络中习惯用"1"代表；把性格像女生、气质阴柔的男生、在 GAY 中相对女性化的一方称作"受"，网络上习惯用"0"代表。

T/P

在女同性恋中，T 特指女同性恋中充当男性角色的人，即"老公"，是由英语单词"tomboy"缩写而来。tomboy 的原意是指男孩子气的女生；P 和 T 是相对的，在女同性恋当中充当"老婆"的人，也有说法是来自"pretty girl"的缩写。

八、走出失恋阴影的能力

（一）失恋的主要后果及表现

恋爱过程中最大的挫折莫过于失恋，失恋给人带来的烦恼和痛苦没有体验的人是无法想象的。大学生失恋后，通常会有以下几种消极的态度和行为。

1. 自我欺骗

吃不到葡萄说葡萄酸，恋爱不成反说对方配不上自己，以平衡"求不得"的痛苦。

2. 退行补酒

失恋的人心理脆弱，极少数大学生会做出一些与年龄、身份极不相符的幼稚行为，在异性面前哭哭啼啼、苦苦哀求。

3. 抑郁冷漠

把痛苦埋在心底，长期心情抑郁，为人冷漠、孤僻，甚至积郁成疾；更有甚者为寻找精神寄托，借酒消愁，以酒解闷，麻醉自己。美国加州大学的社会学家曾对 114 个失恋的人进行评估，发现大约有 40% 的人属于临床抑郁症，其中 12% 的人患中度或重度抑郁症。

4. 自残生命

失恋的人容易失去自信，自以为看破红尘，万念俱灰，离校出走，甚至走上轻生之路。

5. 攻击报复

揭露对方隐私，无端造谣中伤，甚至失去理智，陷害谋杀；有的人转向攻击别人，寻找"替罪羊"来平衡自己的怒火。

失恋者的心理创伤还可能影响以后的生活，留下失恋后遗症。失恋者往往在后来的爱情生活中会显得小心谨慎，有的人甚至会由于一次失恋，因噎废食，甚至终身不娶或不嫁。

（二）失恋后的自我调适

失恋是一种正常的现象，要用积极的心态和行为进行自我调节和调整。如何摆脱失恋的心理阴影呢？

1. 改变对恋爱的错误认知

面对失恋的打击，不同的人会出现不同的反应，原因首先在于不同的人看待问题的方式不同。要减少失恋对一个人的负面影响，最主要的是排除一些对恋爱不合理的观念，比如"爱情是人生的全部"、"再也不会遇到比他更好的人"等。失恋者应换个角度看问题，爱情在人生中占有重要地位，没有爱情的人生是不完美的，但爱情不是生命意义的全部，只为爱情而活着是苍白的；应看到爱情的脆弱性一面，恋爱既可能成功，也会遭遇失败；一次失恋不等于整个爱情生命的结束，人还会再恋爱，时过境迁，说不定又是柳暗花明；失恋只是一种选择的结果，每个人的欣赏角度不同，不同的人对于恋爱对象的心理需求各有侧重，对方不选择自己并不等于自己一无是处。

2. 了解"失恋过激反应"的心理机制

人们对现实的感受，往往并不同于现实，最多只能接近现实。心理学家契可尼通过实验证明，一个人的记忆有这样一个奇特的方面，它对已完成的事情记忆忘却，而对中断了的、未完成的事情却总是记忆犹新，这被称为"契可尼效应"。没有结果的恋情让人刻骨铭心，回味无穷。

3. 多为对方着想

一个人对伤害自己的人会本能地产生仇恨，这也是失恋者不能从痛苦中走出来的重要原因。我们应失恋不失态，失恋后不要穷追不舍、纠缠对方，甚至产生报复心理。谁都有选择爱的权利和拒绝爱的权利，既然是你所爱，就应设身处地为对方着想，让对方作选择。告诉对方，尽管你很痛苦，既然对方觉得这样更幸福，你就尊重他（她）的决定，并祝他（她）幸福。仇恨和报复并不能挽回失去的爱情，只能使自己的心态更加失衡，只有宽容才能让人释怀。

4. 适当运用心理保护机制，消除爱情固着心理

因为爱着一个人，会觉得对方是最适合自己的，失去了倍感珍贵，甚至明知道对方不爱自己了，但依然一往情深地爱着对方而不能自拔。针对这种心理，应适当运用"酸葡萄"效应，多想想对方的缺点，打破把对方过于理想化的倾向，以修补心灵的创伤。常言说得好，"塞翁失马，焉知非福"，失恋虽然让你失去了一次机会，但是却让你进入了一个充满新机会的世界。人有一种在感情上进行自我恢复和再次示爱的能力，当你平静地接受现实，重新寻觅，你就会惊奇地发现，生活中还有更适合自己的人。许多重新获得幸福的人都有这样的体会。

5. 转移自己的注意力

失恋之后之所以难以摆脱恋情的困扰，是因为你还是把自己放在昔日与恋人的美好回忆情境中，因此要学会将自己的情感与注意力适当地转移到失恋对象以外的人或事上。如清理掉与其相关的物品，避开你们以前常去的地方。同时，扩大人际交往，积极参加学校的各种娱乐活动，投身于大自然，在自然的怀抱中得到慰藉。

6. 适当地发泄情绪

不要把失恋的痛苦压抑在内心深处，一个人慢慢品味。寻找合适的途径把痛苦、难堪和绝望的情绪发泄出来，以减轻心理的负荷。找个没人的地方痛哭一场，或找朋友或亲人倾诉你的痛苦，得到他们的理解、关心和支持；或者通过心理辅导老师的帮助，宣泄苦闷重新建立起心理平衡。

失恋对于失恋者是一杯难以下咽的苦酒。大多数失恋者都能理智地看待并接受这一现实，但是也有一些人因为把失恋看待太重，并在这种打击下，心理失衡。因此，失恋者要特别注意保持心理健康，面对现实，积极地寻找多种方法和途径，疏导因失恋而带来的郁闷、不安和愤怒。下面仅从情感方面归纳集中调适心理平衡的方法，根据提示找出具体的

调适途径：

方法	解释	途径
情感升华法	当男女青年失恋后，便把一些自己若直接表现出来会受到处罚或产生不良后果的行为和欲望，导向比较崇高的方向，并使之有利于社会和本人。德国伟大的文学家歌德在失恋后，并没有因此而消沉，而是满怀激情地写出了自传体小说《少年维特之烦恼》，在世界文学史上留下了一笔宝贵的遗产。	1. 2. 3. 4. 5. 6.
情感宣泄法	失恋者在失恋后不要独自把痛苦长期埋在心底，更不要时常独自品味，可以找些亲朋好友倾诉心中的烦恼，将痛苦和烦恼宣泄出来，以减轻心灵上的负荷。	1. 2. 3. 4. 5. 6.
情感转移法	失恋者可以尽快转移感情，寻找新的爱情，以此来淡化失恋的痛苦，弥合心灵的创伤，从而走向新的生活，有道是"塞翁失马，焉知非福"。	1. 2. 3. 4. 5. 6.

九、约束性行为的能力

一起来做心理小调查

- 你有过性幻想吗？
- 你知道性意识困扰吗？
- 你知道影响大学生性意识和谐发展的因素有哪些吗？
- 你知道大学生有哪些性心理问题吗？
- 你怎么看待性变态？
- 你怎样看待性？
- 你接触过黄色不健康书刊吗？
- 有性心理困扰了你会怎么办？

知识窗 6 - 2：当前大学生常见的性爱错误认知

当前大学生常见的对于性爱的一些错误假设有以下几种：
- 压抑性欲有害健康；
- 禁欲是对美好爱情的摧残；
- 性关系可以增进双方的感情或解决已经出现的危机；
- 如果对方不与你(我)做爱，就是爱得还不够深；
- 如果不尝试性爱，就显得很落伍；
- 性经验是个性成熟的标志；
- 性自慰是下流的行为。

　　大学生婚前性行为往往给自身发展带来不利因素。从主流文化的角度看，我们的主流文化并未对婚前性行为持认同态度，对大学生在大学期间性行为基本持否定性评价；从大学生性行为的特点看，大学生婚前性行为具有突发性、自愿性、非理性等特点，由于年龄与观念的影响，一旦发生性行为，便会多次发生，造成未婚先孕等不良后果。一些研究表明：有婚前性行为的人婚姻满意度普遍低于没有婚前性行为者，而且婚前性行为还直接影响婚姻质量；从医学角度看，和谐性行为需要安全性、私密、舒适的环境，而大学生的婚前性行为多数在隐蔽状态下进行，常常伴着内心的恐惧、紧张、害怕、担心怀孕及不洁感、不道德感、羞愧感和罪错感，容易引起性反应抑制和性焦虑的产生，导致男性阳痿早泄和心因性性功能障碍；而女大学生还因怀孕而流产，特别是流产，对女大学生的心理与身体伤害极为巨大。一是身体不能得到很好恢复。手术后，由于集体住宿又担心被老师同学发现，还要应付繁重的课业负担，身体与心理的恢复困难；二是容易损伤外生殖器，发生意外事故，特别是容易引发多种并发症。从心理学角度看，婚前性行为给双方带来巨大的心理压力，如恐惧、焦虑、自卑、心理冲突加剧等，当具有性行为后，双方更容易争吵，但当事人并不知道性行为是其中的重要原因。由于两性心理的差异，女性在有亲密行为后，容易以身相许，希望与对方走向婚姻，由于性行为使女性由心理上的优势转化为劣势；而对男性而言，婚前性行为会提高他们的心理优势，使他对容易到手的东西产生厌倦而不承担由此带来的后果，对女性造成更大的心理伤害。

　　案例再现：婚前性行为造成的心理困惑

　　这是一位女大学生的求助信：我是刚刚进入大学认识他的，他是我的老乡，在我初次离家孤独时给予我太多的安慰与帮助，不知不觉我陷入了恋爱之中。随着交往的深入，我们的恋爱也不仅限于精神层次的交往，彼此从身体上渴望接纳对方。于是在某一个晚上，我们有了第一次。虽然我们还在恋爱，可每次在一起我总会想到性，我会感到恐慌，经常觉得所有人都知道我们的事，睡眠障碍、上课注意力不集中、产生性幻想等，现在我也陷入深深担忧中，如果今后我们分手怎么办？我真不知道如何面对？

　　专家点评：这是典型的因为婚前性行为造成的内疚与自责，心理无法摆脱自责的感觉。当欲望的潮水袭来时，要用理智战胜脆弱的情感。儿童心理学曾做过"延迟满足"的实验，告诉被试如果选择等待，将能够获得更多的奖赏比如糖果，而即时满足只能获得极少的奖赏。随着年龄的增长，儿童会主动选择延迟满足，对爱情中的性也是合适的，只有学会延迟满足，才能为将来生活打开一扇幸福的大门。

　　大学生已进入青春期晚期，性生理与性心理已基本上发育成熟，伴随而产生的性欲望及性冲动等性需求是一个健康、正常人自然和本能的需求，在漫长的"性等待期"里一定要加强对性行为的自我约束能力，学会采用适当的方式对性冲动与性欲望进行释放、转移、升华以得到合理的疏导，减少由此引发的心理困扰甚至心理行为问题。

知识窗 6-3：被误解的性现象

性幻想：性幻想可导致生理上的性兴奋，性器官充血，是性冲动的发泄形式之一，属于正常的心理、生理现象。

性梦：无意识性幻想，伴有性兴奋，属于正常反应

性自慰：性自慰时所产生的生理变化，相当于性交时的生理变化。性自慰是消除性饥渴和性烦恼的一种有效手段。对于性自慰行为，"不以好奇去开始，不以发生而烦恼"，还可以通过这么一些方式转移注意力：跑步、游泳、爬山、打球等，同时可以通过发展正常的异性交往，缓解性焦虑。

我心我诉

我拿什么拯救你，我的爱情

一位女大学生说：恋爱？我可没感觉，我们之间不过是"互帮组"，在一块打发无聊时光。我上大学第一次离开家，很孤单，难道就不能找个人陪？反正我是"不在乎天长地久，只在乎曾经拥有"，毕业我们就分手。

你有什么看法？和你的朋友讨论，看看大家的看法如何？

慧心讲坛

博士的开导

一个社会学博士，晚饭后往郊外散步，遇见一个人在那儿伤心地哭泣。博士问他为何如此伤心，那人回答"她不爱我了"。博士闻听连连拍掌大笑道："糊涂啊糊涂！"失恋者停止哭泣，气愤地质问："你怎么可以如此嘲笑愚弄别人呢？"博士摇头道："非我取笑你，实在是你自己取笑自己啊。"见失恋者不解，博士接着解释说："你如此伤心，可见你心中还是有爱的。失恋只说明对方不爱你了，对方心中失去了对你的爱。你只不过失去了一个不爱你的人，这又有何伤心呢？我看你还是回家去睡觉吧，该哭的应是那个人，她不仅失去了你，还失去了心中的爱，多可悲啊！"失恋人破涕为笑，恨自己对这么浅显的道理怎么没有看透，向博士鞠了一个躬，转身离去了。

爱情累了，就让它好好歇息吧；爱情死了，就让它择处重生吧。旧爱逝去，新爱还会诞生；爱情没了，生活仍将继续，关键在于你自己。

第七单元　做情绪的主人　经营"洗具"人生

> 人生是一串串无数的小烦恼组成的念珠，乐观的人是笑着数完这串念珠的。——大仲马

> 当我们快乐时，不要在快乐中迷失自己，否则痛苦的箭就会向我们射来；当我们痛苦时，不要在痛苦中迷失自己，否则第二支、第三支痛苦的箭就会接踵而至。——佚名

智慧之灯

困境即是赐予

一天，素有森林之王之称的狮子来到了天神面前诉苦："每天清晨我总是被鸡鸣声给吵醒。神啊！祈求您赐给我一个力量，让我不再被鸡鸣声给吵醒吧！"天神笑道："你去找大象吧，它会给你一个满意的答复。"狮子于是兴冲冲地跑到湖边找大象，看到大象正气呼呼地直跺脚。狮子问大象："你干吗发这么大的脾气？"大象拼命摇晃着大耳朵，吼着："有只讨厌的小蚊子，总想钻进我的耳朵里，害我都快痒死了。"

狮子离开了大象，心里暗自想着："原来体型这么巨大的大象，还会怕那么瘦小的蚊子，那我还有什么好抱怨呢？毕竟鸡鸣也不过一天一次，而蚊子却是无时无刻地骚扰着大象。这样想来，我可比他幸运多了。以后只要鸡鸣时，我就当鸡是在提醒我该起床了，如此一想，鸡鸣声对我还算是有益处呐！"

从这故事中，我们不难看出，每个困境都有其存在的正面价值。一个障碍，就是一个新的已知条件，只要愿意，任何一个障碍都会成为一个超越自我的契机。

正如故事中的狮子与大象一样，我们生活中也总有悲欢离合，也充满了酸甜苦辣。环目四顾，虽然身处宁静的校园，但是许多大学生面对多变的人际关系、繁重的学业压力、苍白的爱情承诺、暗淡的就业前景都无法从各种各样的负性情绪中超脱。有时笑逐颜开，有时焦虑不安，有时孤独羞涩，有时愤愤不平，有时伤感忧郁，有时心情舒畅……情绪潮起潮落是很自然的事。虽然我们有不快乐的权利，但是更应该承担起重拾快乐的义务。本单元将和大家一起来认识情绪密码，掌握自我调节情绪的魔方，让每位大学生穿越心灵的重重迷雾，轻松地惬意前行。

开启心门

我手写我心，情绪红绿灯

从我们来到这个世界，情绪就时刻陪伴我们左右。大学生在日常生活中，必然会遇到得失、顺逆、荣辱、美丑等情境，常常会体会到喜、怒、哀、乐、忧、惧、恨等五彩斑斓的情感体

验，正是这些构成了我们多姿多彩的生活。请准备一张纸，写出你所知道的描述心情的词语。

喜：

惬意、_____

_____

怒：

烦躁、_____

_____

哀：

忧心忡忡、_____

_____

乐：

哈哈大笑、_____

_____

忧：

担心、_____

_____

惧：

胆战心惊、_____

_____

恨：

憎恶、_____

_____

1. 比一比

你能写出多少个？一般认为，写出的词语越多，且同类情绪中强弱程度的区别较大，则说明对情绪的觉察能力越强。

2. 问一问

情绪有不同程度之分，当你处在某种不良情绪时，是不是习惯性地选择一种极端的表达方式，从而放大了你的情绪感受？

3. 享一享

从你所写的情绪词汇中有哪些让你联想到了一些过往经历？可能是高兴的，你愿意一起分享吗？也有可能它是你生活的痛处，你想过怎样勇敢地面对和处理吗？

心理学堂

立体视角看情绪

一、透视情绪的本质与价值

（一）探究情绪本源

情绪是人对客观事物的态度体验和行为反应，是人的需要获得满足与否的反映。需要是人的情感产生的根源和基础。当客观事物能够满足人的需要时，就会使人产生积极的情感体验；反之，就会使人产生消极的情感体验，如图 7 – 1。

图 7 – 1　情绪与需要的关系

人的需要多种多样，既有生理需要又有社会需要，既有物质需要又有精神需要，涉及方方面面，因而就会产生复杂多样的情感体验。人的生理需要是否得到满足而产生的体验形式称为情绪；人的社会性需要是否得到满足而产生的体验形式称为情感。

根据上面的图示，我们不妨这样反向理解：如果要使自己或他人获得积极的情绪，可以通过满足其内心的需要达到目标；相反，如果要产生消极的情绪，则可以延迟或不满足内心的需要。问题的关键在于，我们须知晓人们内心到底有哪些需要。

美国著名的社会心理学家马斯洛提出了"需要层次理论"（图 7 – 2），认为人的需要是一个从低级向高级发展的过程，他将需要分为 5 种，分别为：生理的需要、安全的需要、归属和爱的需要、尊重的需要和自我实现的需要。人在每一个时期，都有一种需要占主导地位，而其他需要则处于从属地位。

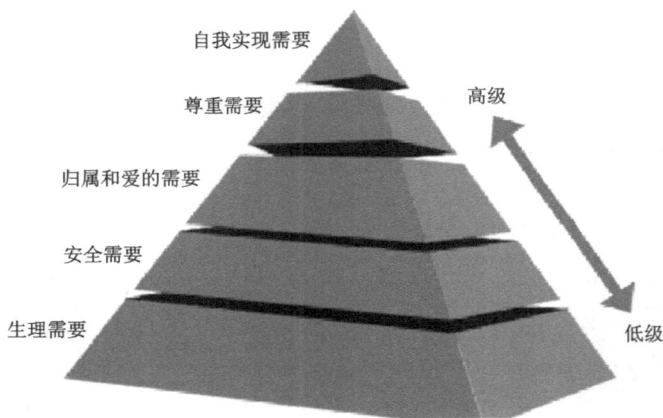

图 7 – 2　马斯洛的需要层次理论

思考：大学期间，"空虚""无聊""郁闷"经常被一些同学挂在口头上，这些消极情绪的产生，是不是因为我们内心真实迫切的需要已经蒙上了灰尘？作为大学生，我们内心深处到底有哪些需要，我们该如何努力来满足呢？

根据马斯洛的需要层次理论，管理者进行有效管理的前提是了解员工的需要。不同组织、不同时期的员工以及组织中不同的员工的需要充满差异性，而且经常变化。因此，管理者应该经常性地用各种方式进行调研，弄清员工未得到满足的需要是什么，然后有针对性地进行激励。

（二）勘正错误认知

人类对情绪的认识有很多误区：

- 情绪是与生俱来的——"我天生就是多愁善感的"。
- 情绪是无可奈何、无法控制的，既无从预防，来了又无法驱走——"不知何时才能没有这份惆怅"。
- 虽然认为情绪是无法消除的，但同时又要求别人把情绪抛掉——"不要把情绪带回家"。
- 情绪的原因是外界的人、事、物——"一见他那个模样我就生气！"
- 情绪有好坏之分：愉快、满足、安静就是好的；愤怒、悲哀、焦虑就是修养不够——"不准在客人面前这个样子！真丢脸！"
- 坏的情绪，只有这两个方法处理：不是忍在心里，就是爆发出来——"我有什么办法？不忍，难道发火？"
- 情绪控制人生——"最近没有心情，什么都不想做。还是等心情好的时候再说吧！"
- 事情与情绪牢不可分——"每次他这样我都生气，这十年我过得真辛苦！"

尽管当今世界上有很多人处于这样的一些状态，感到无力、无助和无望，陷于种种情绪中而不能自拔，但这些都是错误的见解。

（资料来源：李中莹.重塑心灵[M].北京：世界图书出版公司，2006.235-239）

想一想，你对情绪是不是也存在上述的错误认知？

尽管人们根据情绪的性质可以分为积极情绪（正面情绪）和消极情绪（负面情绪），但情绪本身无所谓是非、对错、好坏之分。在传统理解中，我们否定某些情绪，称它们为负面情绪，如焦虑、担心、愤怒、悲伤等，我们如此急切地想摆脱它，往往却越困越紧。事实上，情绪本身并没有好坏之分，因为负面情绪也能使我们有所收获——只要我们明白它们的积极意义。每次负面情绪，细心研究下来，都是一份推动力，推动当事人去作出处理行动。以下是一些负面情绪带来的正面意义。

1.生气：一种高能量的情绪，可以被用来帮助我们作出反应并采取行动，可使我们能够克服那些本不可逾越的障碍和困难。它经常与我们不喜欢的情况相连在一起，它为我们提供能量，使我们对这些障碍和困难采取行动，作出反应。生气就是"鼓气"，一鼓作气才能成功！

2. 悲伤：一种能促进深沉思考的反应，能更好地从失去中取得智慧，从而更珍惜目前所拥有的。

3. 后悔：找出一个得不到最好效果做法的意义，它提醒我们，要找出一个更有效果的做法，同时让我们更明确内心的价值观排序。

4. 左右为难：说明内心的价值观的排位尚未清晰明确。

5. 恐惧：一种高能量的情绪，恐惧可提高神经系统灵敏度，并能使意识性增强，这对我们提高对潜在问题的警觉性很有帮助。它可使我们获得本不能得到的信息，它还使我们具有迅速作出反应，并在必要情况下逃避的能量。

6. 无可奈何：已知的方法全不适用，需要创新与突破思考。

7. 内疚：这是一种与评估是非对错连在一起的情绪。如果我们没有其它的方式评估与价值有关的行为的话，内疚可限制我们的行动选择范围。现在我们明白了这个道理，我们就能用更富有建设性的评估方法来取代内疚。

8. 紧张：太好了！让我们有额外的能力去保证成功。

9. 害怕：不甘愿去付出本来自己认为需要付出的，或者觉得付出的大过可得到的。它促使我们对所期望的东西重新进行评价及对实现期望所采取的方法进行重新调整。

10. 惭愧：一件表面上已经完结的事，但还需要再采取一个行动的部分。

11. 失望：发生在所期望的目标已确定但又没有实现的时候，是一种能促使对期望作出重新评估及对实现期望目标所采取的方法作出重新调整的信号。

12. 讨厌：需要摆脱或者改变的提醒信号，帮助我们去找出改变及摆脱的方法。

13. 愤怒：一种高能量的情绪，可以充分调动身体的能量，准备对一个不愿接受的状况作出改变的行动。

14. 压力：是转变为动力之前的准备，就像弹簧一样，压得越紧，弹力越大。

15. 忧虑：一种高能量的情绪，它把注意力集中在一个就要发生、但后果令我们担心的事件上，让我们处于精力集中的状态并将变成兴奋，为我们提供为该事件做好准备的能量。

16. 痛苦：使我们能避开危险，并提升人生经验的信号。

（三）情绪与我们的生活

美国专门研究情绪的心理学家洛伊·马提纳博士说，连接身体与心灵的自然愈合能力，最强而有力的途径就是情绪。情绪对我们的日常生活有很大的影响。

第一，情绪是适应、生存的工具。

情绪是婴儿在掌握语言之前适应生存的重要心理工具，婴儿正是通过情绪与成人交往、表达自己的各种需要和要求。他们饿时、渴时就哭，吃饱了、舒服了就会笑。在成人的生活中，情绪直接反映着人们生存状态的好坏，是人们心理活动的晴雨表。如在日常生活中，人们用微笑向对方表示友好，通过移情和同情来维护人际关系，情绪起着促进社会亲和力的作用。而恐惧情绪则使人回避危险，保证自身安全。可见，情绪可以使我们更好地适应环境。

知识窗 7 - 3："善解人意"的愤怒

　　人在愤怒时，体内会出现一系列有趣的反应：心态加快，肾上腺素分泌量猛增——产生大量能量，以应付激烈的对抗；血液大量涌向手部——鼓励你抄砌武器，给惹恼你的对象致命一击；血液中血小板含量增加——一般你挂了彩，就可以加速血液凝固，迅速止血……

　　这样看来，愤怒这种情绪可谓非常的"善解人意"，从如何行动到如何善后都替我们考虑得十分周全了。不过可别以为：既然身体已经做好了准备，那就放任怒火燃烧好了。别忘了，心跳加快有可能促进心脏病的发生，血压一下子升高可能导致大脑血管破裂引起脑溢血。说到底，愤怒伤害最深的，还是你自己。所以好好利用好愤怒这把"双刃剑"吧！

　　第二，情绪是行为的力量。

　　情绪的动机作用不仅体现为对生理需要的放大，而且它在人类目的行为和意志行为中也发挥着重要影响。兴趣、好奇会促使人们去探索复杂的现象，即使屡遭失败也能顽强坚持，希望能够成功。

　　第三，情绪是监测的系统。

　　情绪是人脑内的一个监测系统，对其他的心理活动具有重要影响。这种影响体现为促进和瓦解两方面。一般来说，积极情绪对活动起协调、组织的作用。消极情绪则起破坏、瓦解或阻断的作用。人们的行为常被当时的情绪所支配。当人处于积极乐观的情绪状态，则倾向于注意事物美好的一面，对人态度和善，乐于助人，并勇于承担重任；而消极情绪状态则使人产生悲观意识，失去希望与追求，更易产生攻击性行为。

　　第四，情绪是交流的手段。

　　心理学家阿尔伯特在研究了以英语为第一语言的人的交流现象后，惊奇地发现，在日常生活中，55%的信息是靠非言语表情传递，38%的信息靠言语表情传递，只有7%的信息靠言语传递。

　　人类在没有获得语言之前，正是通过情绪信息的传递而协调彼此之间的关系求得生存的。情绪是一种独特的非语言沟通，它通过面部肌肉的运动、身体姿态、声调的变化来实现信息的传递，它所携带的信息是对语言交际的重要补充。在许多情境中，表情能消除语言交流中的不确定性，成为人的态度、感受的最好注解，而有时有些不便"言传"的场合，人们可以通过情绪而"意会"，可见情绪传递信息的重要性。试想一下，如果你无法理解别人试图向你传达的消极情绪，或是你的情绪已经引起了别人的愤怒而你却毫不知情，你的生活会是怎样的状态？

知识窗 7 -4：情绪的重要作用

1.情绪是生命不可分割的一部分

一个正常的人，必然会有情绪。没有某些情绪的人，其实是有缺憾、不完整的人，其人生不是有欠缺，就是极其痛苦。

2.情绪绝对诚实可靠和正确

如果你对某些说法或者事物特别反感或者害怕，一旦偶然遇上，你必定会出现惊叫、跳起来或者其他行为，除非你内在的信念、价值观有所改变。

3.情绪从来都不是问题

情绪只是告诉我们，人生里有些事情出现了，需要我们去处理。

4.情绪教导了我们在事情中该有所学习有所收获

人生中出现的每一件事都是让我们学习怎样使人生变得更美好的机会。情绪的出现，正是保证我们有所学习的动力。每份情绪都有其意义和价值，不是指引我们一个方向，便是给我们一份力量，甚至两者兼有。试想如果我们没有恐惧，生命会变得多么脆弱？

5.情绪应该为我们服务，而不应成为我们的主人

情绪既是生命的一部分，就应像我们的手和脚、过去的经验、累积了的知识能力等，是为我们服务的，使人生更美满的。可惜的是在今天社会上有很多人都陷入了迷茫苦恼中，不能自拔，成为情绪的奴隶，而不是驾驭情绪的主人。

6.情绪经验是记忆的必需部分

少年时，我们在学校曾经熟读的书籍内容，现在还记得多少？而小学三年级时被老师罚站在教室门外的一次经验，却永世难忘。为什么？那便是前者没有足够的情绪体验，而后者却有深刻的情绪体验。

7.情绪就是我们的能力

生活中，你有自信、勇气、冲劲，或者是冷静、轻松、悠然，或者是坚定、决心，也或者是创造力、幽默感，或者是敢冒险、灵活、随机应变……所有这些能力、细想一下，你会发觉都是一种情绪的体验，一种内心的情绪体验。

二、大学生情绪状态面面观

（一）高职生不良情绪特点

1.情绪不稳定，情绪自控能力较弱

处于青年初期的高职学生具有明显的情绪两极性，这一特点比少年时期更为突出，容易出现高强度的兴奋、激动，或是极端的愤怒、悲观。他们的情绪变化很快，常常是稍遇刺激，即刻爆发，容易出现偏激情绪和极端的行为方式，冲动性强，理智性差。

2.社会情感表现冷漠

就其实质而言，高职学生的冷漠是多次遭遇严重挫折之后的一种习惯性的退缩反应。不少情感冷漠的高职学生对他人怀有戒心或敌意；对人对事态度冷淡、漠不关心，有时近乎"冷酷无情"；对集体活动冷眼旁观，置身于外，给人一种"看破红尘"的感觉。有人说高职学生情感世界中的"冻土层"很厚，因为在大学阶段老师关爱的"阳光"照耀到他们的时间不仅短而且热量少。

知识窗 7–5：你是情绪"三无"人员吗？

国外心理研究者指出，在现代社会中，不少青年在心理上处于"三无"状态，这在高职学生中表现更为突出。具体表现如下。

- 无动于衷，谓之无情；
- 缺乏活力，谓之无力；
- 漠不关心，谓之无心。

国外心理研究者指出，在现代社会中，不少青年在心理上处于"三无"状态，即无动于衷，谓之无情；缺乏活力，谓之无力；漠不关心，谓之无心。这在高职学生中表现更为突出。

3. 感情容易遭受挫折，挫折承受力弱

面对当今社会的文凭歧视和社会偏见以及劳动力市场上越来越激烈的就业竞争，高职学生群体普遍感到巨大的压力，对生活逆境没有充分的心理准备，不清楚如何把握自己的命运。一些高职学生稍遇挫折就觉得受不了，就产生"还不如死了为好"的厌世心理。出走、打架、斗殴、自残、轻生等现象在高等职业学校并不少见，也说明高职学生应对挫折的能力比较薄弱。

4. 情感严重压抑，情绪体验消极

受社会大环境的影响，许多家长认为孩子只有进入重点学校才算进了大学的门，才有前途和出息。进入高等职业学院，等于是成才道路上领到一张红牌，被罚"下场"或没出息。在社会和家庭的双重影响刺激下，高职学生的心理压力增大，常常有身心疲惫感，觉得自己活得真累。特别是一些单亲家庭、特困家庭或家庭关系不和睦的高职学生，不愿意和别人交流自己的真实感受，也不善于合理宣泄自己的不良情绪，更容易产生抑郁、悲观等消极情绪体验。

知识窗 7–6：习得性无助

美国心理学家塞利曾在 1967 年做过一个实验：起初把猫关在笼子里，笼门装有电击装置。只要猫试图出笼门就会受到难以忍受的电击。多次实验后，即便撤掉了电子装置，猫也不再尝试出笼门，弱弱地躲在笼子一角。

心理学家由此得出了"习得性无助"的实验结果。也就是说，猫的绝望并不是生存境遇的绝望，而是内心习得的绝望。猫在多次的电击后习得了一种无助感，它认识到自己无论怎么努力都不能避免被电击，最终放弃了所有的努力和挣扎。

想一想，你的人生是不是也有"猫"的影子？从小到大，我们可能遭受过批评、指责、困难，等等，这犹如生活给我们的电击，带给我们内心的伤痛。逐渐地，我们是不是也形成了这样的认知，"我就是笨"、"我就是比人家差"，弱弱地躲在了生活的角落呢？

记住，即便走进死胡同也不可怕，因为，当我们用双手推开死胡同的那面墙，对面又是一条街！

（二）大学生情绪健康的表现

衡量大学生情绪是否健康，可以从下面八个方面加以考察。

1. 开朗、豁达，遇事不斤斤计较。

2. 及时、准确、适当地表达自己的主观感受。

3. 情绪正常、稳定，能承受欢乐与痛苦的考验。

4. 充满爱心和同情心，乐于助人。

5. 正确地认识自己和他人，人际关系良好。

6. 对前途充满信心，富有朝气，勇于进取，坚忍不拔。

7. 善于寻找快乐，创造快乐。

8. 能面对现实、承认现实和接受现实，善于把个人需要与社会的需求协调起来。

思考： 对照以上八条，你是个情绪健康的大学生吗？

成功支点在 EQ

一、揭开情商的神秘面纱

你有没有观察到这样的现象，有的人明显看起来脑袋聪明，但是生活却不尽人意；而有些人看起来智力平平，但却过得很幸福。答案或许就在于情商的不同。企业界流行这样一句话，IQ 让你找到工作，EQ 使你得到提拔。那么，到底什么是情商呢？

情商（EQ：emotion quotient），又称情绪智力，是近年来心理学家们提出的与智商相对应的概念。它主要是指人在情绪、情感、意志、耐受挫折等方面的品质。

"情商之父"美国心理学家丹尼尔·戈尔曼认为，情商包括以下几个方面的内容：一是觉察自身的情绪的能力，因为只有认识自己，才能成为自己生活的主宰；二是能妥善管理自己的情绪的能力，即能调控自己；三是自我激励的能力，它能够使人走出生命中的低潮，重新出发；四是认知他人的情绪的能力，这是与他人正常交往，实现顺利沟通的基础；五是人际关系的管理的能力，即领导和管理能力。

心理自测：欧洲流行 EQ 测试题

可口可乐公司、麦当劳公司、诺基亚公司等世界 500 强企业，曾以此为员工 EQ 测试模板，帮助员工了解自己 EQ 状况。共 33 题，测试时间 25 分钟，最高 EQ 得分为 174 分。切记，这不是一个求职询问表，用不着有意识地尽量展示你优点和掩饰你缺点。如果你真心想对自己有一个判断，那你就不应施加任何粉饰。如果你已经准备就绪，请开始计时。

第 1～9 题：请从下面问题中，选择一个和自己最切合的答案，但尽可能少选中性答案。

1. 我有能力克服各种困难：＿＿＿＿＿＿

　A. 是　　　　　　　　B. 不一定　　　　　　　　C. 不是

2. 如果我能到一个新环境，我要把生活安排得：＿＿＿＿＿＿

　A. 和从前相仿　　B. 不一定　　　　　　　　C. 和从前不一样

3. 一生中，我觉得自己能达到我所预想目标：＿＿＿＿＿＿

　A. 是　　　　　　　　B. 不一定　　　　　　　　C. 不是

4. 不知为什么，有些人总是回避或冷淡我：_____

A. 不是　　　　　B. 不一定　　　　　C. 是

5. 在大街上，我常常避开我不愿打招呼人：_____

A. 从未如此　　　B. 偶尔如此　　　　C. 有时如此

6. 当我集中精力工作时，假使有人在旁边高谈阔论：_____

A. 我仍能专心工作 B. 介于A、C之间　　C. 我不能专心且感到愤怒

7. 我不论到什么地方，都能清楚地辨别方向：_____

A. 是　　　　　　B. 不一定　　　　　C. 不是

8. 我热爱所学专业和所从事工作：_____

A. 是　　　　　　B. 不一定　　　　　C. 不是

9. 气候变化不会影响我情绪：_____

A. 是　　　　　　B. 介于A、C之间　　C. 不是

第10～16题：请如实选答下列问题，将答案填入右边横线处。

10. 我从不因流言蜚语而生气：_____

A. 是　　　　　　B. 介于A、C之间　　C. 不是

11. 我善于控制自己面部表情：_____

A. 是　　　　　　B. 不太确定　　　　C. 不是

12. 在就寝时，我常常：_____

A. 极易入睡　　　B. 介于A、C之间　　C. 不易入睡

13. 有人侵扰我时，我：_____

A. 不露声色　　　B. 介于A、C之间　　C. 大声抗议，以泄己愤

14. 在和人争辩或工作出现失误后，我常常感到震颤，精疲力竭，而不能继续安心工作：_____

A. 不是　　　　　B. 介于A、C之间　　C. 是

15. 我常常被一些无谓小事困扰：_____

A. 不是　　　　　B. 介于A、C之间　　C. 是

16. 我宁愿住在僻静郊区，也不愿住在嘈杂市区：_____

A. 不是　　　　　B. 不太确定　　　　C. 是

第17～25题：在下面问题中，每一题请选择一个和自己最切合的答案，同样少选中性答案。

17. 我被朋友、同事起过绰号、挖苦过：_____

A. 从来没有　　　B. 偶尔有过　　　　C. 这是常有事

18. 有一种食物使我吃后呕吐：_____

A. 没有　　　　　B. 记不清　　　　　C. 有

19. 除去看见世界外，我心中没有另外世界：_____

A. 没有　　　　　B. 记不清　　　　　C. 有

20. 我会想到若干年后有什么使自己极为不安的事：_____

A. 从来没有想过　B. 偶尔想到过　　　C. 经常想到

21. 我常常觉得自己家庭对自己不好，但是我又确切地知道他们的确对我

好：_____

　　A.否　　　　　　　　B.说不清楚　　　　　　C.是

22.每天我一回家就立刻把门关上：_____

　　A.否　　　　　　　　B.不清楚　　　　　　　C.是

23.我坐在小房间里把门关上，但我仍觉得心里不安：_____

　　A.否　　　　　　　　B.偶尔是　　　　　　　C.是

24.当一件事需要我作决定时，我常觉得很难：_____

　　A.否　　　　　　　　B.偶尔是　　　　　　　C.是

25.我常常用抛硬币、翻纸、抽签之类游戏来预测凶吉：_____

　　A.否　　　　　　　　B.偶尔是　　　　　　　C.是

　　第26～29题：下面各题，请按实际情况如实回答，仅须回答"是"或"否"即可，在你选择答案下打"√"。

26.为了工作我早出晚归，早晨起床我常常感到疲惫不堪：是_____否_____

27.在某种心境下，我会因为困惑陷入空想，将工作搁置下来：是_____否_____

28.我神经脆弱，稍有刺激就会使我战栗：是_____否_____

29.睡梦中，我常常被噩梦惊醒：是_____否_____

　　第30～33题：本组测试共4题，每题有5种答案，请选择与自己最切合的答案，在你选择答案下打"√"。

　　答案标准如下：1—从不，2—几乎不，3—一半时间，4—大多数时间，5—总是

30.工作中我愿意挑战艰巨任务。1 2 3 4 5

31.我常发现别人好的意愿。1 2 3 4 5

32.能听取不同意见，包括对自己批评。1 2 3 4 5

33.我时常勉励自己，对未来充满希望。1 2 3 4 5

【记分方法】

　　计分时请按照记分标准，先算出各部分分数，最后将几部分得分相加，所得分值即为你最终得分。

　　第1～9题，每回答一个A得6分，回答一个B得3分，回答一个C得0分。计_____分。

　　第10～16题，每回答一个A得5分，回答一个B得2分，回答一个C得0分。计_____分。

　　第17～25题，每回答一个A得5分，回答一个B得2分，回答一个C得0分。计_____分。

　　第26～29题，每回答一个"是"得0分，回答一个"否"得5分。计_____分。

　　第30～33题，从左至右分数分别为1分、2分、3分、4分、5分。计_____分。

　　总计为_____分。

【结论】

　　得分在90分以下，说明你EQ较低，你常常不能控制自己，你极易被自己情绪所影响。很多时候，你容易被激怒、动火、发脾气，这是非常危险的信号——你的事业可能会毁于你的急躁，对此，最好的解决办法是能够给不好的东西一个好的解释，保持头脑冷静，使

自己心情开朗，正如富兰克林所说："任何人生气都是有理的，但很少有令人信服的理由。"

如果你得分在 90~129 分，说明你 EQ 一般，对于一件事，你不同时候的表现可能不一致，这与你意识有关，你比前者更具有 EQ 意识，但这种意识不是常常都有，因此需要你多加注意、时时提醒。

如果你得分在 130~149 分，说明你 EQ 较高，你是一个快乐人，不易恐惧担忧，对于工作你热情投入、敢于负责，你为人更是正义正直、同情关怀，这是你的优点，应该努力保持。

如果你 EQ 在 150 分以上，那你就是个 EQ 高手，你的情绪智慧是你事业有成的一个重要前提条件。

二、掌控情绪的命运开关

情绪是十分强而有力的力量。情绪能够激励你实现自己的命运，克服最严重的创伤，也会让你因为小挫败而动弹不得。虽然我们不能完全控制自己的情绪，每个人都有不顺遂的时候，我们都会经历创伤，这是正常人生的一环。但是，一旦你培养出平衡情绪的能力，就能掌控情绪的命运开关，享受你的"洗具"人生。

（一）慧眼识心——敏锐觉察 + 平和接纳

情绪本身并没有对错、好坏之分，每次情绪的发生都有其意义，都反映我们真实的感受，尤其是面对负性情绪时，不要急着去压抑、否定自己的情绪，也不要放任情绪，冲动行事，我们需要的是以坦然、开放的态度与情绪对话，学习去接纳、了解并与它和平共处。

1. 反刍生活片段，觉察接纳自己的情绪

第一，总结自己曾有的各种情绪。

总结过去的行为，可以更清楚地了解自己独特的内在反应模式及情绪反应的原因，具体做法如下：

找一个独处的时间和安全的空间，大声地把任何感觉不加责备、不做逃避地说给自己听。添油加醋，把情感夸大，让它戏剧化到超出真实的感受。

选定某一种情绪主题后，自由联想与童年相关的事情，把所想到的事情不做任何筛选地大声讲出来，甚至对忘记部分进行虚构，用来澄清自己内心的感受。或者可以问问父母、兄长或儿时的朋友，问他们关于自己童年回忆中的喜怒哀乐，从过去的经验或回忆中总结自己的情绪。

第二，记录整理每天的情绪，增加对情绪的认识和觉察。

了解自我情绪的另一个方法，就是从撰写个人的心情日记或记录自己每天的情绪状态着手，了解自己的情绪、想法。

第三，撰写每日情绪记录表。

每天清晨一觉醒来，就在情绪状态的 7 点量表上，勾选出自己的情绪状态；晚上睡前再记录一次，并将当天较为明显的情绪事件记录下来。

这个方式可以让大学生定时觉察自己当时的情绪。若能进一步辨识当时情绪的内涵，记录情绪产生的原因，则不仅能增强情绪的觉察能力，也能洞悉情绪与事件、想法之间的因果关系。记住，任何一种情绪都有正面价值，只要我们驾驭得当，都能为我们服务。

2. 拓宽心理容量，觉察接纳他人的情绪

只了解自己的情绪是不够的，我们还必须读懂他人的情绪，以实现顺利、和谐的人际交往。心理学中非常重视"同理心"的培养。

同理心，又叫做换位思考、共情，即在人际交往过程中，能够体会他人的情绪和想法，理解他人的立场和感受，并站在他人的角度思考和处理问题，从而获得一种更有弹性、更宽容、不被外界人事物影响情绪的能力。事实上，同理心强的人，对别人越真诚，越善于倾听、体谅、尊重或宽容别人，别人也会相应地增加真诚和信任。如此继续下去形成一个良性循环后，人与人的交往就非常顺利了。

大学生在现实生活中要时刻提醒自己拓宽心理容量，将他人的感受纳入自己的思考范围。这就要求对自己的一言一行及时觉察，考虑是否给周围的人造成了困扰和不适的消极情绪，并根据对方的反应调整和优化自己的言行，提升自己的素养。

（二）佛口诉心——理性表达 + 寻求释放

好的情绪要与人分享，坏的情绪要与人分担，这有助于我们增加对情绪的敏感度并加深对自我的认识。负性情绪的表达尤其重要，它不仅有助于我们缓解当时的紧张，而且可以避免坏情绪的积压。情绪表达与情绪宣泄不同。许多人排斥情绪表达，是因为他们误认为所谓表达情绪，就是把心中的情绪感觉一股脑儿地宣泄出来。其实高 EQ 的情绪表达是个细致的理智过程，与粗糙的情绪宣泄大相径庭。当然，当自己实在不能排解的时候，可以寻求心理医生的帮助。

1. 情绪表达三要素：及时、准确、适度

及时的表达就是不压抑，不恶化情绪；准确的表达要求我们不能为了脆弱的自尊心，掩饰内心真实的情绪，主张示柔、示弱的生存智慧；适度的表达则要求分清自己情绪感受的程度，不能一味地放大、渲染自己的情绪。

2. 巧用"我"信息，避免"你"信息

通常我们与他人发生不愉快时，会产生自我防御机制，习惯用"你"字开头的表达方式，往往会造成关系的紧张，导致矛盾难以调和。"我"讯息则可以避免这一点。

通常"我"讯息的表达方式包含三个要素：第一，具体客观地描述对方对你发生的行为（举动、言语或眼神等）；第二，对方的行为对你造成的实际影响；第三，你内心的情绪或感受(生气、难过、烦躁或害怕、孤单等)。

实战展示：面对嘲讽你将如何应对？

某天你主动帮同学从高处拿东西时，身旁却有人冷嘲热讽，"无事献殷勤，非奸即诈"。这个时候你该如何应对呢？

"你"讯息应对——"你凭什么这么说？"

凡是以"你"开头的表达，很容易激发双方的敌对情绪，容易激发矛盾。

"我"讯息应对——"我主动帮同学拿东西并不是为了别人夸我，但是当我听到你这么说我的时候，我还是有些不舒服……"

这种表达既表达了你对此事的态度，足以让对方了解你的观点及感受，也可以让对方改变行为或调整理念，改善你们之间的互动模式及品质。

如你主动帮同学从高处拿东西时，有人却说："无事献殷勤，非奸即诈"。以"你"开头的表达："你凭什么这么说?!"很容易激发双方的敌对情绪;"我"讯息的表达,"我主动帮同学拿东西并不是为了别人夸我,但是当我听到你这么说我的时候,我还是有些不舒服……",既表达了你对此事的态度,足以让对方了解你的观点及感受,也可以让对方改变行为或调整理念,改善你们之间的互动模式及品质。

知识窗 7-7：高 EQ 的情绪表达策略

　　使用精确的情绪形容词：如果你说"我感觉很糟"就不够明确,若改为"我觉得生气"、"我感到失望"就精确多了。

　　说明原因：别忘了要明确说明导致这份情绪的缘由,以加强对方了解因果关联性,并且避免被认为是无的放矢。例如"我会很生气",因果关系不够清楚,"我发现你跟别人说了有关我的不实消息,因此我觉得很生气。"

　　局限情绪的时间点：高 EQ 的人了解情绪状态是会改变的,并且会借由局限某个情绪影响的时间面,来成熟地看待情绪困扰。所以"我很恼火你乱说话",就忽略了点明时间点,而"当我发现你告诉别人有关我的错误信息时,我当时觉得很生气",就聪明地局限了时间点。

　　为自己的情绪负起责任：EQ 高手不会说"你让我生气"之类的话,因为这么做是在推卸责任,把对方当成是自己情绪问题的症结,又容易激起对方的反感或压力,往往引发冲突。高 EQ 的说法,是把自己当成情绪的主词:"我觉得很生气"。

　　不做评论式的人身攻击："你恶意中伤我?"只做中性的行为描述:"你告诉同事一些关于我的错误消息?"如此一来既能清楚地表达自己,又能避免激怒对方,才会圆满达成此次情绪表达的最终目的。

(三)圣性铸心——科学调整 + 积极排污

1. 智能调节

攻略一【改变不合理认知】

　　人们为什么会产生不良情绪呢? 我们通常认为"某某事情使我产生某某情绪",美国心理学家艾利斯提出情绪 ABC 理论,认为影响我们情绪(C, consequence)的不是事件(A, activating event)本身,而是我们对事情的看法(B, belief)。对同一件事,不同的人会有不同的想法,合理的想法会产生正向的情绪,不合理的想法则引起消极情绪。如事件:某人对你说,"你人真好!"

　　想法 1:他喜欢我,真好!　　　　　　情绪 1:高兴
　　想法 2:他仅在安慰我吧!　　　　　　情绪 2:伤心
　　想法 3:我不怎么样,这人干吗?　　　情绪 3:疑惑
　　想法 4:哼,讨好我,想利用我!　　　情绪 4:厌烦

　　可见,"怎么想"会使我们产生迥然各异的情绪。情绪其实掌控在我们自己心中,记住,"换个想法,快乐自己来"!

知识窗 7-8：不合理认知的特征

（1）要求绝对化

要求绝对化是指习惯于从自己的主观愿望出发，并坚持认为某一些事情必定会发生或者不发生、非此即彼，带有这种认知方式的人常用"必须"或"应该"的字眼。比如："只要我付出了努力，我就应该获得成功。""我那么喜欢她，她也应该喜欢我。""上次我不顾一切帮了他，这次他必须帮我。"但客观事物的发生往往不依个人的主观意志转移。因此，怀有这种认知倾向的人很容易陷入情绪的困境。

（2）过分概括化

过分概括化是指对事物的评价以偏概全，以事物的某一个特征来推论事物的整体特征，以某一件事或几件事来评价自身或他人的整体价值。比如，有的人在遭受一次挫折后便认为自己"一无是处"、"毫无价值"等，这种片面的自我否定很容易导致焦虑和抑郁情绪。如果将这种评价转向于他人时，就会对他人进行不切实际地评价，并一味责备别人，最终产生愤怒和敌意的情绪。

（3）糟糕透顶化

糟糕透顶是指对事物的可能性后果做出非常可怕、糟糕甚至是灾难性的推测。这种认知会给人带来非常严重的不良情绪体验。

攻略二【善用精神胜利法】

"酸葡萄心理"是因东西无法得到而降低自己对其好感的方法。《伊索寓言》中狐狸吃不到甜美的葡萄就说葡萄酸。心理学借用这个故事用来解释合理化的自我表现安慰。大学生进入大学时满怀壮志豪情，有对未来的美好规划和期望。但当梦想与现实差距过大时，我们不妨把过高的目标"酸化"处理，避免负重而行。

"甜柠檬心理"指的是人们对于得到的东西，尽管不喜欢或存在许多缺陷，但也坚持认为那是好的，即对自己已经得到的、不满意的东西增加好感。每个人都不是完美的存在，都有各种各样的不如意，但凡属自己拥有的，即便不完美，我们也可以将它"甜化"，放下包袱，持花而行！

故事悦读7-1

爱地巴跑圈

在古老的西藏，有一个叫爱地巴的人，每次与人争执而生气时，就以很快的速度跑回家，绕着自己的房子和土地跑三圈，然后坐在田边喘气。

爱地巴工作非常勤劳努力，他的房子越来越大，土地也越来越广。但不管房地有多广大，只要与人争论而生气时，他就会绕着房子和土地跑三圈。"爱地巴为什么每次生气都绕着房子和土地跑三圈呢？"所有认识他的人，心里都感到疑惑，但是不管怎么问他，爱地巴都不愿意明说。

直到有一天，爱地巴很老了，而他的房子和土地也已经非常多了，他生了气，挂着拐杖艰难地绕着土地和房子转，等他好不容易走完三圈，太阳已经下山了，爱地巴独自坐在田边喘气。他的孙子在身边恳求他："阿公！您已经这么大年纪了，这附近地区也没有其他人的土地比您的更广大，您不能再像从前，一生气就绕着土地跑了。还有，您可不可以告诉我您一生气就要绕着土地跑三圈的秘密？"

爱地巴终于说出隐藏在心里多年的秘密，他说："年轻的时候，我一和人吵架、争论、生气，就绕着房地跑三圈，边跑边想自己的房子这么小，土地这么少，哪有时间去和人生气呢？一想到这里，气就消了，把所有的时间都用来努力工作。"孙子问道："阿公！您年老了，又变成最富有的人，为什么还要绕着房子和土地跑呢？"爱地巴笑着说："我现在还是会生气，生气时绕着房子和土地跑三圈，边跑边想自己的房子这么大，土地这么多，又何必和人计较呢？一想到这里，气就消了。"

2. 行为调整

一是转移注意法。当你心绪不佳、有烦恼时，可以外出参加一些娱乐活动，换个环境，换个想法，因为新鲜刺激可以忘却不良情绪。我们可以通过有意识地强迫自己转移注意力来调节情绪。转移注意力是把注意力从引起不良情绪事件转移到其他事件上，这样改变了你注意焦点，意识被其他事件所占据，就不会再沉湎于消极情绪中。比如你可以做一些自己喜欢的事情，打球、听音乐、看电影等，激发愉快的情绪，还可以到室外或者空旷地方散散步，使你精神振奋，抛开烦恼。

二是合理宣泄法。坏情绪长期累积在心理，就会像吹得过大的气球一样，如果不能够及时而合理"泄气"，就有破裂的危险。因此，合理宣泄疗法是一种非常重要的自我心理调适的方法。生活中常用的宣泄情绪的方法有：

（1）运动。运动不仅能够使大脑产生更多的让人兴奋和快乐的物质——内啡呔，而且还可以使人转移注意力，给愤怒、抑郁、焦虑等不良情绪一个发泄的渠道。因此，当遇到不良情绪时，运动是一种既能锻炼身体，又能宣泄情绪的两全其美的方法。

（2）倾诉。当人们遇到高兴的事情时，都希望能够有人来分享；当人们遇到不开心的事情时，就更需要有人来安慰、理解、同情、信任和支持。在烦恼和痛苦时，如果一个自己信任的人在身旁认真倾听自己诉说，即使他没有提出可行的建议，但诉说完之后总会有一种爽快、舒畅之感。

（3）娱乐。音乐对调节人们的情绪有非常妙的作用。柔和的音乐对身体的康复十分有益，还能舒缓、平静人的心情；有强烈节奏感的音乐能够让人充满活力和激情。除了听音乐之外，自己学点乐器、唱唱歌，自娱自乐，对调节情绪、提高生活质量甚至增强自信心都很有好处。

（4）哭泣。有心理学家研究发现，人在极度悲伤时或者生气时所流的眼泪含有剧毒，收集一定数量这种眼泪，可以毒死一只大白鼠，收集更多这种眼泪，可以毒死一匹马。眼泪能够将人们在应激反应过程中产生的毒素排泄出去，而强忍住因不良情绪而产生的眼泪，就相当于慢性中毒。美国精神病学家曾对 331 名 18 至 75 岁的人进行调查，发现女性每月平均哭 5.3 次，男性每月平均哭 1.4 次，他们都感到在哭后情绪明显有好转。因此，产生不良情绪时，不要强忍住自己的眼泪，想哭就哭吧。

(5)写作。当遇到不顺心的事情时，可以在纸上写出自己的不满、委屈和怨恨，这样会让心情好得多，但注意在发泄完后要将纸处理掉，一方面是将坏心情扔掉，另一方面避免不必要的误会。写日记也是一种比较好的发泄方式，养成写日记的习惯，会成为我们一个抵抗疾病的军火库，因为写日记可以把危险的压力发泄掉，进而加强免疫系统，改善健康状况。

(6)呼喊。大声呼喊将由于各种原因所引起不良情绪，通过"吼"而释放出去，顿时会觉得心平气和、精神振奋。大吼可以解千愁，通过大吼，吐出了胸中的秽气，呼出了肺部的浊气，吸入了大量氧气之后，在增加肺活量的基础上，改善了呼吸功能，加快了血液循环，增强了胃肠蠕动，提高了机体功能，并使大脑皮质处于中等兴奋状态，令身心健康处于最佳水平。

3. 乐观豁达，创造快乐

西方有句谚语："一个小丑进城，胜过一打医生"。快乐的情绪往往源于幽默的个性。幽默是思想、学识、智慧和灵感的结晶，是一瞬间闪现的光彩夺目的火花，是人类高尚气质、文明和睿智的体现。幽默感是自觉地用表面的滑稽逗笑形式，以严肃的态度对待生活事物和整个世界。简言之，"幽默就是力量"。

另外一方面，我们也能通过创造价值从而享受快乐的人生。很多人认为，快乐是别人给的。事实并非如此，快乐是一种"珍视"，对生活的虔诚、认真与赋予意义；快乐是主动创造后的满足，是一种非常个性化的主观意识。我们感觉快乐是因为我们选择了快乐，是因为我们能够感受到快乐，是因为我们创造了快乐。快乐不需要苛刻的条件和雄厚的资本，只需要一种意识、一种心愿、一种态度。桃花盛开，燕子飞来，雷雨阵阵，烈日炎炎，……忘情于其中，就是快乐的。当你选择快乐地面对所有发生在你身边的事情，你就是快乐的。

知识窗 7-9：快乐情绪五字诀

动——多运动多活动。慢跑、跳舞等都能增强自信心，改善情绪，有提高活力的作用。每周坚持体育运动 3~4 次，每次历时 20 分钟即可有明显效果。

娱——多参加娱乐活动，多放声大笑。心由境生，欢快环境必然产生快乐心境。

说——把心中不满说出来。可以找亲人、朋友倾诉，也可以向陌生人诉说，还可以自言自语。

听——音乐是医治忧郁的良药。可以先听使人忧郁的曲子，3~4 小节之后逐渐改变所听乐曲，直到与你所需要情绪相似的曲调，不要一开始就找欢快曲调。

吃——吃高蛋白质食物。贝壳类、鱼、鸡、瘦肉等高蛋白质食物，可以使人振奋起来，食用少量即有效果。

素质拓展

情绪管理训练营

一、开列快乐清单

生活并不缺少快乐，只是缺少发现快乐的眼睛。也许我们习惯抱怨有太多的烦恼、烦躁、仇恨、愤怒、沮丧、失望、伤感的情绪，但可曾想过快乐的含义？快乐就是用阳光的心态将生活着色，用感恩的心留住生活的美好。

1. 发现快乐

请你回想生活中自己开心的事情，列出自己的"快乐清单"（至少10项）。

我的快乐清单是：＿＿＿＿＿＿＿＿＿＿＿＿＿＿＿＿＿＿＿＿＿＿＿＿＿＿＿＿＿＿

＿＿＿＿＿＿＿＿＿＿＿＿＿＿＿＿＿＿＿＿＿＿＿＿＿＿＿＿＿＿＿＿＿＿＿＿＿＿

2. 传递快乐

和身边的人交换"快乐清单"，彼此分享、传递快乐，让自己的快乐增值。

你的感触是：＿＿＿＿＿＿＿＿＿＿＿＿＿＿＿＿＿＿＿＿＿＿＿＿＿＿＿＿＿＿＿＿

＿＿＿＿＿＿＿＿＿＿＿＿＿＿＿＿＿＿＿＿＿＿＿＿＿＿＿＿＿＿＿＿＿＿＿＿＿＿

3. 微心情，微主张

发挥创意，写出自己的"微"快乐心情，定期大声朗读。

我的微心情是：＿＿＿＿＿＿＿＿＿＿＿＿＿＿＿＿＿＿＿＿＿＿＿＿＿＿＿＿＿＿＿

＿＿＿＿＿＿＿＿＿＿＿＿＿＿＿＿＿＿＿＿＿＿＿＿＿＿＿＿＿＿＿＿＿＿＿＿＿＿

也许，每个人的"快乐清单"和"微心情"不同，不过没关系，保留好这些，适时重复，足以让我们每个人发现，那些朴素而容易获得的日常事物便是我们的快乐之源。

二、完成情绪扫雷

不顺心时往往让人们心情变得更烦躁、易怒，怎样及时防堵负面情绪，避免陷入情绪雷区？

如果你仔细想想，就会发现自己情绪反应其实是很固定的模式：让自己生气，往往就是那几种状况；让自己感到沮丧，也不外乎某几样事件。每当这些特殊情境发生时，我们就会启动固定情绪反应，就如同计算机设定好程序，很自然就发生。这是因为你我所有的学习经验，都会在大脑中产生新神经回路，情绪反应学习自然也不例外。如果这些负面情绪反应模式不改变，你就会发现自己总是为某事生气，要不就经常为某事担心。

事实上，由于每个人从小到大有着不同的生活经验，再加上本身个性，每个人都会有自己独特的情绪地雷区。一个人情绪地雷区可能是另一个人的安全区，例如有人很在意别人守不守时，另一个人却对他人迟到不以为意，但却很看不惯别人说谎。那我们该如何给自己扫雷呢？

1. 画出你的情绪雷区

请你回想过去半年内,自己曾出现过如下情绪时的情境(至少各列三项):

当_____时,我感到很难过(伤心)。

当_____时,我感到很生气。

当_____时,我感到很担心(害怕)。

当_____时,我感到很厌恶。

当_____时,我感到压力很大。

2. 思索自己的核心价值(core values)

核心价值,是指你我心中那些根深蒂固的理念及想法,这些核心价值观组合,就形成了我们每个人"我之所以为我"的基础。正因如此,核心价值观不容易改变,而且往往成了一辈子的坚持,因此,如果任何人(包括自己在内)的言行违反了自己核心价值,心中怒火就会一触即发,毫无转圜余地急速增温,所以往往也就成了情绪地雷。

例如,有人认为诚实很重要,是他核心价值之一。因此,只要他发现别人说话有所隐瞒,就很容易按捺不住大发脾气;而如果有人深信"人人平等",要是有别人说话时贬损了某个族群,或者总是瞧不起这个团体,他就会觉得此人非常不对,而马上面有愠色,挺身主持公道。

要找出核心价值观,请试着回答下面问题:

我认为一个人该表现出的理想特质包括_____

_____

对我而言,生活中有哪些价值及规范非常重要?_____

_____

我欣赏的偶像身上具备哪些超赞特质?_____

_____

现在你该对自己的核心价值有所了解了吧?不论是"谦虚"、"诚恳"还是"守信"、"负责",等等,找出来后不但让自己更了解自己,也能有更多线索去发现自己情绪地雷。

3. 采取避雷方案

画出情绪地雷图之后,不妨把自己的情绪雷贴在显眼位置,便于时常提醒自己,这些地方是情绪死穴,应该努力地开始自我扫雷计划。

【自己地雷自己拆——安排 B 计划】

如你情绪地雷是"他人迟到",每次只要跟你约的人没准时,你就必定暴跳如雷。现在呢,开始随身带本书,别人晚了你就展开 B 计划,把书拿出来认真地看,既不会浪费时间,又可以避免自己因东张西望而把心情弄得焦躁不安。想一想,你还能用哪些高招拆除地雷?

【开诚布公——公开自己情绪死穴】

将自己情绪地雷图和周围人分享,索性昭告天下,自己有这些地雷区。这么做不但救了自己,也帮助周遭人避开地雷区。当情绪地雷一个个被拆除后,你会发现自己情绪地雷版图日渐缩小,而自己心情,就会愈来愈高昂了。

我心我诉

坏脾气，我拿什么拯救你

我很容易发脾气，只要稍有不顺心的事，就很难控制住自己的情绪，有时与同学一言不合，就会大发雷霆，大声怒吼，责怪别人，甚至出手打人。每次发脾气总要拿某个人或某件东西来出气。受家长念叨我怪辅导员告恶状；考试成绩不理想我生老师的气，说老师出题太怪、太难、太偏，并将试卷撕碎……但是在脾气发过之后，我又会懊恼道歉，提醒自己不再犯。但是再遇到小小触犯，又会发脾气，控制不住自己，同学们也不敢接近我。我很苦恼，请老师帮助我并给予指导。

专家支招：

你可以通过以下应用技巧调控自己的情绪、情感。

1.日常生活中有许多事会使人产生愤怒，如果遇到这种易怒的情境要尽量回避，可以出去走一走，听一听音乐，做点自己喜欢的事，使愤怒转移。

2.当你动怒时，最好先想一想以下问题：我为什么生气？这事或这人值不值得我生气？生气能解决问题吗？生气对我有什么好处？然后再考虑该不该发火。

3.我们都有过这样的经验，一件当时使你感到怒不可遏的事，过了一段时间后，就会感觉到已经不那么值得生气了。因此，当你因为某件事情生气时，不妨先把它放一下，等过一段时间再去想它，这样可以控制怒火。

4.如果有些事情有充足的理由使你发怒，不妨坦率地把心中的不满讲出来，也可发泄出来。但要注意情绪的宣泄要以不损害他人的利益为前提，不可在情绪的支配下做出过激的行为。

5.学会客观地看问题，避免偏执固执。

慧心讲坛

我的情绪我做主

自己的感受

——茨木泽子

不要把渐渐枯萎内心
归罪于别人
是自己懈怠灌溉与滋润
不要把抑郁和不欢欣
归罪于友人
温柔消逝到底是谁原因
不要把焦虑和烦闷
归罪于亲人

什么都不好是自己责任
不要把自己意志消沉
归罪于生活艰辛
最初只不过是孱弱决心
不要把一切不顺
归罪于时代更新
那是仅有尊严燃尽
自己感受和思忖
要靠自己把守归因

读完这首小诗，你有何感想？请和身边的人分享。

第八单元　点击鼠标的声音　遨游网络的海洋

网络的出现必将改变世界，也必将改变人类的生活。——（美）比尔·盖茨

电脑网络的建立与普及将彻底改变人类生存及生活的模式，而控制与掌握网络的人就是人类未来命运的主宰。谁掌握了信息，控制了网络，谁就将拥有整个世界。——（美）阿尔温·托夫勒

智慧之灯

慎待虚拟世界

美国著名未来学家阿尔温·托夫勒说："电脑网络的建立与普及将彻底改变人类生存及生活的模式，而控制与掌握网络的人就是人类未来命运的主宰。谁掌握了信息，控制了网络，谁就将拥有整个世界。"席卷全球的信息化浪潮使因特网技术在世界飞速发展，网络文化也正在以常人难以想象的速度、力度、深度影响着当代大学生的心理健康与成长发展。

在高速发展的信息化时代，网络作为一把"双刃剑"，给我们带来诸多方便与快捷、乐趣与营养的同时，也使我们经受着种种心理困惑甚至痛苦。那么，我们该怎样畅游虚拟的网络世界呢？

慎独是一种情操，慎思是一种修养，慎行是一种自律。同学们，面对虚拟的网络世界，我们该如何慎待利用网络为自己的学习、生活服务呢？本单元将对网络话题展开学习，帮助大家理清对网络的认知、一起探究同学们的网络心理，引导同学们培养良好的网络素养，理性高效地使用网络。

开启心门

我的 internet 世界

【网情调查】请同学们在 5 分钟的时间内完成一幅"我的 Internet 世界"绘画，绘画体现以下内容：

1. 平均每天上网的时间有多长？
2. 平时上网主要做哪些事情？
3. 对自己使用网络的满意度进行评估（十点评估）。

析一析：我属于哪一种网络类型？

1. 知识信息型

大学生早已不满足于课堂和书本给予的知识，因为相对于海量的网络信息，其使用方法

和便捷程度明显落后。大部分高校都购买了网络资源库，如"中国期刊网"、"方正维普"、"ARL"、"Kluwer Online"等，每个人也有自己信赖喜爱的学习网站，这些也已被很多同学所熟悉并使用。同学们不再是被动的"信息接受器"，而是主动的"信息处理器"。热衷搜索自己喜欢的信息，精心研读自己所关注的领域，吸取来自国内外研究的最新成果，随时随地采集信息、加工知识和整合思维，主动从各种渠道获取信息，崇尚网络自主学习方式。

2. 娱乐游戏型

第十一次中国互联网发展状况调查显示，娱乐与游戏在大学生上网目的中占到了24.6%。可见，现在网络娱乐游戏已经成为同学们必不可少的一项，网络为大家提供了一种菜单式的生活。如只需要输入电影名或歌曲名，点击鼠标，数秒内就可以欣赏到自己想看的电影或想听的歌曲；只需要点击某个游戏界面，就可以玩各种网络游戏。但是，一些同学因为把大多数的时间和精力贡献给网络娱乐与游戏而耽误了学业，影响了自己的前途。

3. 人际沟通型

有关调查显示，40%以上的大学生上网是为了进行人际交往，充分利用 BBS、QQ（MSN）、论坛、E-mail、微信等形式进行交流和沟通。大学生思维敏捷，接受能力强，能迅速面对互联网上快捷的信息变化，充分占有和利用网络。在好奇心、求知欲等的驱使下，大学生在交往内容上一般没有太多的局限。虽然学习和爱情是大学生永不厌倦的话题，但话题绝不局限于此，上至天文，下至地理，都可作为很好的谈资。尽管网络交往广阔的交互空间有利于促进大学生的社会交往能力，在一定程度上可以释放压力，但是，这把"双刃剑"也消耗了他们大量的时间和精力，扰乱正常的学习和生活秩序，造就了一大批"网虫"。

4. 网络恋爱型

现在，寻求爱情的成本与所承担的风险越来越高，人们一方面渴望爱情，另一方面又害怕爱情所带来的不安全感。但是，随着网络的普及，恋情的展开不再受到时空的限制而变得无限宽广，越来越多的人投身于网络恋情之中，不论是现实、小说或戏剧，网络恋情不乏喜剧收场，但蓄意网络犯罪也不少，使得大多数人对于网络恋情持着相当谨慎的态度。

议一议：作为大学生应该如何理性地利用网络？

心理学堂

大学生的网络心理

一、大学生网络认知

（一）走进网络世界

1. 网络时代的变革

21 世纪是信息技术飞速发展的世纪，作为信息交流的主要工具——互联网已在人们的日常生活中发挥着重要作用。据 2008 年 1 月中国互联网络信息中心统计报告显示，截至 2007 年 12 月，全国的网民总数已达 2.1 亿人，年增长率达到 53.3%。网络以其独特的魅力给人类社会带来了深远影响，给人们带来了全新的思维方式、生产方式、交往方式和生活方式，人们越来越真切地感觉到"地球村"的存在。

然而，科学技术都是一把双刃剑，互联网络也不例外。它给我们的生活带来种种方便的同时，也带来了许多负面的影响，这在大学生中表现得尤为突出。因特网的普及给高职大学生的生活开辟了无限宽广的天地，极大地开阔了他们的视野，拓展了他们的活动空间。但是，虚拟的网络社会也对他们的认知、情感、人格和行为提出了严峻的挑战。作为21世纪的大学生，要努力提高网络认知能力，学会用全面、辩证地认识观来剖析和认识网络，积极应对。

2. 网络对大学生的影响

据统计，在我国上网用户总数中，21.4%为在校大学生，大学生上网比例高达95%以上，经常上网的大学生超过30万人。从以上数据可以看出，青年大学生作为新技术新知识的学习者，已经融入了滚滚的网络浪潮，成为网络信息社会的弄潮儿。网络对大学生产生了诸多积极的影响，如网络有利于大学生新观念的形成；互联网正成为大学生获取信息的主要途径；互联网正在改变大学生的学习方式；互联网正影响着大学生的人际交往方式等。与此同时，它也产生了一些消极影响，如多元化的政治思想、文化观念严重冲击着大学生正确的世界观、人生观、价值观的形成；互联网中的"信息垃圾"造成部分大学生是非观念模糊，道德意识下降；互联网容易诱发大学生由好奇到发泄甚至破坏性发泄，导致网络不道德行为甚至违法犯罪；互联网容易引发大学生网络性心理障碍，甚至可能带来"人性异化"，使有的学生成为"数字人"。

（二）透视上网心理需求

1. 积极的心理需求

（1）关注社会与求知欲望的进取心理

当代高职大学生主流是积极、健康、向上的，他们关注社会热点问题，喜欢接受新鲜事物，对信息的敏感度尤为突出，对知识有着强烈的渴求欲望。而互联网以其信息快、内容新、手段先进等优势极大地吸引了高职大学生的好奇心，使他们可以选择自己所关心的话题，主动参与讨论、表达自己对事物的看法，激发了他们关注社会现实的热情和兴趣，满足了他们积极上进和关注社会热点的心理需求。

（2）自由平等的参与意识和自我实现的尝试心理

网络平等自由的氛围适应了当代社会中对自由、平等呼声最高的大学生群体。在网络这个虚拟空间里，种种现实社会的限制都消失了，只要参与进来、不管你身处何地、不管时间早晚、不管身份如何，都可以在统一的平台上，以互相平等的方式从事信息文化的制造、交流与利用，这正符合自由平等参与意识强烈和追求自我实现的高职生心理。

（3）情感交流与自我价值感的满足心理

正值青年期的高职大学生，一般都具有较强的与他人交往的需求和愿望，寻求思想交流和心灵沟通的对象，期待友谊与关爱，希望借鉴他人的认识和评价来反观自我，完善自我。然而，现实生活中，由于人际关系的复杂性，部分同学往往在交往中遭受挫折，情感交流和自我价值得不到满足。而网络这个虚拟世界为高职大学生的情感交流与自我价值感的满足提供了便利条件，他们可以通过QQ、BBS、空间等网络媒介与外界沟通联系。

（4）缓解压力与宣泄情绪的减压心理

随着社会竞争日益强烈，社会对人才质量的要求越来越高，高职大学生在这种情况下承受着巨大的心理压力。同时，也可能遇到学习不顺、人际关系紧张、失恋等困扰，严重的甚至还可能产生不同程度的心理障碍。而上网可以为这些学生提供一个内心宣泄的空间，使大学生适时地转移、倾诉和宣泄自己的不良情绪。

（5）陶冶性情和完善个性的实现心理

当代高职大学生喜欢好奇和浪漫、惊险刺激，对新事物、新知识反应迅速。而在网络传播中，网络受众可以主动接受所需要的信息，可以随心所欲地点击所需要的信息，可以随时参与媒体的传播活动。这与高职大学生完善个性、陶冶情操的心理相匹配。

2. 消极的心理需求

（1）猎奇心理

互联网可以在全球范围内传播图文并茂的多媒体信息，而且具有传播速度快、使用方便和难以控制的特点。当它以独特的个性席卷全球时，也成为色情、暴力等不良内容的重要传播工具。高职大学生由于世界观和人生观尚未定型，自控力和辨别是非的能力有限。部分学生往往出于好奇或冲动的心理刻意去寻找色情、暴力信息，追寻感官刺激。

（2）排遣寂寞心理

大部分高职学生选择读高职院校是出于无奈，他们无法平衡理想与现实的差距，一进校就开始觉得生活无聊，失去动力，迷恋网络。他们希望在网络中找到依靠和思想寄托，很多学生因此开始玩开心网、偷菜、抢车位的游戏，以期在每天的虚拟劳作中找到寄托，排遣寂寞。

（3）发泄欲求的心理

在互联网上，大学生们可以随意地发表自己的意见，抒发自己的爱与憎，表达自己的观点，而不必担心会受到限制或承担责任。平时对学校不敢提、无处提的意见可以贴到BBS上去，平时在生活中遇到的烦恼则可以在聊天室里尽情抒发。但是，如果在现行的法律制度以外去寻求满足其非法或者不道德的宣泄，则可能引发违法甚至犯罪。

（4）逃避现实的解脱心理

同学们在大学生活中常常会遇到诸如学习、感情、人际关系等问题。复杂的社会生活让思想不太成熟的青年学生感到难以应对。因此，部分学生在现实中受挫后，喜欢到虚幻的网络空间中倾诉，互联网成了他们逃避现实、寻求自我解脱的渠道。

（5）虚拟的自我实现心理

强烈的自我意识是大学生群体的一个显著特征，虚拟的网络可以成为大学生实现自我的一个理想王国。在网络上，大学生可以享受到网络特有的平等、自由、成功、刺激的感觉，学习与就业的压力、社会与家长的希望造成心理上的压抑与孤独，在网络上一扫而光；他们可以突破社会及他人对自己行为的矫正与评价，轻松地实现从小梦想成为的侠客、富翁，可以在模拟战争中指挥千军万马搏杀疆场。部分大学生上网为了玩游戏，在游戏获胜后有一种成就感。这是因为网络游戏能够部分地满足他们的自我实现需要。

（6）焦虑心理

一方面由于网络技术的迅速发展，大学生担心自己的知识更新赶不上网络的发展，被新技术淘汰，而产生心理焦虑；另一方面，网络通道拥挤，传输速度缓慢，网上人际关系的不确定性与隐匿性、内容庞杂无序、良莠不齐、访问速度太慢等缺陷，使大学生上网者无所适从，连连"碰壁"之下产生焦虑心理。

（7）自卑心理

心理学家阿德勒认为，自卑是指以一个人认为自己或自己的环境不如别人的自卑观念为核心的潜意识欲望、情感所组成的一种复杂心理。它来源于心理上消极的自我暗示。这种心理常见于那些初次尝试的大学生，当他们怀着兴奋与好奇的心理来到网上，由于缺乏系统的网络知识和检索技能，操作不熟练，英语水平有限，与身旁那些操作娴熟、进出自如的同学相比，差距甚远。在羡慕的同时会产生出某种无形的心理压力，初始的兴奋、喜悦之情自然被自卑心理所代替。

二、网络心理扫描

（一）网络心理健康

1. 概念

网络心理健康是指人们在使用网络时能够保持积极的心态，离线时能够保持心理的平衡，能够较好地把握虚拟与现实之间的关系，在虚拟性与现实性之间以现实性为主导，在线时和离线时能够保持人格的统一。

2. 网络心理健康的标准

（1）有正确的网络心理健康意识或观念

一个心理健康的人要具有正确的心理健康意识或观念，认识到心理健康的重要意义和现实价值，能够运用正确意识指导自己的心理和行为。同时，作为网络心理健康的意识还应包括对网络有正确的认知和态度。

（2）能够保持在线时和离线时人格的统一与和谐

在线时，能够积极主动地接收和处理信息；离线时，能够迅速从虚拟情境中走出来，而不是沉溺于虚拟情境之中。

（3）不因网络的使用而影响正常的生活、学习

若因为上网而影响了正常的学习、工作、家庭生活、人际交往，就属于网络心理不健康的范围，需要及时地控制、调整和治疗。

（4）有正常的人际交往，人际关系协调，能够与周围环境保持良好的互动

具有健康的网络心理的人，应该在离线时能够维持并发展现实正常的人际交往，并能够同周围环境和人保持良性互动。

（5）离线时身体没有明显的不适应

在线的时间以身体健康为底线，以不影响身体健康为前提，离线后不会因为使用网络导致身体的感觉器官、消化器官、神经系统及其他身体器官机能下降或失调，能保持机体的平衡。

（二）常见的网络心理问题

人们享受网络生活带来的便利与多彩的同时，也开始感到了网络心理问题的困扰。因为网络处在飞速发展之中，心理问题的形成与暴露也与之共进。

网络心理障碍是指因无节制地上网导致行为异常、人格障碍、交感神经功能失调。其表现症状为：开始是精神上的依赖，渴望上网，随后发展为身体上的依赖，不上网则情绪

低落、疲乏无力、外表憔悴、茫然失措，只有上网后精神才能恢复正常。大学生网络心理问题主要包括五类：网络恐惧、网络迷恋、网络孤独、网络自我迷失与自我认同混乱、网络成瘾综合症。

1. 网络恐惧与迷惘

新生特别是来自经济落后地区的农村学生，很少接触互联网，进入大学后面对色彩斑斓的网络界面，看到层出不穷的各种网络书籍、电脑软件，瞧着周围的同学熟练地使用电脑，自由地浏览、聊天时，一部分学生感到害怕和迷茫。担心学不好计算机操作，不能有效利用网络来学习和生活甚至成为"网盲"，担心学不好计算机而被他人嘲笑为无能或赶不上他人而落伍。"迷茫"则是被五花八门的电脑书籍和软件搞得眼花缭乱，不知道学什么，于是对网络开始产生畏惧。一些熟悉网络的学生也有这样的障碍，害怕跟不上网络的快速发展，怕掌握不了新的网络技术而被淘汰。

2. 网络迷恋与孤独

网络迷恋是指长时间的沉溺于网络游戏、上网聊天、网络技术如安装各种软件，下载使用文件、制作网页、醉心于网上信息，网上猎奇，造成对网络的过度依赖和依恋，导致个人生理受损，正常学习、工作、生活及社会交往受到严重影响。网络迷恋心理障碍包括这样几种类型：网络色情迷恋、网络交际迷恋、网络游戏迷恋、网络恋情迷恋、网络信息收集成瘾、网络制作迷恋。

网络孤独主要是指大学生希望通过上网获取大量信息、网上娱乐、网上人际交往来提高或改变自己，但上网不仅未能解除孤独，甚至有时加重了原有的孤独，或反而因为触网而引发孤独感的不良心理状态。这类人群一般表现出脱离现实、退缩、孤僻、耽于幻想等行为特点。由于过分迷恋网络，导致"人—机"式交往，出现"人机热，人际冷"现象，导致会忽视真实存在的人际关系、产生现实人际交往萎缩和角色错位，这种网上的异常行为发展到一定的程度会导致网络人格心理失真。

3. 网络自我迷失和自我认同混乱

大学生在互联网上表现自我时，把社会自我抛得越来越远，甚至企图借助网络在现实社会中凸显自我，将自我凌驾于社会之上，网络黑客、网络犯罪就是这方面的典型例子。此外，某些学生对一些社会现象愤懑不满，想通过上网发泄不满，逃避社会，希望在网上有一个"清洁"的交往环境，构建一个良好的自我，然而网上充斥的色情图文、脏话、无聊的帖子、庸俗的话题，使他们在对社会产生失望之后又对网络产生了失望。

5. 网络成瘾综合症

互联网成瘾综合症（简称IAD），是指在无成瘾物质作用下的上网行为冲动失控，网络操作时间失控，个体沉溺于网络世界难以自拔而导致明显的社会、心理功能损害。有关研究表明，长时间上网会带来一系列复杂的生理和生物化学变化，如使大脑中的化学物质多巴胺（dopamine）水平升高，这种化学物质会令患者呈现短时间的高度兴奋，沉溺于网络中的虚拟世界而不能自拔，但之后的颓废感和沮丧感却更为严重。目前高职大学生网络成瘾的类型主要有：网络交际成瘾、网络色情迷恋、网络游戏成瘾、网页浏览成瘾、信息超载成瘾等。

心理小测验：我的网瘾免疫力

以下问题是想了解同学们对上网行为的看法。这里的"上网行为"是指上网娱乐、资讯等，不包括上网学习。每一组题有两个陈述句，请阅读后选择你倾向于持赞同的观点。

1. A 我有能力排解大学生活中的空虚而不去上网
   B 大学生活期间的无所事事驱使我上网
2. A 上网的诱惑并非不可抵御
   B 许多次都是环境驱使人上网
3. A 能处理好学习、生活中的事情，无需上网发泄
   B 被学习或生活弄得心烦意乱时，会不由自主地上网
4. A 戒网瘾是一项只要自己下决心就能成功的事情
   B 上不上网主要取决于你学习、生活中的事情是否顺利
5. A 不管面前有没有电脑，我都能够克制自己不上网
   B 一看见电脑，我就克制不住想上网
6. A 如果同学都去上网，我能做到不上网
   B 假如其他人都在上网，对我来说做到不上网是不可能的
7. A 假如我确实打算这么做，我就能阻止自己的上网行为
   B 当我焦虑或不愉快时，我没办法让自己不上网
8. A 只要我们给自己制定上网计划，我们就能控制住上网时间
   B 就上网问题而言，我们大多数人都是受某种无法控制的力量所控制
9. A 我控制得住自己的上网行为
   B 每当面临上网的诱惑时，我的意志变得不够坚强
10. A 如果大学生们确实想这么做，他们就控制自己的上网行为
    B 对某些人来说，戒网瘾是不可能的
11. A 我有能力拒绝上网
    B 如果有人给我提供上网机会，我不可能拒绝
12. A 人们付出的努力程度与他们对网络的控制力有直接关系
    B 有时我无法理解人们怎么才能控制住不上网
13. A 我能克制住我想上网的欲望
    B 一旦我开始上网，我就停不下来
14. A 控制不住上网是因为自己没有努力去克制
    B 大部分时候我不理解自己为什么一直上网
15. A 假如我再也不能上网，我相信自己也不会怎么样
    B 只有上网我才觉得快乐。

【结果解释】

选择 A 越多，抵抗网络心理问题的能力就越强；选择 B 越多，则越容易患上网瘾等心理障碍，需立刻引起注意。

知识窗8－1：戒网瘾妙招

　　湖南某大学艺术系的小王不久前办理了退学手续，退学的原因是因为迷恋网络游戏而不能自拔。因为性格内向，小王与同学的关系比较疏远，对学习缺乏兴趣，入学后不久便远离了健康的学习生活轨道而沉湎于网络游戏。老师的多次规劝、家人的眼泪甚至父亲在网吧门口的下跪，都没有把小王从网络游戏的深渊里拉回来。为了挽救他，学校建议他休学半年，但半年后依然不见任何效果，无奈之下他只好退学了。

　　思考：如何戒除小王的网瘾？

　　（1）厌恶疗法。网络成瘾者可以想象自己上网成瘾后的种种极端后果，如：成绩下降、被大家看不起、被别人羞辱、对不起自己的父母、亲人等，在瘾发时让"理想自我"与"现实自我"进行辩论，让内心的道德感、责任感与罪恶感、失败感斗争，从感情上战胜自己，痛下戒除网瘾的决心，增强自己的戒网动机。

　　还可以让在有了上网的念头时反复自我暗示，如"不行，现在应该学习，等周末再说"，"我一定能行"，"我一定能戒除"，每当抵制住了诱惑，认真学习，度过了充实的一天后，就进行自我鼓励，如"今天我又赢得了一次胜利，继续坚持，加油"。这样不断强化，形成良性刺激，加强自己的意志，使上网的欲望得到抑制。

　　（2）自我奖惩法。自我奖惩法是指根据当天的进展情况而给自己一些奖励或惩罚，但应注意其使用的内容应最好与上网无关。奖励和惩罚既可以由成瘾者自己执行，也可以请老师、同学、家长协助执行。如，当目标执行无误，就奖励自己吃一样喜欢的零食或买一件喜欢的东西，否则长跑1000米或做清洁等。

　　（3）放松训练法。为应对戒网瘾过程中瘾发时出现的紧张、焦虑、不安、气愤等不良情绪，采用肌肉放松法、想象放松法、深呼吸放松法以稳定情绪，振作精神。

　　（4）行为契约法。成瘾者与家长共同商定戒网的行为契约，成瘾者签订契约并成为契约的遵守者，家长则担任契约的执行者，通过连续不断地鼓励，使其逐步达到目标。根据目标行为的性质，有两种循序渐进的方式：第一，行为频率的循序渐进。如，让其将每周上网次数由七八次逐渐减为六次、五次、四次、三次……每次上网时间由五小时逐渐减为四小时、三小时、两小时，达到尽量在周末上网，每次不超过两小时的目标。第二，行为准确性的循序渐进。每个目标都应是其力所能及的，家长等要热情鼓励其做好朝目标渐进的每一步，确保其能通过不断取得进步而获得成功的体验，从而增强其自我效能感，也易据此来衡量其上网行为纠正的程序，制定好下一步的目标。

三、网络心理调适

　　网络的出现，宣告着人类信息时代的真正到来。它消除了人类跨地域沟通的"时滞"，拓展了人类的交往空间，深刻地改变着人与人、人与社会的关系，给人类带来了一个全新的时代。网络世界既是一个充满自由、开放、平等的世界，也是一个充满着诱惑与陷阱的危险之地。大学生正处于心身发育从不成熟向成熟的转折时期，成人感增强，但自控力及自律能力较弱。面对具有如此强大吸引力的网络，我们该如何做呢？

（一）正确认知网络

网络认知是指人们对网络形象的认知和理解，对网络价值的认同和评价。心理学研究表明，正确认知网络，特别是对网络文化以及网络交往的本质和利弊的认知是我们进行网络心理调试的第一步。网络只是一个工具，网络资源是人类社会不可缺少的财富，对网络的破坏与滥用就是对社会正常秩序的极大破坏，会危及生活中的每一个人。因此，大学生要认清网络社会并非真实的社会，网上暂时的成功并非是真实的成功，虚拟的情感宣泄与满足也并非能得到真正的快乐，网络带来的并非总是鲜花与美酒，也可能给自己带来苦涩的恶果。理性认识网络中的良莠不齐，在网络中时刻保持清醒的头脑，保持批判、辩证与谨慎的态度，做到不轻易相信也不随意欺骗。

（二）理性调控自我

一方面，网络社会信息含量十分巨大，各种文化与价值理念交织纷纭，各种论断莫衷一是，各色诱惑比比皆是；另一方面，网络社会又是一个充满自由的社会，缺乏强大的外在约束。面对这一虚实难辨、是非难断却又无明确而强有力约束的多彩网络世界，大学生会因认知偏差或侥幸心理而产生心理困惑与矛盾，以致产生各种各样的网络心理问题。过多地沉迷于网络是对现实的一种逃避，一种退缩，也是一种社会责任感的淡化，它不仅不能真正地解决大学生正在面临的现实问题，反而会更多地产生自我迷失，生活重心丧失、人际沟能障碍，产生非理性的甚至是反社会的行为。

在缺乏较强他律或几乎难以感受到他律影响力的网络社会里，自律的重要性与意义显得尤为突出。唯有自律才能既充分体现其自尊、自主与自由，又充分培养其自我控制力，养成良好的"慎独"习惯。一个缺乏自律的人不可能是一个自尊自重的人，也是一个不能获得自由与自我价值实现的人。因此，我们应合理安排时间，保持正常的生活、工作、学习规律，控制上网时间。同时，要勇于直面现实、直面人生，积极面对现实，应多参加有益的社会活动，从网络的迷恋中解脱出来。

知识窗8-2：网前三部曲

（1）上网之前先列清单。首先在一张纸上记下自己上网的任务，不要把上网作为逃避现实生活问题或者消极情绪的工具，切忌"借网消愁"。

（2）上网之前先订目标。每次花两分钟时间想一想你要上网干什么，把具体要完成的任务列在纸上。不要认为它是多余的，这可以为你省10个两分钟，甚至100个两分钟。

（3）上网之前先限定时间。根据清单估计此次上网的时间。假设你估计要用40分钟，那么把小闹钟定到20分钟，到时候看看你进展到哪里了。如果嫌用闹钟麻烦的话，可以在电脑中安装一个定时提醒的小软件，在上网的同时打开，这样就能有效控制你的上网时间了。

小贴士：当你在信息高速公路上自由驰骋的时候，你生命的一部分也许正渐渐消失在虚拟空间的某个黑洞之中。

（三）建立良好的人际关系

网络为大学生的人际关系开辟了一个崭新的空间，为人们创造了"另类生存空间"。正如行为心理学家利克莱德所言，网络的功用在于促进人与人之间的交流，同时，它也赋予了现代人际交往结构及互动方式新的内涵。良好的人际关系是大学生顺利实现社会化的重要途径，高职学生如果整天沉迷于网络游戏，就会更加缺乏人际交流的能力，并有可能埋下悲剧的种子。如何处理学业压力和人际关系，如何面对挫折和困难，如何寻求心理平衡找回自信等都是非常重要的内容。因此，培养良好的人际关系，加强与同学间的交流和沟通，有助于防止高职大学生网络心理问题的产生。另外，如果出现了网络心理问题，在自我不能有效调适的情况下，非常有必要及时寻求群体的支持（群体支持系统包括学校、家庭、社会等）。

故事悦读8-1

网恋伤不起

鱼对水说："你看不见我的眼泪，因为我在水里。"

水说："我能感觉到你的眼泪，因为你在我心里。"

这是一部描写网恋的小说中的经典对白，曾经广为流传。而如今，随着网络的迅速发展和普及，网恋这种特殊的恋爱方式，正在成为当代大学生的"缘分天空"。一项相关调查指出，超过40%的大学生相信网恋有成功的可能性，超过60%的大学生对网恋持中立态度。

【案例】李某，大二学生，在一次上网无聊的时候，乱加QQ，没想到与他聊得那么投机。我们都是大学生，异地但也就几小时车程，没见过面互相看过照片。开始一个多月每天聊，寒假常打电话，很明显互相喜欢了。开学后一星期没联系我，我决定忘记他时他又来了，现在一周有一两次电话，还是很甜蜜但不聊QQ了。基于目前了解他不是随便的人，我们的价值观如此吻合。但想到未来就很迷惘，我跟他有结果吗？他曾说见面很容易，但想到那些似乎又没信心了。

思考：你如何看待虚拟世界中的恋爱？

网络的虚拟化让网恋显得虚拟。如果你处在一段网恋中，就应该擦亮你的眼睛，理性分辨网络信息，哪些可信哪些不可信；

网恋存在距离的问题。在网上可以随时随地谈恋爱，但一旦这种关系必须转向现实时，距离就成了一个很大的问题；

正确对待网络错觉。如果回到现实的时候，没有了网络上的那种感觉，也不必要过于忧虑，避免由此产生的心理困扰。

网恋也是一种恋爱，自有其存在的必然性与价值，我们并不完全否定这种新感情，就像早恋一样，只要正确处理了，必然也会促进我们自身的成长。

四、网络道德素质

网络道德素质是人们在整个网络社会活动(包括信息的获取、使用、制造和传播等)应该具备的道德品质和文明修养，它包括网络道德行为主体的道德认识能力和思维形式、道德情感和意志特征以及网络行为过程中的道德选择和行为能力等要素。大学生作为使用网络的重要群体，在接受社会主流道德制约的同时，也呈现出网络条件下独有的特征。大学生群体特有的道德心理、道德规范、道德价值和道德理想，在网络环境下呈现出多元化的态势。可见，网络环境对当代大学生道德素质产生了较为深刻的影响，应切实加强对当代大学生的网络道德教育，努力提高大学生网络道德素质，促进大学生全面发展。

素质拓展

虚拟世界也文明

一、疯狂的网络

虚拟的网络世界出现了许多网络雷语，如菜鸟、马甲、潜水、刷票、沙发、伤不起等，同时也涌现出了许多网络雷人雷事，如人肉搜索、抢盐风波、网络购票实名制等。

(1)你知道网络雷语吗？最新网络雷语有哪些？

_____

(2)什么是"人肉搜索"，你如何看待"人肉搜索"现象？

_____

参考答案：

① "人肉搜索"是指利用现代信息科技，变传统的网络信息搜索(机器搜索)为人找人、人问人的网络社区活动。提问者提出问题，其他网民以自己的专业背景、亲身经历、道听途说甚至冷嘲热讽来回答问题。人肉搜索不仅可以在最短时间内揭露某某门背后的真相，为某三某七找到大众认可的道德定位，还可以在网络无法触及的地方，探寻并发现最美丽的丛林少女，最感人的高山牧民，最神秘的荒漠洞窟，最浪漫的终极邂逅……人肉搜索追求的最高目标是：不求最好，但求最肉(注：裸露)。

② 人肉搜索是"三刃剑"：当一项人肉搜索行为在法理上站得住脚时，则具有正义价值；当搜索不在法律、正义的维护范围之内时，则是非正义的，它干扰了他人的生活，侵犯了他人的隐私，给当事人带来巨大的精神压力；还有一种网络搜索行为是中性的，也许只是想寻找某个人，想认识他，互联网可以帮助我们实现。

(3)作为当代大学生，我们该如何对待日新月异的网络事件？

_____

小贴士：理性对待"人肉搜索"，要有正确的见解和看法，不应盲目从众。

二、网络文明自测

文明上网是对大学生上网的一个基本要求，你是否遵守网络道德，文明运用网络呢？以下说法是否符合你的实际情况，请选择"是"或"否"。

1. 在网上很乐意帮助别人。 是 否
2. 网上谁也看不见谁，相互欺骗很正常。 是 否
3. 如果在网上受到伤害，就要给予恶意攻击来挽回尊严。 是 否
4. 尊重、信任网友并能够进行真诚交流。 是 否
5. 在网上从不和多个人同时保持恋爱关系。 是 否
6. 向他人发送大批的垃圾电子邮件。 是 否
7. 经常在论坛发泄私愤甚至散布谣言、制造绯闻等，以侮辱他人为乐。 是 否
8. 网上用语文明规范，从不拨弄是非。 是 否
9. 盗窃他人资料、智力成果等，网络虚拟，做什么都毫无顾忌。 是 否
10. 面对网络文明，有正确的自我意识，能够清晰地区分现实与虚拟。 是 否

对于第 1，4，5，8，10 题选择"是"各得 1 分，而第 2，3，6，7，9 题选择"否"各得 1 分；反之则各得 −1 分。如果得分为正，说明你能够控制并监督自己文明上网，请继续保持良好的网络习惯；如果得分为负，说明你还需要加强网络道德行为自律，以做个网络的文明使者。

我心我诉

我上网，我文明

一、网络文明口诀

文明上网有诀窍，以下建议要记牢。
人人张开绿色"网"，道德高尚品质高。
上网切勿"三班倒"，劳逸结合效率高。
眼离屏幕三尺距，一杯绿茶保养好。
游戏本为度闲暇，怎能时刻当"大侠"？
沉迷游戏不可取，损害身心真不假！
低俗话题莫倾听，网上聊天须留心。
银行密码身份证，切勿托付"害人精"。
色情网站君莫入，毒害身心毁前途。
更须防范裸聊网，高尚道德化为无。
网上算命不可信，取名页面君莫进。
若能预知未来事，何必网上传迷信？
暴力电影少浏览，遇事冷静是好汉。
翩翩君子有风度，心平气和真勇敢！
天涯海角有知己，网上交友勿随意。
诤友助君行千里，损友毁君道德堤！
网络也能搭"鹊桥"，喜结良缘固然妙。
防范"婚托"莫大意，人财两空无处找。
网络资源多又妙，科学利用效果好。

以上建议请记牢，文明网络路不遥！

二、网络文明倡议书

亲爱的同学们：

网络作为信息技术的产物、社会文明发展的标志，以它内容的丰富性、传播的便捷化、表现的多样化、交流的互动性、时空的无限制性和虚拟化等特点，成为我们青少年学生喜闻乐见的一种学习、交流、娱乐的方式，在我们生活中占据着重要地位。但是，我们在利用网络的同时，也应当清醒地认识到，网络是一把"双刃剑"，它在带来多彩的同时也带来了隐晦，在带来沟通的同时也带来了谎言，在带来自由的同时也带来了放纵，谁的抵抗力差，谁就将堕入不可自拔的深渊。因此，文明上网，人人有责。

为了响应《全国青少年网络文明公约》的总体要求，抵制网络污染，在此我们向全体同学提出如下倡议：

一、规范自身行为，自觉抵制诱惑，远离网吧。

二、明确上网目的，利用网络充实、提高、完善自我。

三、文明健康上网，访问文明网站，做文明上网的模范和榜样。

四、宣传文明上网，倡导网络文明，做绿色上网的宣传员。

五、关心身边同学，奉劝远离网吧，帮助同学充分认识不良网站危害。

六、参与监督管理，做黑网吧的举报者，为创造健康洁净的网络空间贡献力量。

同学们，我们青少年是网络文明的受益者，更应该成为网络文明的建设者。自觉实践青少年网络文明公约，要从我做起，从身边做起，自觉成为文明网民；要互相监督，互相帮助，共同倡导和建设网络文明新风；要开展网上的学习和创新，更要注重网下的学习和实践。为此，我们要齐心协力，自觉远离网吧，弘扬网络文明、倡导健康生活，为营造绿色网络环境做出我们新时代青少年应有的贡献。

倡议人：

时　间：

三、网络文明承诺书

为了维护网络秩序，推动网络文明，提升网络素质，本人郑重承诺：

（1）遵守《全国青少年网络文明公约》，争做网络道德规范榜样。认真学习网络道德规范，增强网络道德意识，分清网上善恶美丑的界限，激发对美好网络生活的向往和追求，形成良好的网络道德行为规范。

（2）遵守《全国青少年网络文明公约》，争做网络文明的使者。认识网络文明的内涵，懂得崇尚科学、追求真知的道理，增强网络文明意识，使用网络文明语言，倡导网络文明新风，营造健康的网络道德环境。

（3）遵守《全国青少年网络文明公约》，争做网络安全的卫士。了解网络安全的重要性，合法、合理地使用网络的资源，增强网络安全意识，监督和防范安全隐患，维护正常的网络运行秩序，促进网络的健康发展。网络在我们面前展示了一幅全新的生活画面，同时，美好的网络生活也需要我们用自己的美德和文明共同去创造。让我们积极响应《全国青少年网络文明公约》的号召，从我做起，从现在做起，自尊、自律，上文明网，文明上网。

承诺人：

时　间：

慧心讲坛

服五味良药，主宰网络世界

中国现代学者和思想家胡适曾给大学生推荐过一个三味药的防身药方，并为这三味"胡家铺子的陈药"正式定名为问题丸、兴趣散和信心汤。在这里我们再加两味即目标丸、朋友膏，一并送给所有大学生网民朋友。

1. 目标丸。迷恋网络主要源于空虚，而空虚则主要源于空闲。经常制定切实可行的目标是治疗空虚的一味良药。

2. 兴趣散。寻找一定的兴趣，形成一定的爱好是治疗空虚，让网虫走出网络阴影的又一良方。

3. 问题丸。时时寻找一两个值得研究的问题是养成兴趣爱好、打发空虚无聊的有效途径。

4. 信心汤。树立坚定的信心是大学生网虫们走出网络泥潭的关键。

5. 朋友膏。交几个知心朋友，建立良好的人际关系是避免迷恋网络不能自拔的好方法。

谈一谈：你如何理解"五味良药"，面对网络，我们该怎么办呢？

第九单元　朋辈心理互助　携手助人自助

多和朋辈交游无疑是医治心病的良方。——泰戈尔

友情在我过去的生活里就像一盏明灯，照彻了我的灵魂，使我的生存有了一点点光彩。——巴金

智慧之灯

寻找隐形的翅膀

一把坚实的大锁挂在大门上，一根铁杆费了九牛二虎之力，还是无法将它撬开。无奈，只好聘请小巧玲珑的钥匙来试试，只见弱不禁风的钥匙轻轻地钻进锁孔，轻巧地一转身，大锁就"啪"地一声打开了。粗大的铁杆不解地问："论身体你没有我大，论体力你更是比不上我，为什么你就轻而易举地把它打开了呢？"小巧的钥匙说："因为我最了解他的心。"

其实，每个人的心就像上了锁的大门，即便你力大如牛，如果没有同理心，仍然打不开别人紧锁的心门。两千多年前的孔子说过："己所不欲，勿施于人。"具有同理心的人往往能够做到"推己及人"：一方面，自己不喜欢的东西或不愿意接受的待遇，千万不要施加给别人；另一方面，应根据自己的喜好推及他人喜欢的东西或愿意接受的待遇，并尽量与他人分享这些事物和待遇。生活中常说："人同此心，心同此理。"强调的也是同理心。

因此，无论是在学习中、工作中还是在日常生活中，凡是有同理心的人，都善于体察他人的意愿，乐于理解和帮助他人，这样的人最容易受到大家的欢迎，也最值得大家信任。

那么，在朋辈互助的过程中，我们如何用同理心去自助、他助呢？本单元将为大家一一解答。

开启心门

心灵帮帮团

同学陈某，女，某高职院校大一新生，入校约一个月。这是陈某第一次远离家乡，以前读职业高中时，专业技能比较好，一直是受人瞩目的出色学生。进入大学后，她希望发挥自己的特长，好好学习，展示自我。可是，来到大学后似乎什么都发生了变化，学习状态不理想、生活不习惯（因为从北方来到南方），而且开学时的干部竞选也失败，与周围的同学交往一般，情绪容易波动。再加上自己来自农村，家庭经济状况不太好，陈某感到非常困惑，特别担心自己的学业，对未来很迷茫。

想一想

★如果你是陈同学的好朋友，你会怎样帮助她？

★如果你是陈同学班上的心理委员，非常想帮助她，你又会怎样做？

★"好朋友"和"心理委员"这两种不同的身份在帮助这位同学时有区别吗？为什么？

心理学堂

大学生朋辈心理辅导

一、朋辈心理辅导简介

在 20 世纪六七十年代，因专业人员匮乏未能满足社会的需要，美国在精神卫生领域掀起了一场非专业心理咨询的运动和革命。有一些学者开始探讨在学校培训学生，以帮助其他需要帮助的学生。之后，美国等高校开始设立朋辈辅导的机构。

（一）含义

朋辈心理辅导是指非专业工作者作为帮助者，通过安慰、鼓励、劝导和支持等手段，为同学、朋友提供的一种具有心理辅导功能的帮助活动。

大学生朋辈心理辅导是高校心理健康教育职能部门通过培训和督导一批志愿者从事心理援助工作的学生，在心理辅导基本原则的指导下，对周围需要心理帮助的同学给予心理开导、安慰和支持。

大学生朋辈心理辅导涉及范围广，朋辈辅导员与求助同学之间容易建立良好的咨访关系，能够及时发现求助同学的问题、防患于未然，有利于满足大学生多层次心理援助的需要，有利于提高学生心理自助与互助的意识和能力。但是，朋辈辅导员的选拔、培养存在一定的难度，且因其心理学专业知识有限，使其解决问题的程度不深，容易出现失误。

知识窗 9-1：不同学者对朋辈心理辅导的诠释

"非专业工作者作为帮助者所采取的人际间的帮助行为。"

——格雷和霍多尔

"非专业心理工作者经过选拔、培训和监督向寻求帮助的年龄相当的受助者，提供具有心理咨询功能的人际帮助的过程。"

——马歇尔夫

"对于某些当事人以及他们所关心的问题的某些方面而言，由受过训练、掌握了积极倾听技巧的同伴志愿者所提供的帮助是最为有效的。"

——加拿大的朋辈辅导中心

（二）理念

朋辈心理辅导以人本主义为理论基础，认为充分尊重人与人之间的相互依存关系是一切活动所必须遵循的基本原则。它提出的理念包括：

（1）以他助－互助－自助为机制。心理咨询是一种积极的人际互动过程，同龄伙伴有共同的爱好、价值观和文化背景，彼此之间容易理解、沟通。

（2）相信人是有能力、有价值、有责任感的，应该得到相应的尊重和信任。

（3）心理咨询是一种民主性的助人自助的过程。

（三）原则

1. 保密原则

保密是朋辈辅导中最重要的一条原则，朋辈辅导员必须严格为求助同学的谈话内容保守秘密，在未得到求助同学允许的情况下，不得将求助同学的基本情况、求助同学的问题等泄露给任何个人或机构。但是以下特殊情况除外：

（1）当求助同学可能对自己或别人造成伤害时。例如，朋辈辅导员发现同学具有较强的自杀倾向时，朋辈辅导员一方面要尽最大的努力阻止其采取行动，同时迅速与求助同学的辅导员，大学生心理健康教育中心取得联系，以尽早提出有效措施避免自杀悲剧的发生。同样，当求助同学具有伤害他人的意图时，朋辈辅导员也要及时通知有关部门以采取必要措施。

（2）当向有关人士，如其他朋辈辅导员、求助同学的辅导员公开求助同学的一些信息可以更好地帮助求助同学时。例如，与其他朋辈辅导员商谈如何更好地帮助求助同学，要求辅导员采取一些配合措施以及要求辅导员给予求助同学必要的鼓励和表扬等，都是有效的做法。

（3）进行个案讨论需要引用求助同学的个案时，朋辈辅导员可以在适当的时候使用求助同学的资料，但必须确认是在纯专业的背景下进行，同时应隐去任何可能辨认出求助同学的信息。只有这样，才能真正保护求助同学的利益和权利。在公开求助同学的信息前，朋辈辅导员要明确这样做是否保证了求助同学的最大利益，然后向求助同学说明这样做的理由，以求得求助同学的同意和信任。需要注意的是，朋辈辅导员在向第三方公开求助同学的个人资料时一定要注意方式、方法，否则只会适得其反。因此，朋辈辅导员在向有关人员交流求助同学的情况时，一定要注意自己的方式和语言技巧。

2. 助人自助原则

助人自助原则是指朋辈辅导员要帮助求助同学挖掘自己的潜能，从而使求助者自己帮助自己解决问题。朋辈辅导活动要以充分调动求助同学的积极主动性为主要目标，使他们能积极地发现自己存在的问题，并努力配合朋辈辅导员寻求解决问题的方法，积极地改变自己，而不仅仅只是被动地接受朋辈辅导员的指导和安排。这是保证朋辈辅导效果非常重要的一条原则，要保证助人自助原则的顺利实施，朋辈辅导员在辅导过程中要努力做到：

（1）转变自己是"救世主"、"万能"的错误认识。

（2）在咨询过程中充当"协助者"和"推动者"的角色。在辅导过程中，朋辈辅导员要创设机会让求助同学积极地思考自己存在的问题，在反思中促进成长。一个高水平的朋辈辅导员在辅导过程中要总是有意无意地创设机会，将求助同学推到问题的中心地带去，促使他（她）去分析、了解自己的问题，激发他们的积极主动性，进而形成自助能力。

（3）相信每一个求助同学都有自我完善、自我实现的潜能。朋辈辅导员应该坚信无论求助同学的身份、年龄、性别如何，他们都具有自我实现、自我促进的能力，辅导的根本目的就在于将求助同学的这些潜能充分发挥出来，以帮助求助同学在接受辅导的过程中逐步成长。

3. 转介原则

转介原则是指当朋辈辅导员认为求助同学的问题超出自己的能力范围或时间不够，自己不能很好地解决问题时，将其转介给其他的专业人士或机构。转介的根本目的是保证求助同学获得最好的帮助。在转介过程中，朋辈辅导员应注意以下几个问题：

（1）确定转介的标准。判断个案是否需要转介的标准有两个：朋辈辅导员不能很好地把握求助同学的问题时；第二，求助同学的问题需要较长时间才能解决时。

（2）向求助同学明确说明转介的理由和原因。如果朋辈辅导员不能很好地向求助同学说明转介的理由，那么很容易使求助同学产生被拒绝、被排斥的想法和感受，这势必会给求助同学的心理再蒙上一层阴影。因此，在说明理由时，朋辈辅导员要注意：第一，态度要诚恳；第二，表达应明确；第三，避免将求助同学的问题过度夸大。

（3）处理转介过程中的问题。转介过程中各种问题解决的好坏会直接影响到转介工作的顺利开展。

总之，解决转介问题要以来访者利益保证为基础，以自己的能力为判断起点，以双方达成共识为最高目标。

知识之窗 9 – 2：转介中的常见问题

（1）若求助同学愿意转介，朋辈辅导员对他（她）的责任到何时结束？

朋辈辅导员对求助同学的责任应持续到他（她）开始接受另一位朋辈辅导员或专业辅导老师的辅导为止。当然，在转介之初，朋辈辅导员应向接手的另一方简要地介绍求助同学的基本情况，并提出自己的一些看法和建议。此时，要防止两种错误倾向：一种倾向认为反正我已不再为求助同学负责，于是根本不向接手方提供必要的信息和意见；另一种倾向则过多地向接手方提供意见和判断，这种做法很容易使接手方形成先入为主的印象，在一定程度上影响到接手方客观的分析和判断。与第一种相比，朋辈辅导员犯第二种错误的可能性会更大一些。

（2）若求助同学不愿意转介，朋辈辅导员该怎么办？

是继续辅导还是鼓励对方转介？这是一个非常值得重视的问题。美国心理协会的咨询指南指出（1967）："当来访者拒绝转介时，咨询者应仔细权衡继续进行咨询可能给来访者、自己和心理咨询业所带来的危害。"朋辈辅导员要审慎地分析两个问题：

其一，求助同学的利益怎样才能得到最大程度的保证？有了保证求助同学最大利益这一标准，朋辈辅导员就能做出正确、合理的决定，并尽量站在求助同学的角度来说服他们。

其二，当求助同学认为继续进行辅导获益颇多但朋辈辅导员持相反观点时该如何处理？在这种情况下，朋辈辅导员要冷静地对继续辅导的危害、转介的好处等问题做出果断的分析和判断，并把分析的结果告诉求助同学，以争取求助同学的支持和合作。总之，解决求助同学拒绝转介问题没有一个固定的标准答案，朋辈辅导员需要从保证求助同学、自己以及朋辈辅导员的利益这三个方面来做出正确的判断和决定。

4.态度中立原则

朋辈辅导员在辅导过程中应保持中立的立场,不将自己的私人感情掺杂到辅导中,不过度卷入到辅导中,并始终保持冷静、清醒的头脑。中立的态度有助于朋辈辅导员客观地分析和判断求助同学的问题,对解决求助同学的问题具有重要的积极作用。首先,朋辈辅导员在面对求助同学时,要采取同感、尊重和真诚的态度;其次,朋辈辅导员要处理和调节好个人的情绪和态度,摆正自己在辅导中的位置和角色。

二、朋辈心理辅导员

(一)角色

朋辈心理辅导员是心理健康教育的宣传者、组织者、援助者和联络者。班级心理委员、宿舍长、心理协会成员、普通同学等都可以担任朋辈心理辅导员。但是,其必须具备一定的心理辅导知识,掌握一些心理咨询技巧。

(二)职责

朋辈辅导员的主要职责是:普及和宣传心理健康知识;参加学校(院)心理健康教育中心组织的系列心理健康教育活动,如一年一度的"5.25—大学生心理健康日"主题教育活动;组织班级(如班会、集体活动等)开展相关心理健康教育活动,推动班级形成良好的心理氛围;及时发现班级中遭遇心理困扰的同学并予以支持,必要时建议同学寻求心理老师的援助,接受心理咨询;关注同学中的心理健康问题,及时向心理辅导员、班主任、心理老师汇报存在潜在心理危机的同学,以便实施及时援助;定期参加朋辈互助的经验交流会和接受专业培训,及时接受心理专家的督导。

知识窗 9-3:朋辈心理辅导员的重点关注人群

(1)在心理健康普查测评中筛查出来的有心理障碍、心理疾病或自杀倾向的学生。

(2)由于学习基础和能力差,从而导致学习压力过大而出现心理行为异常的学生,如学习努力但仍然无法通过考试的学生。

(3)学习压力、就业压力特别大出现心理或行为异常的学生。

(4)生活、学习中遭遇突然打击而出现心理或行为异常的学生,如家庭发生重大变故(亲人死亡、父母离异、父母下岗、家庭暴力等)、遭遇性危机(性伤害、性暴力、性侵犯、意外怀孕等)、受到意外刺激(自然灾害、校园暴力、车祸等其他突发事件)的学生等。

(5)身体发现严重疾病的学生如传染性肝炎、肺结核、肿瘤等,这些疾病医疗费用很高但又难以治愈,个人很痛苦,治疗周期长,经济负担重,给学生造成很大压力。

(6)个人感情受挫后出现心理或行为异常的学生,如失恋者、单相思而情绪失控等。

(7)人际关系失调后出现心理或行为异常的学生,如当众受辱、受惊吓、与同学发生严重人际冲突而被排斥、受歧视的学生、与老师发生严重人际冲突的学生。

(8)性格内向、经济严重贫困且出现心理或行为异常的学生,如性格内向、不善交往且交不起学费的学生、需要经常向亲友借贷且缺乏社会支持系统的学生等。

（9）因严重网络成瘾行为而影响其学习及社会功能的学生。

（10）有严重心理疾病且出现心理或行为异常的学生，如患有抑郁症、恐惧症、强迫症、癔症、焦虑症、精神分裂症、情感性精神病等疾病的学生。

（11）出现严重适应不良导致心理或行为异常的学生，如新生适应不良者、就业困难的毕业生。

（12）由于身边的同学出现个体危机状况而受到影响，产生恐慌、担心、焦虑、困扰的学生，如自杀或他杀者的同宿舍、同班的学生等。

（13）对近期发出下列警示讯号的学生，应作为心理危机干预的重点对象及时进行危机评估与干预：谈论过自杀并考虑过自杀方法，包括在信件、日记、图画或乱涂乱画的只言片语中流露死亡念头者；不明原因突然给同学、朋友或家人送礼物、请客、赔礼道歉、述说告别的话等行为明显改变者；情绪突然明显异常者，如特别烦躁，高度焦虑、恐惧，易感情冲动，或情绪异常低落，或情绪突然从低落变为平静，或饮食睡眠受到严重影响等。

（三）态度

1. 尊重

尊重求助者的现状以及他们的价值观、人格和权益，对求助者予以接纳、关注、爱护，是建立良好咨询关系的重要条件，是有效助人的基础。尊重求助者，可以给求助者创造一个安全、温暖的氛围，这样的氛围使其可以最大程度地表达自己。

为了理解和掌握尊重的意义，恰当地对求助者表达尊重，应着重理解和掌握：首先，尊重意味着对求助者无条件的接纳；其次，尊重意味着彼此平等；第三，尊重意味着以礼待人；第四，尊重意味着信任对方；第五，尊重意味着保护隐私；第六，尊重应以真诚为基础。

故事悦读9-1

一天，俄国大作家屠格列夫走在大街上，遇到一个伸手向他乞讨的老人，可他翻遍了所有的口袋也没有找到一分钱，他深感不安，于是握住乞丐的手说："对不起，兄弟，我什么也没有！"虽然他没要给予施舍，但这声"兄弟"却让他这个乞丐感慨万分，回答他说："哪儿的话，我已经很感恩了，这也是恩惠啊！"

从这个小故事中我们可以感受到尊重的力量。美国心理学家马斯洛在他的需要层次理论中把尊重的需要列入了人的高级需要，认为人人都需要尊重别人，同时，也都希望得到别人的尊重。

2. 温暖

温暖又译作热情，可以理解为朋辈心理辅导员通过非语言行为向来访大学生表达的一种情感态度，即借助于语音、姿态、手势及面部表情等向来访大学生传递温暖与支持，微笑被认为是最能表达温暖程度的因素。

在对来访学生表达热情时，应注意：初次接待阶段就打好热情的基础；在心理辅导过程中，应适度地运用倾听和非语言行为表达热情；咨询中，认真、耐心、不厌其烦，是热情最好的表达；咨询结束后，使求助者感到温暖。

3.真诚

真诚是指以"真正的我"出现，没有防御式的伪装，不戴假面具，不是在扮演角色，而是要表里一致、真实可信地置身于与求助者的关系中。表达真诚应注意：真诚不等于说实话；真诚不是自我的发泄；真诚应实事求是；表达真诚应适度；真诚还体现在非语言交流上；表达真诚应考虑时间因素；真诚体现在朋辈心理辅导员的坦诚上。

4.共情

共情也称为同理心，是指一边倾听来访者的叙述，一边进入来访者的精神世界，并能设身处地，感同身受地体验这个精神世界，然后跳出来用语言准确地表达对来访者内心体验的理解，传递给来访者。

朋辈心理辅导员应该从求助者而不是自己的角度来看待求助者及其存在的问题；不是要求必须有与求助者相似的经历感受，而是能设身处地地理解；表达共情应因人而异；表达共情应把握时机，共情应适度；表达共情要善于把握角色；表达共情应善于使用躯体语言；表达共情应考虑求助者的特点与文化特征；朋辈心理辅导员应验证自己是否与求助者产生了共情。

5.积极关注

积极关注是指朋辈心理辅导员对求助者言语和行为的积极、光明、正性的方面予以关注，从而使求助者拥有积极的价值观，拥有改变自己的内在动力。积极关注不仅有助于建立良好的咨询关系、促进沟通，而且本身就具有咨询的效果。

咨询师在对求助者积极关注方面应当注意：积极关注就是辩证、客观地看待求助者；积极关注就是帮助求助者辩证、客观地看待自己；积极关注要避免盲目乐观；积极关注要反对过分消极；积极关注应立足实事求是。

三、朋辈心理辅导的知识基础

（一）心理咨询的含义

心理咨询师运用心理学的原理和方法，帮助求助者发现自身的问题和根源，从而挖掘求助者本身潜在的能力，来改变原有的认知结构和行为模式，以提高对生活的适应性和调节周围环境的能力。心理咨询不同于心理治疗。心理治疗是心理咨询师对求助者各类心理与行为问题进行矫治的过程。心理咨询在操作上规范化和标准化程度比心理治疗差；心理咨询是"协助解决"，即在协商和帮助过程中解决问题；心理治疗则是"矫治"，即带有强制性的矫正和按治疗方法进行调治。

（二）心理咨询的过程

心理咨询的步骤一般分为开始阶段、指导与帮助阶段、巩固与结束阶段。

1.开始阶段

开始阶段是心理咨询的第一步，是整个心理咨询的基础。良好的开始是成功的一半，美国咨询心理学家沃尔斯（J. W. Worth）指出，不好的开头会阻碍有效的相互影响。的确，如果开头不佳，也就意味着咨询双方关系的终结。一个成熟的咨询者总是非常重视心理咨询的开始阶段，机智慎重地完成这个阶段的工作。

开始阶段需要完成的任务有三项：①咨询师与来访者必须建立起信任、真诚、接纳的咨询关系；②收集与来访者有关的各种资料，通过会谈、观察、倾听、心理测验等方式，了解对方的基本情况及存在的心理问题；③在收集资料的基础上进行分析、诊断，进一步明确心理问题的实质、程度及原因，并对其做出正确的评估。

2.指导与帮助阶段

经过开始阶段，心理咨询进入了解决问题阶段，即指导与帮助阶段，这一阶段主要完成的任务有三项：制订咨询目标、选择咨询方案、实施指导与帮助。

3.巩固和结束阶段

经过前两阶段咨询双方的共同努力，基本达到既定的咨询目标后，即进入心理咨询的巩固与结束阶段。这一阶段心理咨询的工作主要是巩固效果和追踪调查。

（三）心理问题的诊断与援助

1.心理问题的诊断

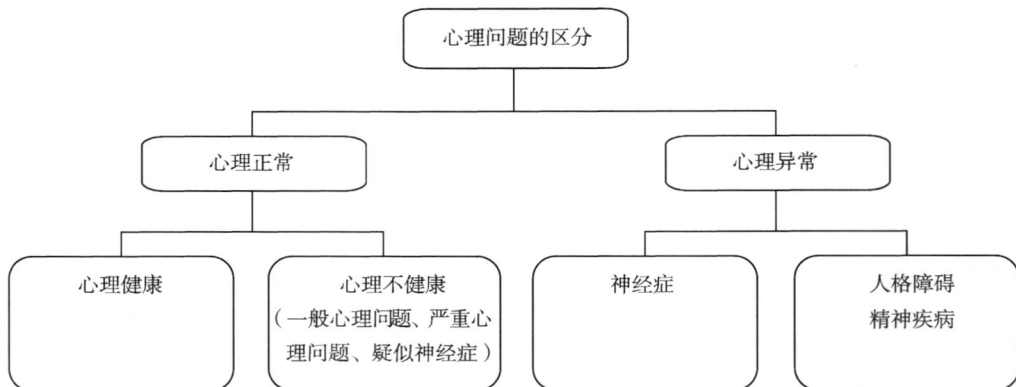

第一步：判断是否为躯体疾病所致心理障碍；

第二步：判断是否重性精神疾病，若为重性精神疾病则必须就医；

第三步：判断非重性精神疾病的严重程度（三个层次）。

一般心理问题：近期发生，持续时间不长；问题内容局限，并未泛化；社会功能损害不大。

严重心理问题：痛苦感剧烈，持续时间较长（一个月以上），内容泛化，社会功能损害明显，能引起躯体方面的症状。

疑似神经症：症状严重程度超过前两个层次，但尚不能做出重性精神疾病诊断的情况。

2.心理问题的援助

第一，一般心理问题的援助策略

一般心理问题主要表现为：入学适应、学业压力、人际交往、情绪情感困扰、对自我的认同与接纳、经济困难、择业、就业、家庭问题，等等。一般心理问题需要通过接触沟通、理解倾听、关心支持，帮助其疏泄情绪、澄清问题、寻找原因、指导帮助、调整认知，以协助解决实际问题等为主。必要时可以建议同学寻求专业的心理咨询。

第二，神经症的援助策略

神经症一般需要寻求专业心理咨询和心理治疗，必要时辅之药物治疗才能取得成效。注意：①神经症的结论必须由专业人员来做出；②我们应给予这些同学以充分的理解和帮助，既要关心又不能过分关注。

第三，精神病性心理问题的援助策略

精神病性心理问题的学生处理需周密而慎重。①保证当事人以及周围人群的安全，必须指派24小时看守，以避免意外事件；②应当立即联系其监护人；③应及时送医院治疗；④对其应理解、关怀、帮助，不应歧视、厌恶、冷淡。

第四，心理危机干预。

心理危机干预是指高校对处在心理危机状态下的个人或群体采取明确有效措施，使之最终战胜危机，重新适应生活。朋辈心理辅导员要学会识别不同程度的心理危机：

（1）重大心理危机事件（Ⅰ级）：发生自杀或自杀未遂事件、有自杀意念迹象者、自伤或伤人行为正在发生、精神病人处于急性发作期（幻觉、妄想等）、发生突变或明显异常。

（2）较大心理危机事件（Ⅱ级）：生活学习中遭遇突然打击，如家庭发生重大变故（亲人死亡；父母的离异；家庭暴力等）；患有严重心理疾病，并已经被专家确诊为神经症的学生，如患有抑郁症、恐惧症、强迫症等疾病的同学。

（3）一般心理危机事件（Ⅲ级）：心理普查中筛查出来的有心理障碍或心理疾病；因情感受挫、人际关系失调等导致的心理或行为异常者；因学习困难、经济困难、适应困难、就业困难等出现心理或行为异常者；由于身边的同学出现个体危机状况而受到影响，产生恐慌、担心、焦虑、困扰的学生，如自杀或他杀者、精神分裂者的同宿舍、同班的学生等。

朋辈心理辅导员在遇到以上心理危机的同学时，应做好现场控制，同时及时向上级汇报（院系心理辅导中心、心理辅导教师、心理辅导员），防止意外事件的发生。

四、朋辈心理辅导的基本技能

（一）谈话技巧

1. 倾听

倾听是指咨询员通过自己的言语和非言语行为向求助者传达一个信息："我正在很有兴趣地听着你的叙述，我对你表示理解和接纳。"倾听是建立咨询关系的必要条件。倾听包括咨询员通过身体传达的专注和内心的专注。倾听并非仅仅用耳朵去听，更重要的是用心去听，去设身处地地感受。

倾听的五个要素（简称SOLER）：面对当事人（Squarely）、身体姿势开放（Open）、身体稍微倾向当事人（Lean）、保持良好的目光接触（Eye）、身体放松（Relax）。

倾听的五个条件：不批评（道德性指责）、不判断（正误性判断）、尊重（无条件接纳）、敏锐（洞察非言语信息）、以对方为中心。

故事悦读9-2

金人

曾经有个小国到中国来，进贡了三个一模一样的金人，金碧辉煌，把皇帝高兴坏了。可是这小国不厚道，同时出一道题目：这三个金人哪个最有价值？皇帝想了许多办法，请来珠宝匠检查，称重量，看做工，都是一模一样的。怎么办？使者还等着回去汇报呢。泱泱大国，不会连这个小事都不懂吧？最后，有一位退位的老大臣说他有办法。皇帝将使者请到大殿，老臣胸有成竹地拿着三根稻草，插入第一个金人的耳朵里，这稻草从另一边耳朵出来了。第二个金人的稻草从嘴巴里直接掉出来，而第三个金人，稻草进去后掉进了肚子，什么响动也没有。老臣说：第三个金人最有价值！使者默默无语，答案正确。

这个故事告诉我们，最有价值的人，不一定是最能说的人。老天给我们两只耳朵一个嘴巴，本来就是让我们多听少说的。善于倾听，才是成熟的人最基本的素质。善于倾听，也是朋辈心理辅导员最基本的素质，善于倾听来访者的声音，从来访者中来，到来访者中去，为来访者服务。只有倾听来访者的各种声音，才能使我们的朋辈辅导更有针对性，才能提高我们的咨询效果。

2. 提问

提问对建立和谐或不和谐的人际交往模式具有潜在的影响。提的问题是否有效，关键在于提问是否能够让求助者从新的角度和深度看待事物。"对许多求助者来说，被问到一个好的问题就像得到了新的能量一样。"提问过程中应该避免直接逼问、过多地问"为什么"和修饰性或责备性反问。

开放式提问被认为是最有用的咨询技术之一。通常以"什么"、"如何"、"为什么"、"行不行"开始，让咨客就有关问题、思想、情感等给予较详细的说明。开放性提问没有固定的答案，允许求助者自由发表意见，从而带来较多信息。

3. 鼓励和重复技术

鼓励和重复技术是指通过直接重复或以某些语言强化求助者的叙述并鼓励会谈进一步继续，也可以通过对某一方面选择性的关注使会谈朝某方面进一步深入。保证倾听是一种主动的、积极的、参与式的倾听。一般是"点头"示意，还可以说："嗯"、"哦"、"是这样啊"、"还有吗"。重复技术是在求助者发出模棱两可的信息后，向求助者提出问题的反应。它开始于"你的意思是…"，"你是说…"，"你想表达的是…"，"你要描述的是…"，然后重复求助者的信息，重复不同的信息能展开不同的谈话方向。

（二）认知干预技术

1. ABC 理论的含义

理性疗法（RET）是由美国心理学家阿尔伯特·艾利斯（Albert Ellis）于 20 世纪 50 年代创立的。理性情绪疗法的治疗整体模型是"ABCDE"，在埃利斯的"ABC 理论"基础上建立而成。他认为人的情绪和行为障碍不是由于某一激发事件 A 直接引起，而是由于经受这一事件的个体对它不正确的认知和评价所引起的信念 B，最后导致在特定情景下的情绪和行为后果 C，也称为 ABC 理论。

如两个人遭遇到同样的激发事件——学期末没有评到奖学金时，产生了很大的情绪波动，在总结教训时，甲认为吃一堑长一智，以后一定要努力学习，争取下学期得奖学金。由于有了正确的认知，产生合乎理性的信念，所以没有导致不适当的情绪和行为后果。而乙则认为没得奖学金很没面子，表明自己能力太差，不知道如何面对父母和朋友，由于有了这样错误的或非理性信念，再也振作不起精神来，导致不适当的甚至是异常的情绪和行为反应。理性情绪疗法就是以理性控制非理性，以理性思维（合理思维）方式来替代非理性思维（不合理思维）方式，帮助病人改变认知，以减少由非理性信念所带来的情绪困扰和随之出现的行为异常。此疗法适用于各种神经症和某些行为障碍的病人。

2. 不合理信念

（1）要求绝对化

要求绝对化是指从自己的主观愿望出发，认为某一事件必定会发生或不会发生，常用"必须"或应该的字眼，然而客观事物的发生往往不依个人的主观意志所转移，常出乎个人的意料，因此怀有这种看法或信念的人极易陷入情绪的困扰。

（2）过分概括化

过分概括化即对事件的评价以偏概全，表现为一方面在自己的非理性评价，常凭自己对某一事物所作的结果的好坏来评价自己为人的价值，其结果常导致自暴自弃、自责自罪，认为自己一无是处，一钱不值而产生焦虑抑郁情绪。另一方面对别人的非理性评价，别人稍有差错，就认为他很坏，一无是处，其结果导致一味责备他人，并产生敌意和愤怒情绪。

（3）糟糕透顶

糟糕透顶认为事件的发生会导致非常可怕或灾难性的后果。这种非理性信念常使个体陷入羞愧、焦虑、抑郁、悲观、绝望、不安、极端痛苦的情绪体验中而不能自拔。这种糟糕透顶的想法常常是与个体对己、对人、对周围环境事物的要求绝对化相联系的。

（三）行为矫正技术

1. 系统脱敏法

（1）含义

"系统脱敏法"是由交互抑制发展起来的一种心理治疗法，所以又称交互抑制法。在患者面前出现焦虑和恐惧刺激的同时，施加与焦虑和恐惧相对立的刺激，从而使患者逐渐消除焦虑与恐惧，不再对有害的刺激发生敏感而产生病理性反应。说到实质上，"系统脱敏法"就是通过一系列步骤，按照刺激强度由弱到强，由小到大逐渐训练心理的承受力、忍耐力，增强适应力，从而达到最后对真实体验不产生"过敏"反应，保持身心的正常或接近正常状态。

（2）基本步骤

第一步，建立恐怖或焦虑的等级层次。这一步包含两项内容：找出所有使求治者感到恐怖或焦虑的事件；将求治者报告出的恐怖或焦虑事件按等级程度由小到大的顺序排列。

第二步，放松训练。一般需要 6~10 次练习，每次历时半小时，每天 1~2 次，以达到全身肌肉能够迅速进入松弛状态为合格。

第三步，系统脱敏练习。放松、想象脱敏训练、实地适应训练。如对人群、拥挤的人群特别是在人群中被异性触碰后反应激烈，可见人群、异性人群是引起反应的物体。

2. 自信训练疗法

行为疗法认为，缺乏自信、恐惧是由逃避行为引起的，逃跑引起恐惧情绪。同样，一个人之所以没有信心和不善于表达自己，主要是没有过这类行为，有过表达自己情感的行为，就不会怕表达自己。根据这种观点，形成自信训练的方法。自信疗法适用于下列问题：

第一，社交困难。在社会交往中，有的人缩手缩脚，过于内向，有话难于启齿；而有的人又过于放肆。

第二，受到别人侵犯时，不善于表达自己的愤怒和内容真实的情感。

第三，不会适度表达对别人的好感的情况：有的人过分礼貌，以至于让人难以忍受；有人不会表达自己的好感。

第四，缺乏主见，总是表示同意，但内心真实的想法和自己的这种行为表现又不一致，形成内心与外在行为的矛盾。

自信训练要达到的目的就是让病人学会适当地表达自己，并消除焦虑，适应社会交往。关于自信训练的具体方法，我们在本讲的最后——行为疗法应用中还要介绍。

故事悦读9-3

昂起头来真美

珍妮是个总爱低着头的小女孩，她一直觉得自己长得不够漂亮。有一天，她到饰物店去买了只绿色蝴蝶结，店主不断赞美她戴上蝴蝶结挺漂亮，珍妮虽不信，但是挺高兴，不由昂起了头，急于让大家看看，出门与人撞了一下都没在意。珍妮走进教室，迎面碰上了她的老师，"珍妮，你昂起头来真美！"老师爱抚地拍拍她的肩说。

那一天，她得到了许多人的赞美。她想一定是蝴蝶结的功劳，可往镜前一照，头上根本就没有蝴蝶结，一定是出饰物店时与人一碰弄丢了。自信原本就是一种美丽，而很多人却因为太在意外表而失去很多快乐。

该故事告诉我们，无论是贫穷还是富有，无论是貌若天仙还是相貌平平，只要你昂起头来，快乐会使你变得可爱——人人都喜欢的那种可爱。我们的学生实际上都是很可爱的，都有青春的美丽和可爱，关键是我们要帮助而且还要和这些孩子一起去发现他们自己身上的美丽与可爱，让同学们树立学习的自信心。

素质拓展

心理咨询技术大攻略

【案例 9-1】共情技术

卡可夫把共情分为 5 种水平：

水平 1：有害的反应，是指辅导者的语言和行为，或者没有注意到来访者的语言和行为，或者改变了其原意。其典型的反应有：无关的问题、否认、安慰或建议等。

水平 2：不完整的共情，是指辅导者的反应只是注重了信息的部分内容，而忽略了情感部分。

水平 3：初步的共情，是指辅导者对来访者表达的内容和明显的情感做出基本的回应。

水平 4：辅导者对来访者表达的内容和情感做出较完整的回应。

水平 5：辅导者对来访者表达的内容和情感做出准确、完整的回应，并能够指出其潜在的情感。

来访者李某自述：我好难过，真的很难过，因为我从来没想到过自己会到这样的学校学习（专科），自己成绩一向还比较好，从没担心过高考，就算想，也只是估计自己不能进重点本科，但是一般的本科应该是没问题的。唉！想不到居然名落孙山，真是越想越不服气。今年的高考其实并不难，班上比我差的同学都上了本科，没想到一向比他们优秀的我……我觉得考试根本就不能正确评估一个人的成绩，况且读书也不是为了考试，这样我也就想开了，决定去外面打工，但我的父母却不同意，坚持要我先来读，认为只有学习好了才会有出息，我也懒得和他们争了，就这样，我来到了这里，真是烦死了。

共情层次解析：

（第一层次）咨询员：你为什么感到如此难过呢？

（第二层次）咨询员：你一向成绩比较好，但没想到高考却失败了。

（第三层次）咨询员：因为没考上本科，所以你感到很失望、很难过。

（第四层次）咨询员：因为没考上本科，所以你感到很失望，很难过，也不清楚前面的路该如何走，心中很乱。

（第五层次）咨询员：你一向成绩比较好，从来没想到自己连一般本科也上不了，因此你感到特别失望和难过，也有点气愤，与父母的交流后，似乎非读书不可，但自己实在有点不甘心，因而内心很复杂，心里很矛盾。

【案例 9－2】真诚技术

咨询员："你这人真是不讲理哦！"

改　为："觉得你刚才那番话的道理不是很充分，有点按自己的意愿在评判，你看，是不是这样呢？"

想一想

咨询员："就你这德性，难怪大家都不喜欢你！"

改　为：……

咨询员："你这么伤心真不值得！"

改　为：……

【案例 9－3】微表情识别术

微表情的研究，主要应用于部队、警察局等国家安全机关的工作中，成为识破谎言的重要依据。在机场、火车站、地铁站等人群密集的地方，一批经过训练的便衣警察四处巡逻。他们依据人们脸上的微表情进行判断，谁是潜在的恐怖分子等。如经典美剧《lie to me》的莱特曼博士中高超本领。以下是部分微表情的释义：

1. 单肩抖动——不自信

2. 注视对方眼睛——撒谎中

3. 中断眼神交流——不代表撒谎（回忆中）

4. 回答时生硬的重复问题——典型谎言

5. 抬起下巴——十分尴尬

6. 揉鼻子——掩饰真相（男人的鼻子里的海绵体在撒谎时容易痒）

7. 眼睛向左看——在回忆，向右看——在思考谎话

8. 惊讶表情超过一秒——假惊讶

9. 男人右肩微耸一下——在说假话

10. 用手抚额头——表示羞愧

11. 瞳孔放大——恐惧、愤怒、性欲

12. 话语重复，声音上扬——撒谎

13. 抿嘴——经典的模棱两可的动作

14. 摸脖子——撒谎的时候会摸脖子，典型的强迫行为

15. 鼻孔外翻，嘴唇紧闭——生气

16. 下巴扬起，嘴角下垂——自责

17. 眉毛向上，拉紧——恐惧

18. 提高右边的眉毛——疑问

19. 嘴唇向左边撩起——假笑（脸部74%的真实感受往往会在右脸暴露）

我心我诉

我的助人心路历程

析一析：我的心路历程

（1）应怎样评估自己的发展史？高峰和低谷分别在哪里？

（2）我何时意识到自己已成为一个成人了？我是如何处理这种认识的？

（3）我最好的五个品质是什么？

（4）在我的人生中哪五个方面是需要增强的？

（5）我的基本人生观是什么？

（6）我最近大部分时间的心情是怎样的？

（7）一般情况下我是怎样看待其他人的？

（8）在我对生活的看法中，我的宗教信仰、文化背景、道德标准、性别和性倾向分别起到了怎样的作用？

（9）我是什么样的人格类型？

（10）我心目中的英雄是谁？

（11）我认为的成熟标准是什么？

（12）我的个人奋斗目标有哪些？

（13）什么人或什么事影响了我的人生发展？

（14）我最好的朋友会怎样评价我？

（15）人们对我的批评意见集中在什么方面？

（16）用哪三个形容词能最好地对我进行描述？

测一测：我的助人潜能

指导语：请你用"是"或"否"回答以下问题：

（1）你对他人真的很有兴趣吗？

（2）遇到挫折时，你是否比较容易心情烦乱，无法集中注意力？

（3）你能否耐心地倾听他人诉说和你相反的观点、意见，而不会排斥、不耐烦？

（4）你批评他人时是否按自己的价值标准？

（5）对别人所说的话，你能否抓住"重点"？

（6）当你倾听别人倾诉时是否希望别人赶快讲完，然后就可以尽情地陈述自己的观点？

（7）别人陈述问题时你是否专注？

（8）当别人告诉你隐私时，你是否会表现出好奇、震惊或惊讶？

（9）当你对他人的心理问题的原因感到迷惑时，通常是否有强烈的愿望去深入寻找？

（10）对于你喜欢的人，你是否容易只看到其优点，反之对不喜欢的人，是否常看到其缺点？

（11）别人是否认为你很能理解他人的心情？

（12）如果你的意见和他人有出入，你是否更愿意相信自己的判断？

（13）你能否化解对他人的不满而不会使自己感到不舒服？

（14）你是否常主动地给别人一些忠告或建议？

（15）有人说，江山易改，本性难移，但你更愿意相信人是可变的？

（16）如果与你打交道的人让你感到不舒服，你的情绪会低落，甚至可能回避？

评分标准：奇数题"是"得 1 分，偶数题"否"得 1 分。如果你的得分在 12 分以上，那么一般来说，你已具备了有效地帮助求助者的基础。这样的人大多表现出热心、诚恳、有理解力、有条理、较为客观、有自信心。如果得分在 9 分以下，那就需仔细衡量自己所提供的帮助是否得当。（此标准仅供参考！）

调整自我

- 觉察情绪
- 接纳情绪（足够"抱持"情绪，适当表达情绪）
- 从情绪中超脱
- 认识负面情绪的正面价值（愤怒、悲伤、恐惧、焦虑）
- 个人心理成长
- 学会认识自己（优点、缺点；自我价值）
- 学会理解和接纳自己
- 学会认识周围人
- 学会理解和接纳周围人
- 认识自己和父母的互动模式
- 认识自己和周围人的互动模式
- 认识周围人的互动模式
- 重建和自己的链接
- 重建和父母的链接

关注他人

- 生日问候——记住别人的生日，表达你的祝福，这在什么时候都不会多余。在过生日的方式上，可以产生出各种浪漫的情景，足以加深人与人之间的感情。

- 生病问候——在生病时，情感比较容易脆弱，他人的关心慰问就像是一帖良药，令人难忘。

- 特别纪念日问候——刻意记住某人的特殊日子，送上你的关心，是表明你在乎他们的最好行动，如作品出版日、艺术公演日、新工作日、结婚纪念日等。选择什么日子问候，这要看你朋友们看重的这些日子都有着什么样的意义，你对他们的理解是否到位，这是一种相互达成默契的交际方式。

- 困难时给予支持——最难得的友谊往往表现在他人正处在困难时期你所给予的支持。与处于困难之时的人相处最能表现出你的真诚，需要你拿出智慧、助人的技能（例如倾听、同感）、足够的耐心与相应的行动。这对一个人的能力是种挑战，赢得的友谊也非常坚固。

- 为他人的福祉出谋划策——设身处地为他人着想，为他人的幸福而挖掘你的智慧，出些好主意、提供好信息，让他人因为你的主意而获得收益，因为你的建议而避免徒劳。做到这点，你就是有影响力的人，能给别人带来欢乐的人，你的生活感受也因此而更丰富多彩。

- 理解他人的需求——不可质疑的一点是我们每个人都需要别人理解自己，特别在自己有某些短暂的、特别的内在需求时，例如有的人在演讲比赛之后，向你倾诉她对评比结果的不满，她可能是需要你的鼓励肯定，也可能是让你公正地发表自己的见解，回应这样的需求需要你的人际敏感力，只有理解了他人的需求，你才可能有合适的回应。善解人意的人在哪里都很受欢迎。

- 欢迎与欢送——无论在怎样的场合，只要有新的伙伴出现在你们的活动群体中，都要对他表示欢迎，把他介绍给大家，在乎他的加入而不是视而不见，这是向任何人表达你对他的尊重。在正式的场合里，你还要特别讲究欢迎的形式，传达对来访者的尊重和与他在一起合作的期待。在欢送的时候也同样要表达你对他的重视，必要时也可以送上纪念品以巩固相互之间的关系。

- 支持他人实现愿望——你了解周围人的期望吗？在他的期望过程中助上一臂之力是表达你关心的最佳途径。只要你觉得支持他人很有必要，不妨积极参与，这样你在人情上将是最好的"投资者"。

- 随时伸出你的手——生活中的许多场合许多时候都会发生一些小问题，需要你的举手之劳。

慧心讲坛

金色土地——辅导颂

这是一片金色土地
我们可以自在奔驰的天地

它的名字叫做——爱
我以各种面目出现

无法挣脱的　　焦虑　恐惧
迫不及待的　　欢愉　兴奋
笼罩的　　　　迷惑　消沉
满心的　　　　自信　得意

只要是真实的我
就有爱的款待
爱是全部的包容

全神的专注　　倾诉
全心的真诚　　接纳
温暖的支持　　同理
诚恳的尊重　　引导

使我试着再向前迈步
使我有勇气再看见自己
再度展翅　　飞翔

虽然我只是平凡的人　　但是
当爱与我同行
用我自己的力量和努力
我知道
我会成为
比今天更美好更坚强的
个体

第十单元　勇攀生命更高峰　会有幸福来敲门

最可怕的事情莫过于完全接受自己。因为我们每个人身上都潜藏着无穷未曾被发现和识别的潜力和秘密，而最好的自己则往往藏匿其中。只有勇敢向着未被开垦的领地进发，才有可能收获新大陆。

——卡尔·荣格

我们必须扮演的角色、地位的沉浮及财富的得失，其实与幸福毫无关系。——叔本华

智慧之灯

幸福之源

同学们，让我们以一个众所周知的故事开始本单元的学习。

在一次讨论会上，一位著名的演说家没讲一句开场白，手里却高举着一张 20 美元的钞票。面对会议室里的 200 个人，他问："谁要这 20 美元？"一只只手举了起来。他接着说："我打算把这 20 美元送给你们中的一位，但在这之前，请准许我做一件事。"说着，他将钞票揉成一团，问："谁还要？"仍有人举起手来。他又说："那么，假如我这样做呢？"说着把钞票扔到地上，并且用脚碾踩它。最后他拾起钞票，钞票已变得又脏又皱。"现在谁还要？"还是有人举起手来。

"朋友们，我想，你们已经为自己上了一堂很有意义的课。因为无论我如何对待那这张钞票，你们还是想要它，因为它并没贬值，它依旧值 20 美元。同样，在人生路上，我们会无数次被逆境击倒、欺凌甚至碾得粉身碎骨。我们渐渐觉得自己一文不值。但无论发生什么，或将要发生什么，请记住，你们永远不会丧失价值。不论肮脏或洁净，衣着齐整或不齐整，我们依然是无价之宝。因为生命的价值不依赖于我们的所作所为，也不仰仗我们结交的人物，而是取决于我们本身！我们每一个人都是独特的——永远不要忘记这一点！"

这则故事告诉我们，无论我们遭遇到怎样的打击或挫折，我们都不应该放弃自己，不应该放弃对生命价值的追寻，不应该因为怯懦或是失望而否定自己的价值、生命的意义，否则将无法体会到幸福感。

阳光总在风雨后，请相信有彩虹。生命的历程本身就是经历波折的过程，没有谁的成长可以一帆风顺。据资料显示，90% 以上的大学生都曾经或者正在经历不顺，很显然，这样的经历只会让极少部分同学不堪重负，而绝大部分同学都能够在逆境里变得成熟，依靠自己领悟到生命的意义。

如果你现在能感到生命的力量，能够感到幸福围绕在身边，那么恭喜你，因为你在成长路上有所领悟，能够在繁杂的生活中平衡自己内心感受，懂得从心出发，主动追寻幸福，积极探寻生命意义，那么这一个单元可以拓展你的视野，并且告诉你更多有益找寻生命意

义的方法。

　　但如果你现在处于内心迷失状态，找不到应对困难的方法，生命缺乏能量与活力，不用说感受幸福，甚至你可能觉得生活在当下都很艰难，因为沉溺痛苦，从而无法看清自己生命的价值和意义，那么更要恭喜你，这个单元也许能够对你走出当下的困境有所帮助。

　　是的，我们该如何冲破逆境，如何认识生命的意义，如何体会生活的幸福？这些都是我们本单元将和大家一起探讨的问题。

开启心门

测一测：能量蓄电池小测验

　　如果我们每天早上都有获得一定数量的电量，以开启一天精彩生活，那我们会怎样使用它？又会如何分配和使用？是否需要"额外充电"呢？因为作为社会性动物的人类大量生命能量来自群体，这里将以人际关系为例演示一番。

　　如果说我们的人际关系能量是一块蓄电池，那么对于我们自己或是他人来说，我们的能量丢失在哪里了呢？以下的 16 个问题将引导我们理清思路。

　　1. 你是出于责任、不得罪人或不令人失望而做事吗？

　　2. 做事情时的你是善始善终的吗？

　　3. 当你被周围的某一事物干扰（灯光、噪音、说话声等），你会尽可能去改变吗？

　　4. 你很难说不吗？

　　5. 你感到被他人所感激、认可吗？

　　6. 你会为自己或他人的成功而庆贺吗？

　　7. 你觉得在走向成功的路上，总是缺少诸如金钱、时间、青春、智慧、美丽、文凭、想象力之类的吗？

　　8. 你会扔掉不用的东西吗？

　　9. 你能做到专心致志吗？

　　10. 你觉得能在生活里施展才能吗？

　　11. 你掩饰你的真实想法或感受吗？

　　12. 你花大量时间回忆和谈论过去吗？

　　13. 你关注他人的问题或是世界的问题吗？

　　14. 你习惯与他人作比较，并感觉比他们好或差些吗？

　　15. 你认为一切都得自己亲自做吗？

　　16. 你有自我毁灭倾向行为吗？比如吸烟、酗酒或不注意饮食等。

　　如果你对以上 1、4、7、11、12、14、15、16 题中有一个或多个问题的回答是肯定的，或是对 2、3、5、6、8、9、10、13 题中有一个或多个问题的回答是否定的，那么，你有可能因为太在意他人而投注很多能量在人际关系上，不够支撑你的日常能量所需，更不要说分配使用，从而导致人际能量钱包处于电量不足状况中，请你试着改善自己的思维方式，尝试了解和管理自我意识，从而全面提升生命价值。

　　对于所有同学而言，此测验都是一次契机，提醒我们将挣到的能量用来积极正向投资，而非浪费。

想一想：审视生命能量蓄电池

生命能量是什么？是推动我们跨越阻碍的冲力，是帮助我们在一次次跌倒后重新起步的能量，是梦想实现前避免失误和崩溃的从容，是我们实现幸福的助力，是我们让生命变得更加有价值的能量。将人际关系能量蓄电池的比喻放大，如果将生命能量也看成是一块蓄电池，那么每时每刻我们都在用电池里的电与自己及周围人交换着生命能量，为了能够吸收能量，我们应该懂得把自己放在正确的电源上。

每天早晨我们都在将一天的能量进行分配，但是很多大学生都任由能量中的大部分因回忆过去或是担忧未来而白白流失。假如我们设定每天有100个单位的能量可供使用，我们清早起来，因为头脑中充斥着各种负面想法，想起童年时受过的精神创伤，用去了20个单位；想起要上课好痛苦、课堂无聊，用去30个单位；想起自己专业水平不如宿舍同学，可能找不到好工作，用去40个单位；剩下来10个单位的能量用来想几个月来失败的生活和学习……还没起床，我们就以能量赤字的面貌开始一天的生活。

事实上，真正有助于生活的灵感或想法都不需要耗费我们多大的能量。真正需要耗费能量的，而且至少每天花去我们50个单位以上能量的，是把这个想法付诸实际的行动。

如上例所言，我们的思维在早起时就负了债，那么我们就只能用每天的新能量，先去填补前一天因为付诸实践而耗费的能量。甚至当我们能量不够时，还得去借，从我们的身体组织里借，从健康的细胞里借，我们的健康因此会受到很大损害。一旦我们的身体也提供不了更多的能量，我们便会去向他人借，长此以往形成"寄生型"人格，此时的我们依赖他人的能量。当此人不在身边时，我们就不能运转，长期下去，我们身体会生病，能量会枯竭，心灵会无法正常运转，周围的人也将卷入这个不良循环。

亲爱的同学们，你是否懂得，哪些想法、信念、行为和人际关系会给我们营养？而哪些又会让我们烦恼？其实生命的能量就如同电能一样，数量有限且周转不停。我们如何更好地使用这些能量，从而提高生命质量，是问题的关键。

现在就让我们从学习测量自己能量蓄电池，思考该如何学习储蓄、分配和管理这些电能。

练一练：为生命能量充电的方法

下面我们提供了7种有利于充盈生命能量的理念，这些理念将指引大家为自己充电，找寻内心尘封的生命能量，这样能够有效对抗困境、摆脱困境。

第一，抛开"认为发生的所有的一切坏事都是针对我"的思维方式，放弃头脑中的"受害者"身份，让主宰自己生活的自我"重生"的力量得以浮现。

第二，相信自己可以在遇到困难时，有坚定的信念摆脱困境，相信自己拥有这样的力量；

第三，勇于主动寻求帮助，不要试图一个人的战斗，尝试跟朋友聊聊，或是学院心理健康教育中心的心理辅导，将对自身大有益处；

第四，建立一个新的身份，努力协调与自己情绪的关系，辨别自己喜欢的和讨厌的东西，打开内心，重新认识自己；

第五，找回对现实的兴趣，积极与现实接触，乐于投入现实中琐碎日常的事物，比如整理书柜、加入社团都是不错的选择；

第六，远离让自己不知所措的原有环境，主动离开那个干扰你的环境，选择一条新的、真正的自主之路，开始自己新的心旅途；

第七，尝试给自己的内心留出一些时间，让自己沉静下来的时候可以进入精神层面，开始平静地思考自己生活的意义，与此同时开始与他人的联结活动，帮助他人、进入新的团体、遵守新的承诺，都是找寻内心力量的有益途径。

作为大学生应该要知道，不论运用何种心理技术，其途径和目的都是指向我们自身的，都是为了让自己能够更好将身体、内心富有生命力的能量释放在我们每一天的生活中。

出生时的我们弱不禁风，逝去前的我们羸弱不堪，在这样漫长的一生中，对生命有了更深层次的认识，提升生命的能量，才能更好地认识自我，更好地生活，更加的幸福。

心理学堂

生命教育与四部曲

一、感知幸福·经营生命

何谓生命教育？我们不妨从两个方面来理解。一是教育"生命"，即让大家既能认识生命，既做到珍爱自己生命，又能关爱他人生命，最终达到尊重所有生灵，敬畏生命的高度；二是"生命的教育"，即将生命意识主题贯穿于日常生活学习中，这一点对于同学们和老师来说，都是一个更高的要求。

很多大学生进入大学后开始盲目追求所谓的快乐。睡觉、喝酒、玩游戏、逃课……一开始这些的确给大学生带来了快乐，但是这些强烈的物质刺激最终将导致生活无聊，心灵空虚，莫名挫败感，甚至价值感丧失。这些贪图一时愉悦的个体被心理学家定义为"失重者"，认为他们注定要承受抑郁和沮丧。因为，一味盲目追求快乐，只能让快乐离你越来越远，幸福也是如此。

除掉睡眠，人的一辈子只有一万多天，人与人的差别就在于：你是真的活了一万多天，还是仅仅生活了一天，却重复了一万多次。那请大家想一想，你幸福吗？你是从生活点滴细微感受幸福的人？还是在物质刺激下迷失自我、忘记思考生命意义的人？

幸福源于旺盛的生命，幸福感也成就了生命的价值。何谓幸福？心理学家认为，幸福，是一种心理感受，是一种内心平和与满足的感觉，是一种稳定持久的心理反应。作家毕淑敏在《提醒幸福》中写道，"世上有预报台风的，有预报蝗虫的，有预报瘟疫的，有预报地震的，没有人预报幸福。其实幸福和世界万物一样，有它的征兆。"幸福，不由外在决定，更多的取决于我们每个人内心的感受，是我们如何与自我相处、与他人相处、与世界相处的问题。人类生命长度差别不大，但是生命密度决定了生命质量，更影响我们的幸福感。好比相机，有的是二百万像素，有的却能达到一千万的级别，它们所呈现出来的图像质量绝不可能一样的。

二、成人成才·道谈生死

案例 10 - 1

大学二年级的小树，大一时成绩优秀，也积极参与社团活动，但是升入二年级后，频繁出现迟到、早退甚至逃课，成绩一落千丈，第一学期期末时有几门课程的考试都没有去参加。心理老师与其建立了信任感后了解到，大一时社团经历，使他的价值观有了动摇，甚至对于生命意义产生了怀疑，并且因为对这些问题的思索都找不到答案，于是放弃了继续努力。在他的思想里，一切意义都已经被取消，同学、父母、社会对他而言都如同不存在，更谈不上责任感和生活目标。我们可以发现，小树的问题并不是不愿上进，而是在成才教育体制下额外害怕失败，不愿为收获付出更多的努力，加上大学生正处于思想的动荡期，没有及时把握好自己，才造成了今天的局面。

老师根据他爱思考问题的特征，与他谈了很多哲学中对生命意义的理解，提供了一些可操作的改变自己的方法，还根据他的个人情况推荐了一些理论层次相对更高的书籍给他，让他在有目的学习中尝试寻求启示。这次谈话对小树的生活产生积极影响，两天后他主动给老师发去邮件，表示经过两天的思考，为一学期以来的消极行为感到懊恼不已，经过思考和分析后他发现，自己总喜欢将自己放在一个高人一等的位置去看待人和事，但是由于实际能力与对自己的要求存在差距，所以产生了挫败感。并且已经开始尝试慢慢改善，也能够不断审视和调整自己及自己以往看待世界的态度。

分析：中学教育大多属于"成才教育"，此时的教育需要塑造人才，强调要考取好大学。虽重视了文化基础理论知识的夯实，但却缺乏对于生命价值和意义等更深层次思考的引导。

大学教育应该是"成人教育"，此时的教育目标是塑造成熟的个体，所以更重视对大学生进行受益终生的意志品质培养，引导大学生思考生命的意义。事实上，很多学生在考上大学后常常陷入人生低谷。缺失的理想和目标、大学宽松的时间管理和富有诱惑的外界环境，使得不少自制力较差的大学生很快颠覆从前良好的生活方式和学习习惯，失去人生目标，甚至质疑生命的意义。如果任由发展而不及时引导，就很容易陷入惰性思想的泥淖，沉迷网络或是用其他途径寻找最直接的乐趣，沉溺其中不能自拔，更严重可能还会出现抑郁、自闭甚至自杀等极端事件。因此大学阶段的生命教育意义重大。

面对"死亡是什么""人究竟为什么活着""怎样才能活得更有意义""人应该怎样度过一生"等生死问题时，作为大学生，应该做到如下几点：

第一，要懂得死亡是生物规律的体现，是大自然变化流转的一个环节。史蒂夫·乔布斯在斯坦福大学 2005 年毕业典礼上的演讲中说过，"'记住你即将死去'是我一生中遇到最重要的箴言。它帮我指明了生命中重要的选择。作为大学生，我们应该主动思考生死问题，自觉地对自我生存环境进行体察，克服死亡焦虑和恐惧，思索生命价值，让有限的生命更有意义。

第二，有意识地培养自己生命责任意识。生命是一种责任，承担和履行这种责任的过程，就是探索生命价值的过程。大学生对生命的漠视，导致攻击自己和他人等行为其实就是缺乏一种对自己、对他人生命的责任感。在对大学生生命责任意识的培养上，高校应让学生首先自我肯定，忠实于自己，为自己的生命负责，并真诚地立足于自己的生命去寻求人生的意义。

对自己的生命负责，这是一个人最起码的责任心。只有对自己人生负责的人，才可能对其他人、其他事情负责，才会珍惜生命。我们要知道，生命都是有尊严的，要善待自己的生命，并且由此推己及人，善待一切生命。另外还应了解，大学生在尊重自己生命的同时也要尊重他人的生命，尊重他人的生命权才能保证自己生命权利的完整性。

第三，加强对抗挫折的素质培养。大学生处于心理成熟的关键期，依赖性与独立性在头脑中共存。为了更好地适应社会，也为了自身更好的成长与发展，大学生应该有意锻炼自己克服困难、经受考验、承受挫折的能力。因为进行生死教育，甚至生命教育的落脚点就是提升大学生面对困难和挫折的能力，形成朝气蓬勃、昂扬向上的精神状态，学会砥砺意识、调控心理、挑战苦难，不断在实践中了解自我、改变自我、接纳自我，从而从容应对压力、竞争、选择和变化。

第四，要培养自身的生命信仰。信仰，是人们对其所认定的体现着最高生活价值的对象始终不移的信赖和执著不渝的追求。作为一种终极价值目标，信仰是人类精神生命的最终依托。德国著名哲学家卡西尔说过："人用以与死相对抗的东西就是他对生命的坚固性、生命的不可征服性、不可毁灭的统一性的坚定的信念。"

第五，要追寻生命的价值和意义，探寻心理深层的精神世界。生命价值是指具有生物属性和社会属性的完整的人的生命的价值。判断生命价值的依据主要有两个因素：一是生命本身的质量，即内在价值；二是某一生命对他人、社会的意义，即生命的外在价值。高校应发挥育人阵地优势，增强大学生的生命力和对生命质量追求的意识，大学生应当去主动认识、追求真、善、美的意义，在意义的体验、追求中肯定自我、完善自我，不断去提升生命质量，实现人生社会价值和自我意义的融合。

第六，要提高自身面对死亡威胁时的自救能力，要掌握基本的应急避险技能和生存本领，拥有较高的心理素质，能够在遭遇地震、火灾、车祸、溺水等灾难时，不慌张、不盲从，做到冷静自救救他，从容互帮互助。

最后，请同学们面对死亡问题时不必过度紧张，其实每个人面对死亡都会存在一定的恐惧心理，而适度的死亡焦虑，是可以让人们正视生命是有限的，能够更加珍惜自己所拥有的一切，在有限的生命中实现自己的价值和意义。因此，这种适度的焦虑能产生强烈的内驱力，让人们更加爱护自己的身体，努力生活，认真工作，并迸发出旺盛的创造力和斗志。

三、直面挫折·逆风飞翔

案例 10 - 2

大学一年级的小树内向胆小，在他辗转反侧思考了一周之后，决定本着锻炼自己的目的，大胆竞选校学生会外联部成员。他不但知道这次报名的同学数量多且质量优秀，而且也很清楚，一旦参选失败，自尊心将会受到一定伤害。一周后的竞选并不成功，但是小树发现，只要自己积极向上、勇于追寻，那么无论自己表现如何，即使遇到困难，父母也都非常支持他、鼓励他，并且尊重他的选择。同时他开始静下心来，重新思考他真正需要什么。他认为可以把这次失败的经历看作是一次证明，证明自己在父母心中已经长大懂事，可以独立面对生活中的种种处境，包括好的和坏的。

分析：从这个角度来说，小树并未失败。他不仅是一个冒险者，也是个拥有梦想的人，他的冒险精神是源自对生命质量的追求。当撞见残酷现实，也许他对自己、对世界的理想化看法遭遇了挑战，但这次经历对小树来说一定是有益的。他在经历这样的失败后，依靠父母的支持重新振作，通过经验的总结重识自我，借助一次竞选为生命的提升创造可能。

其实小树是你，是我，也是他，他是大学生的一个缩影。有同学可能心怀疑虑：小树这一次将自己置身于风险中的行为是否是值得的？答案是肯定的。并不是所有的理想都有必要变为现实，只要我们头脑中憧憬着它，我们便能精神百倍的完成手头的事情，便能过好眼前的生活，便能为实现理想一次次努力。经历了这些，是否真正能够实现理想反而不是最重要的，重要的是他通过实践修正了原本对自我的定位，了解自己内心真正的需求，从而更加从容踏实的踏上人生之旅。

作为大学生，在面对挫折时，我们可以借助哪些方式提升生命价值呢？

（一）突破思维框架，转变消极思维

故事悦读10-1

> 据传法国一个偏僻的小镇上有一眼特别灵验的泉水，可以医治各种疾病，只要人们在泉边诚心许愿并喝下泉水，便会出现奇迹。有天，一位拄着拐杖的独腿退伍军人，一跛一跛地走过镇上的马路，旁边的镇民带着同情的口吻说："可怜的家伙，难道他要向上帝祈求再有一条腿吗？"这一句话被退伍的军人听到了，他转过身对他们说："我不是要向上帝祈求有一条新的腿，而是要祈求他帮助我，叫我没有一条腿后，也知道如何过生活。"

学会接纳失去的事实，也学会为所失去的感恩，不管人生得与失，总要让自己生命充满亮丽与光彩，不为过去而消极掉泪，努力的活出自己的生命。

阅读完这个故事，请同学们尝试思考，如果自己是那位独腿军人，我们是否能够怀抱如此积极的思想，是否够勇气面对惨烈的失去。要知道，在我们所有的思想背后，其实都潜藏着我们如何看待自己、看待他人和看待世界的思维框架。

1.改变聚焦点

当我们聚焦于问题：这是谁的错？怎么又出了问题？为什么永远做不到100分？

当我们聚焦于目标：我们已经做到了什么？还需要哪些资源和支持？我们还需要做什么？

举例：

聚焦问题的进行抱怨：我很久没有开心过了，也很久没有舒心过。

聚焦目标的改善抱怨：那一次很开心、很舒心是什么时候呢？当时我是怎么做到的？

对于日复一日这样改变不了现状的空谈，我们其实可以尝试改变内在框架的聚焦点：除去关注外部世界，等待周围环境和他人进行改变，我们可否从自己做起，让自己变得更美好？要知道，每个人都是世界的一部分，我们只需对精彩的人生负责。

2.情境换框

同样是一场突如其来的大雨，会让久旱盼雨的人们兴奋不已，而让外出踏青的人们败兴而归。所以说，事情的本身并无好坏之分，那些或好或坏的属性都是来源于它在什么情境下发生。所以改变框架所在的背景情境，就可以改变信念。

举例：

有位老师抱怨一名学生不听话，咨询师则反问，要是这位学生在社会上遇到图谋不轨的坏人，到那时不听话的个性又是好是坏呢？此时这位老师才顿时发现，学生不听话本身，并非问题的关键。

3.意义换框

我们的镜头会如实客观地记录取景框内的景色，不评判、不歪曲，但是我们这些活生生的人则会不自觉地为取景框中内容赋予各种意义。

举例：

当我们一番好意他人不接受时，通常会感觉自己的好心被当成驴肝肺。现在要学习从另外角度理解：他人有权作出自己的选择，更加有权为自己做出更好的选择。

4.改变框架大小

可以改变的框架大小，包括时间、地域、人群数目等。

举例：

如果你面临众多取舍，请设想，我希望我10年后是怎样生活？眼前的哪条路更有可能通向那里？这样有助于把握大局、理清思路。

5.超越框架

试着放下一直举在手中的框架，冲破思维局限，更加真实地生活。

举例：

小树在参赛前反复琢磨，认为这次比赛有难度，自己也无法好好完成作品，而且要是失败了怎么办呢？到时候别人又会怎么看自己？

应该让小树意识到自己这些想法，在本质上都是面对困难时的逃避心理，应对原有思维框架进行超越，应该让他有所警觉：所有的想法都是自我回避和自我设阻，而现在自己需要做的，只是下决心去面对现实。

（二）重拾勇气，主动面对逆境

现在请大家思考一个问题：人类对珠穆朗玛峰的攀登挑战是否有意义？为什么明知"问天难"，偏偏"向天问"？而且为何那么多的探险者偏向"虎山"行？

答案是肯定的。班夫山地电影节中国区负责人钱海英这样回答："探险，不在于你第一个爬上某座山峰，不在于你第一个抵达某片海域，而在于你做到了常人无法做到的事情，然后你回到生活中，让生活更有意义。"因为在极限环境中，人们通过战胜自然困难和人性的弱点可以升华自我甚至人类生命的价值。

而生命之于每个人只有一次，我们要想在有限的生命中展现与提升生命的价值，就需要在下面这几个方面重拾勇气，主动面对逆境或挑战。

第一，要勇于犯错误。大学生都是天之骄子，大家认为暴露自己的不完美或犯错误，可能会伤害我们的自尊，以致内心充斥诸如负罪感、全能感幻觉破灭、害怕他人目光、对今后生活充满担忧。但是，犯了错误就一定一蹶不振、无法翻身吗？我们要相信，如果让错误孕育未来的成功，在失败时勇敢直面自己的得失，我们就能够重新站起来，也能让生命之花绽放得更加精彩。

第二，要敢于承担责任。当我们遇到困难时，指责别人总是最容易做的事情，然而只有勇于承担责任，才是迈向积极转变的第一步。

从心理学角度来说，如果一个人在心理成长的过程中，自我发展受到妨碍，就会出现这样情况。挫折耐受力极差的个体，一旦出现问题，就会认定自己是受害人，自然而然地把责任归咎他人。当受害人的好处，就是不用承担责任，并且可以得到他人的同情。在大家直面错误、承担责任，需要坚强的意志、宽广的胸怀，还有就是时间。在时间转变的过程中，我们会战胜恐惧和成见，转变对他人和自己的看法。

第三，要在适当时刻敢于说出"不"。作为社会性动物，我们在人群中很难反驳、不同意，甚至发脾气。但是，我们应该学会适时拒绝那些过分的要求，学会表达自己的诉求，学会说"不"。敢于说出"不"表示反对，学习说出"是"表示真诚，这么做的目的，是因为我们真正关心自己与他人关系的质量，我们希望这种关系不再是出于客套或是利用了别人的企图，而是建立在真诚和尊重的基础上——真实地尊重他人，尊重自己，尊重生命。

知识窗 10 – 1：说"不"的四步练习曲

请尝试以下四个步骤，开始练习说"不"。

第一，我们要表明自己的态度，对于自己的愿望和能力有清醒的认识，并且排列出自己认为最重要的事情，在他人提出要求时可以作为参考；

第二，在负罪感作用下，我们过多考虑被我们拒绝的他人的感受，但往往忽视了最重要的自己的感受，我们要退一步多为自己考虑，考虑是否可以愉快的接受说"是"的结果；

第三，在拒绝对方前，委婉的遣词造句，酝酿下情绪，制造点气氛，让对方好有些心理准备，而不是突然得知；

最后，不要过多强调拒绝的理由，而要有条理将事实陈述并解释清楚，平和真诚地进行叙述。

第四，要敢于面对变化。不论变化是否出自我们的意愿，我们都会不可避免的要远离已经熟悉的路线，进入新的环境，比如升学、毕业，任何时候生命都会不可遏止的往前行进。此时我们要懂得，过去建立的习惯不再起作用，只能依靠对于生命价值和意义的信念前行。

（三）养成乐观习惯，提升生命价值

平时出现的焦虑、抑郁等心理症状，都是源自于不安全感滋生而出的不良思维习惯。如果想摆脱这些不良心理，就要改变习惯。当然，改变多年的思维习惯并非易事，下面这几种实用的、科学的建立积极思维的方法，有助于养成良好乐观的习惯。期待你用不懈努力，换来精彩变化。

知识窗 10 – 2：幸福举动

美国加州大学河滨分校索尼娅教授研究发现，"幸福举动"可以激发积极情感，并且有助于人们用积极的想法取代消极的想法。她所著的《幸福多了40%》一书中就向大家推荐了如下12种简单易行、怀抱善意的"幸福举动"。

1. 强健身体。经常进行体育锻炼，经常冥想、微笑和大笑。

2. 培养乐观心态。将想象中最美好的未来记录下来，并且尝试对任何事都去看好的方面。

3. 不多虑、不攀比。少想多做，减少为愁事费心费神的时间，不和他人攀比。

4. 增强应对技巧。灵活应变，尝试不同方法克服困难，战胜压力和痛苦。

5. 勇于发展关系，建立情感联结。选择任何一种感情，将这段需要加深的感情作为培养对象，投入时间与精力去忘记曾经的伤痛，勇于治愈伤痛，培养感情，巩固感情，享受感情。

6. 多行善事。不论是对谁，不论用什么方式，做善事多多益善。

7. 学会原谅。对于那些冤枉你甚至伤害你的人，通过书写日记或书信的方式消除气愤和怨恨。

8. 多做让自己全情投入的事。让自己忘我地忙碌起来，做些有挑战性和有吸引力的事情。

9. 享受生活中的乐趣。静心体会生活的乐趣和美好，用心灵、画笔、文字、镜头去记录生活中点滴乐趣与美好。

10. 锁定目标、不懈奋斗。为自己设定 1～3 项重要目标，让自己一心一意为之奋斗。

11. 内心有信仰、精神有依托。多与人交流，多读书，多思考内心世界，找到一种属于自己的内在信仰，让心灵安稳沉静，让精神饱足充实。

12. 表达感恩之情。为自己拥有的一切感恩。向身边的人、亲密的人、没有好好感谢过的人，表达感激或者心存感激。

四、善待生命·危机干预

故事悦读10-2

　　美国盲聋人作家和残障教育家海伦·凯勒，于1880年出生于亚拉巴马州北部一个叫塔斯喀姆比亚的城镇。一岁半的时候，她被一次猩红热夺去了视力和听力，随之她又丧失了语言表达能力。然而就在这黑暗而又寂寞的世界里，她借着她的导师安妮·沙利文的努力，学会读书和说话，并开始和其他人沟通，成为一个学识渊博，掌握英、法、德、拉丁、希腊五种文字的著名作家和教育家。

　　在《孟子》的《生于忧患，死于安乐》一文中也有孟子对于困境中人们的鼓励语句："故天将降大任于斯人也，必先苦其心志，劳其筋骨，饿其体肤，空乏其身，行拂乱其所为，所以动心忍性，曾益其所不能。人恒过，然后能改；困于心，衡于虑，而后作；征于色，发于声，而后喻。"

　　当个体资源和应付机制无法解决所出现突发事件时，容易丧失对生命的积极信念，就很可能引发心理危机。轻者生活失去方向、精神萎靡，重者可导致心理疾病发生甚至出现自杀事件，所以作为大学生非常有必要了解一定的心理危机干预知识，以便在出现危急情况时自助或帮助他人摆脱困境。

(一)心理危机的含义

心理危机是指由于突然遭受严重灾难、重大生活事件或精神压力，使生活状况发生明显的变化，尤其是出现了用现有的生活条件和经验难以克服的困难，以致使当事人陷于痛苦、不安状态，常伴有绝望、麻木不仁、焦虑，以及植物神经症状和行为障碍。心理危机标志着一个人正经历生命中的剧变和动荡，它会暂时干扰或破坏一个人习以为常的生活模式，其特征是高度紧张，伴之以焦虑、挫折感和迷茫感。当个体面临心理危机时，往往伴随情绪失衡，而情绪的平衡状态是与个体对逆遇或事件的认知水平、环境或社会支持以及应对技巧有密切联系的。

心理危机干预是指针对处于心理危机状态的个人及时给予适当的心理援助，使之尽快摆脱困难。

(二)大学生常见心理危机类型

根据危机产生的诱因，心理危机一般分为两类：一是正常的成长性危机，也就是发展性危机，即一个内在形成的情景，它可能源自生理的或心理的变化，再加上个体的发展、生物性转变与角色变迁等因素，诸如青春期易出现的各种心理危机。二是情景性危机，包括与个人有关的危机情景带来的问题，比如家中突遭自然灾害。对某一具体个体而言，以上两种危机会产生不同影响。如以大学生为对象，上述两类危机可能会表现为如下具体形式：

1. 学业危机

学业上的目标未能达成，如未通过英语三级等；面对毕业后是考取本科还是就业、考试不及格等，虽然就某件事情而言，这些还称不上危机，但是事件的积累，却可能造成与重大危机事件相同的效果。

2. 经济危机

一方面可能因为经济的缺乏，如无法支付学费，出现消费压力；另一方面因为意外获得的奖励和奖金，但考虑人际关系需要请客送礼等经济支出，从而带来额外的经济负担。

3. 人际危机

与周围的人相处困难，如师生关系、同学关系处理不好，被朋友背叛，寝室关系紧张，因为别人对自己的批评、嘲笑、攻击，被误会，被老师严厉责骂，被他人排斥，受到身边的人的疏远、不公平对待。

4. 突发危机

遇到意外丢失财物、身体受到伤害、如残疾、毁容等突发事件等。

5. 家庭危机

父母离异、家人关系不好、家人收到意外伤害而束手无策。

6. 社会环境危机

校园内自杀、他杀等暴力事件，流行病爆发校园被封锁，寝室失火、失窃等。

7. 自然灾害危机

地震、洪灾、泥石流、海啸等。

（三）大学生心理危机的表现

我们发现，大学生在心理危机状态下会表现出一系列的情绪、认知、行为及生理反应，这是师生识别心理危机的重要指标。只有我们了解这些表现，才有可能在第一时间提供援助和进行危机干预。

1. 情绪表现

情绪是人们对客观事物是否符合需要而产生的主观态度或体验，情绪具有外显性。大学生在心理危机状态下，会有特定的情绪反应，主要表现为高度的焦虑、恐惧、抑郁、愤怒、沮丧、紧张等。

在心理危机状态下，大学生的情绪表现较为明显，最容易被察觉。

2. 认知表现

认知是指人们认识客观事物的过程，是人的最基本的心理过程，包括感觉、知觉、记忆、想象、思维和语言等。大学生在心理危机状态下，会有特定的认知反应，主要表现为记忆力下降、注意力不集中、思维迟钝、出现幻想、语言不畅、思维偏差等。

3. 行为表现

心理危机中的行为表现是大学生为排解和减轻痛苦而采取的一种防御机制，而处于心理危机状态中的大学生往往会表现出否认、攻击、放纵、逃避、退缩等消极的行为反应，如，不承认已经发生的客观事实、回避他人、逃避困难、出现破坏性行为、产生物质依赖、出现过去没有的非典型性行为等。大学生中比较常见的物质依赖就是吸烟、酗酒以及网络成瘾等等。

4. 生理表现

人们身体的生理反应主要是神经系统、内分泌系统以及免疫系统进行调节的，大学生在心理危机状态下，其神经系统、内分泌系统以及免疫系统的活动会出现明显的变化，从而产生一系列特定生理反应，如失眠、心慌、血压升高、出汗、胸闷、四肢发冷、头晕、食欲不振、容易疲劳、过敏等。

需强调的是，在心理危机状态下，大学生的情绪、认知、行为以及生理反应并不是互相独立的，而是相互联系、相互影响的。

（四）大学生危机干预的方法

危机干预是指给处于危机中的个人或家庭提供有效帮助和支持的一种技术，通过调动他们自身的潜能来重新建立和恢复其危机前的心理平衡状态。简言之，就是及时帮助处于危机中的人们恢复心理平衡。

大学阶段是人生观、世界观、价值观形成的关键时期，在成长过程中会遇到许多困难和矛盾，容易产生心理危机。高校应通过建立大学生心理自助体系、完善心理危机预警体系和健全专业危机干预体系等途径，建立多角度、全方位的大学生心理危机的立体应对机制。通过科学的干预策略，有效化解心理危机，促进大学生的心理健康。作为大学生，当身边出现需要实施危机干预的对象，在上报老师的同时，可以从以下几个方面来学习处理。

1. 学习建立良好的沟通和合作关系

这时要注意消除双方内外部的"噪音"（或干扰），以免影响沟通双方诚恳沟通和表达的能力；避免双重、矛盾的信息交流，如有人口头上对当事者表示关切和理解，但在态度和举止上并不给予专心的注意或体贴；避免给予过多的保证，尤其是那种"夸海口"，因为一个人的能力是有限的；避免应用专业性或技术性难懂的言语，多用通俗易懂的言语交谈；具备必要的自信，利用可能的机会改善个案的自我感知，发掘其内省的能量。

2. 适当使用支持技术

支持技术主要是指给予精神支持，而不是支持当事者的错误观点或行为。这类技术的应用旨在尽可能地解决目前的危机，使当事者的情绪得以稳定，可以应用暗示、保证、疏泄、环境改变、镇静药物等方法，如果有必要，可考虑短期的住院治疗。

有关指导、解释、说服主要应集中在放弃自杀观念、取消自杀行为上，而不是对自杀原因的反复评价和解释。同时，在干预过程中必须注意，不应带有教育的目的，教育虽是干预者的任务，但应是危机解除后和康复过程中的工作重点。

3. 学会运用干预技术

干预技术也称解决问题的技术，因为危机干预的最终主要目标是让当事者学会对付困难和挫折的一般性方法。这不但有助于渡过当前的危机，而且也有利于今后的适应。

在进行干预时的基本策略应为：主动倾听并热情关注，给予心理支持；提供疏泄机会，鼓励当事者将内心情感表达出来；解释危机的发展过程，使当事者理解目前的境遇、理解他人的情感，树立自信；给予希望和保持乐观的态度和心境。与此同时还要培养兴趣、鼓励积极参与有关的社交活动；注意社会支持系统的作用，多与家人、亲友、同学接触和联系，减少孤独感和心理隔离。

（五）大学生危机干预问题的解决步骤

在危急情况下，我们通过技术引导当事者学会解决问题是解除危机的一个有效方法，尤其是帮助他们按照步骤进行思考和行动，常能取得较好效果：

1. 明确存在的困难和问题；
2. 提出各种可能的解决问题的方法；
3. 罗列并澄清各种可能方法的利弊及可行性；
4. 选择最可取的方法（即，做出决定）；
5. 考虑并计划具体的完成步骤或方案；
6. 付诸实践并验证结果；
7. 小结和评价问题解决的结果。

大学时期是人生重要阶段，充满了激情、梦想和昂扬的斗志。青年学生刚刚卸下高考压力投身到精彩纷呈的校园生活，极易遭遇各类压力，结果往往是喜忧参半的。不少大学生要尝试第一次独自面对困境，此时就需要高校师生，尤其是作为朋辈的大学生们，多关注因危机事件而心理失调的同学，力所能及帮助他们缓解痛苦，尽早走出内心阴霾。

素质拓展

幸福生活心主张

一、发掘自身强大的潜能

其实，我们只需要冒一点点的风险，就会骤然发现自己内心隐藏的财富。

下面的两个练习分别来自两位心理专家，每个练习都会帮助我们思考和进步。请你不妨花些时间，认真尝试这两种方法。

练习一

询问法——通过别人的评价来更好地了解自己（Paul Pyronnet 设计）

请 5 位与你关系密切的人来回答一个问题："如果你要把一件重要的事情托付给我，那会是什么事？"

这 5 位可以是你的家人、朋友或同事，但跟你的关系一定要足够牢固，才能提供给你真实有益的意见。另外，他们应该是与你相处、交往已久的人，否则没法给出具体丰富的答案。一般这些人会联想到你给他们的某种特别的感觉，或是你与众不同的才能。

相信周围的人是我们的一面镜子，他们的评价不像自己评价，或是自我贬低，或是自视甚高。请你让他们尽可能多地给你答案，以便能够让你更好地看清楚自己。

×××的答案：

1. _____
2. _____
3. _____
4. _____
5. _____

做这个练习能让我们认识到自己潜藏的能力，感到浑身充满力量和自信，让自己不再对自己的优点视而不见。那么，请从现在开始，停止怀疑，大步向前。

练习二

口号法——根据自己以往的成绩，曾经表现出来的品质，为自己设计一个最能体现自己独特之处的口号（Suzel Gaborit – Stiffel 设计）

步骤一：列出自己成功做成的 10 件事情，编上号码。

不要考虑太多，只要自己认为某件事是成功的，就算成功，他人的想法此刻一点也不重要。"我成功说服某位舍友 12 点前关电脑睡觉"，这样的事情也算成功，因为这件事的成功与"在专业比赛中得了第一"同样重要。在动笔之前，请仔细回忆自己生活的各个阶段、各个层面，不论是学业还是生活。在写下那些大的成就时，也别忘了写上两三次小成功，并且要注意，这样的成功事例应尽可能写得具体，不要写成"我成功地学了书法"，而应当写成："我成功地在三个月内坚持练习书法，现在有些入门了"。

步骤二：针对每项成绩，列出你在这件事情中表现出的品质。

如：真诚、奉献、率性、勇敢、坦诚、直觉、恒心，等等。

步骤三：把这些品质分类。

如：将勇敢、奉献等列入"道德"一栏，把坦诚、率性、协调能力等列入"人际关系"一栏，将组织能力、坚持等列入"智力"一栏。当然栏目的分法和名称也是由你决定，因为你的分类方式也反映了你的世界观。在分类完毕后，你可能马上就能够惊喜地发现，在这些看似风马牛不相及的成功背后，浮现着一些类似的共同品质，它们就是你一直以来成功的支柱。

步骤四：从这些具体事例中，找出那些一成不变的品质。

你要意识到，是这些主要的品质保证了你的成功。也许你会有些讶异，虽然每次的情况不同，但是你应对方式却几乎始终如一，不论是成功绘制出一张作品时，还是平息一次棘手的争吵事件时。

步骤五：最后，设计出自己的口号，"我是一个……的人"。

这样做可以准确地描述出自身最好的方面，这份天赋与长处一旦经过确认，就能够在将来遇到新问题时迅速使用它们。比如化解冲突、着手准备参赛作品、策划组织大型活动等等。你的口号可以是："我是个能够完成计划的人"，"我是个可以帮助他人成长的人"，"我是个坚持内心梦想与追求的人"等等。

二、善用 ABCDE 思维，挑战非理性信念

非理性信念有三大特点：第一，绝对化要求，即从自己的意愿出发，认为某事一定发生或一定不发生，这种绝对化的要求反映了不合理、走极端的思维方式；第二，过分概括化，这是一种以偏概全的思维方式，认为自己某一事没办好，就认为自己一无是处，而实际上只是这件事办得不好；第三，糟糕至极论，认为如果某件不好的事情一旦发生，其后果必然非常可怕、糟糕至极，这种思维方式导致焦虑、悲观、压抑、犹豫等不良情绪。

当我们生活中出现问题，我们总是习惯认为这是由于外界的负性事件所引起。但是合理情绪疗法创始人艾伯特·埃利斯认为，事件只是提供了一种刺激，而人们对事件的不合理信念才是引起消极情绪反应、行为后果的真正原因。他创立的 ABCDE 自我辩驳法，可以帮助我们挑战自己的非理性信念。长期坚持，可以改善我们习惯性的消极思维模式，强化正确积极的思维。

（一）认识五个符号

A（Adversity）负性事件——发生在我们身上的刺激性事情；

B（Belief）信念——我们对事情的想法或解释；

C（Consequence）后果——我们对于事情发生所产生的情绪反应和行为后果；

D（Disputation）辩驳——我们对自己的不合理信念进行质疑；

E（Effect）效果——随着信念改变而发生的积极情绪和行为。

（二）具体操作

1. 做 ABC 记录

因为我们通常执着于自己的信念，所以要分辨出它的非理性成分是不容易的。这样就需要我们对自己的思维进行监测。最好的方法就是写监测日记，把每天发生的不愉快事件记录下来。记录分为三个部分：

A 负性事件：＿＿＿＿＿＿＿＿＿＿＿＿＿（简单摘要自己的困境）

B 由事件引发的念头、想法：＿＿＿＿＿＿＿＿＿＿＿

C 事件后果、自己的感觉：＿＿＿＿＿＿＿＿＿＿

2. 辨认非理性信念

记完之后，请仔细阅读一遍，找出事件、念头和后果之间的关系。其中，要着重分析自己对于诱发事件的解释、评价和看法，即指由事件引发的信念。从理性的角度去审视这些信念，并且尝试探讨这些信念与后果之间的关系。

3.进行辩驳

扩展思维的角度,开始与自己的不合理信念进行辩驳,动摇并且最终放弃不合理信念,学会用合理的思维方式代替不合理的思维方式。当然也可以通过与他人讨论或用实际验证的方法来辅助自己转变思维方式。

比如可以向自己提出如下问题:

继续这样的思维,会对我的生活造成什么样的影响呢?是有益的?或是会加深自我挫败感?

继续支持这个信念的依据是什么?这种信念符合我所处的现实状况吗?

我的信念是符合逻辑的吗?这是否是不切实际的幻想?或者我只是将希望当成了真理?

除了这个方面的不太如愿,是否存在其他方面是可以让我感到满足和满意的?

我真的无法忍受这样的状况吗?

4.结果

主动选择更合理、积极的行为方式。

举例:

A 事件:大周末,我一个人待在宿舍,没有什么活动可以参加。我该怎样打发时间?

B 信念:我没有什么朋友,我这个人很无趣,也没有人喜欢我。我觉得我的生活中必须有很多朋友,我应该要很受欢迎,这样我的生活才能过得下去。

C 后果:唉,我感觉很孤独,觉得自己很可怜很悲哀。

D 辩驳:我这不是在自我挫败吗?其实我是个慢热型的人,与陌生人打交道有些害羞,但是人们在了解了我之后,还是会喜欢我的。事实上就还是有很多人喜欢我。我明白,害羞只是意味着我要比他人付出更多的时间和努力交到朋友,并无其他意义。

E 效果:我可以更多地参加一些社交活动,去认识更多的人。我可以去参加篮球队、学生会或是羽毛球俱乐部什么的。而在这些没有活动的时候,其实我可以更主动一些,发起一些活动。现在就有新片上映,我这就打电话给小树,约他下周五一起去看电影。

三、发现生命更多的可能

"自信学之父"心理治疗师纳撒尼尔·布兰登认为,我们实际所拥有的知识其实比自己感知到的要多得多,我们内在的智慧也比实际运用的要多得多,并且身体、心灵中蕴藏的潜能也比行动中展现出来的要多得多。他开创了一个完形填空练习,通过这个练习激发内在的宝藏,提高自我理解,增加自我效能感,对自己的生活产生新的理解,并且将带来有意义的转变。

(一)基础练习

先写出一个不完整的句子,即只有句子主干,然后不断地补充写出不同的结尾,从语法上完成句子。要求是,每个句子需要至少添加 6 种不同结尾。

我们在做这个练习时应该尽快去做,不要停下来进行思考,并且我们不必担心所写下的某个结尾是否够真实、有道理或是有意义,我们需要做的仅仅是不停地写下去。注意时间控制在 3 分钟之内。

举例:

我发现经常说"是"的代价_____。

我无法避免困难_____。

我将更加珍惜和父母相处的时间_____。

我将更加珍惜自己的生命_____。

我将会对我身边的人好一点_____。

（二）一周练习

在初步体验之后，我们可以开始在一段时间里专门练习某一种能力。比如我们想增强有意识地跟人交往的能力时，可以每天早起，坐下来为以下句子添加 6 个不同结尾：

"对我来说，有意识地与人交往指的是_____。

如果今天在学校与同学们相处时，我多主动点的话_____。

如果今天在同他人交往时，我多注意点的话_____。

如果在同重要的人交往时，我的感知能力、表现能力再提高 5% 的话_____。"

而在一天的学习活动结束回到宿舍后，我们再给下列句子添加 6 个不同结尾：

"当我仔细思考，如果我能更有意识地与人交往那么我会有什么样的感觉时，_____。

当我仔细思考，我更主动与同学交往会发生什么情况时，_____。

当我仔细思考，我同他人交往时多放些注意力时会发生什么情况时，_____。

当我仔细思考，在与重要他人交往时，我增加了 5% 的感知能力、表现能力会发生什么情况时，_____。"

从周一到周五，每天做一遍这样的练习。注意，不要回看前一天所写的东西。我们写下的东西自然会有重复，但是与此同时，新的结尾、新的观念也会出现。相信我们正在唤起自己内在的力量。

在周末找出一小段时间，把一周来写下的句子连贯阅读，然后为下面这个句子加上至少 6 个不同结尾。"如果我本周所记是对自己诚实，那么我发觉，_____的话，我将能够变得更好。"

我心我诉

一样的生命，不一样的人生

唐旭，男，中共预备党员，1991 年 4 月生，江苏宿迁人。家里父母均为农民，无业，有一个弟弟在上职高。唐旭在 2 岁时被发现手臂无力，行走困难。一家人带他到处求医，最后确诊为当今世界五大绝症之一的"进行性肌肉萎缩症"。9 岁时，他全身肌肉完全萎缩，下身完全瘫痪，只有右手一根食指能动，全身靠轮椅行动。家人四处求医，没有任何结果。

尽管医疗上没有希望，但唐旭仍然坚持读完中学。求学时，面对学习的压力和身体的不适，为了不麻烦同学，在校期间白天滴水不沾，不去厕所，只有晚上回家才喝水。正是凭借顽强的毅力，顺利完成高考，以高出二本分数线 55 分的成绩被海事大学录取到信息工程学院计算机系计算机 113 班学习。尽管成长之路非常艰辛，但有付出就有回报，在这段时间里他获得了上海市金爱心学生和上海市十佳百优自强好少年两个重要的荣誉。

唐旭大学期间，上课从不迟到、从不旷课、从不在课堂上吃东西，他总是第一个到课堂，坐在第一排，专心致志地做笔记。他刻苦学习的精神深深打动了他的老师，英语老师刘春梅老师说："唐旭是个好学生，他从来不迟到，上课他最认真，而且他还经常主动帮助同学，这次期中考试英语也是考出了很好的成绩，在唐旭的影响下，班上的学习氛围也变得越来越浓厚了。"在生活上，唐旭是一个一丝不苟的人，注重生活细节，勤俭节约，乐于助人，并自力更生开了一家淘宝网店，充实自己的课余生活。他的同班同学感触很深地说："在生活上唐旭认真严谨，勤俭节约乐观的心态更深深地影响着我，得知他自主创业，我十分敬佩，他就是我的榜样。"唐旭的一举一动，都影响着身边的朋友，他快乐生活的动力影响着周围的同学，唐旭将快乐传递，将乐观的精神传承。

作为服务唐旭日常生活的"旭日东升"小分队队长崔世杰同学说："自从认识了唐旭，我得到了很大的鼓舞，他遇到困难不放弃的精神深深感动了我，作为一名大二的学生，学习压力与社团工作量明显比大一时多，有时让我应接不暇，但是我却能坚持，肯努力。精神境界没有年级高低之分，唐旭就是我的榜样。"

后来唐旭的事迹和精神在网络上得到了广泛的宣传，并当选了上海市 2006－2011 年度上海学子"感动校园"人物。现在唐旭对于海事大学学生来讲是一种榜样，对老师来讲是一种鞭策。唐旭的到来，为海事大学的学风带来一股清新的气息，犹如注入一剂强心针。

唐旭有一个小笔记本，详细记载了他这 20 年来得到的点滴帮助。他会在逢年过节等重要节日向帮助过他的好心人、政府写感谢信表达他的感激之情，也会记录日常生活中同学们、朋友们表达的感情。唐旭这样评价他的大学生活："现在我在海事大学，感受着无微不至的关爱，这一学期以来，校领导、老师、同学、志愿者对于我的关心关注让我感动不已，海大的校园，虽然远离家，但依然有家的感觉；并且在海大，我也在不断地进步，不断成长，获得上海市感动校园十大人物，让我感觉倍加荣幸，也不断激励着我以一颗感恩之心，继续努力，回馈他人，回报社会。"

唐旭用自己的顽强意志创造着一个又一个生命奇迹，用自己卓越的行动，诠释着生命的意义和价值，他通过自己的努力把一个又一个"不可能"改写成"可能"。唐旭在高中的一篇作文中写到："我从来没有绝望过，我拥有许多的亲情、友情、师生之情，我要把书读好，回报社会，也要证明我自己。"这种壮志豪言的背后是对生命、对人生一种真切感悟后的真情流露。从唐旭身上我们看到的是一个新时代大学生良好的人生观和价值观。他的内心充满了对生活的无限激情和对关爱者的无限感恩。

慧心讲坛

绽放生命心飞扬

一、善待生命——我们是善意公民

这是一个美好的时代，也是一个道德水平不断提升的年代，更是一个善意公民不断觉醒的年代。上至政府官员、下至普通百姓，外观明星、商人，内观学者、学生，大家自发联结起来，掀起民间阵阵善意浪潮。

其实，我们在此所说善意公民并非完美的道德楷模，而是那些愿意更好地表达真实自我的普通人。他们是那些将内心善意的种子不断向世界撒播的人，他们是那些碰触我们生命的人，他们是那些使我们变得更好的人。

你是否也愿意，成为这样的善意公民？因为作为善意公民，既是独立的"我"，又因善意而与他人彼此紧密相连，形成更好的"我们"的社会。

二、尊重生命——找寻生命的意义

生命虽然都必须经历生老病死，但对生者而言，是带着微笑和尊严死去，还是在无望与恐惧里腐烂发臭，这将决定着此生的意义。如果我们能够理解这一点，我们就不难明白，满脸褶皱、身体佝偻的老嬷嬷特蕾莎为什么会被称作"世界上最美丽的女人"。

特蕾莎修女说过，不同情是最大的苦难。而成就这位修女的正是人间的苦难。她回忆曾在加尔各答看到的悲惨世界：那里有个濒死的妇人，老鼠和蛆正在啃噬她的身体。那时的她来到她的身边，陪着她，直至她死去。此次后，一直清修的特蕾莎无法再得安宁，她走出高墙，建立"仁爱修会"，照看那些从大街上捡来的垂死的人，她陪伴他们走向死亡，看着他们微笑，并被深深感染。后来她出了名，世界各地都有志愿者前来协助。1979年她面对庆祝盛宴黯然神伤，将其折合成钱连同奖金全数捐出。1997年她病逝，印度为这个外国女人举行了与国父圣雄甘地一样规格的国葬。

当政治家为了贫穷问题争论不休时，特蕾莎正握住一只又一只临终者的手，给无家可归者安身之处。她的离世是全球大事，不分种族不论宗教，无数人为她送行。那个夜晚，人们哭泣叹息——这个世界又少了一点光亮和同情。特蕾莎不是文化人，除去无可避免的宗教色彩，我们已经能从她一生行动话语中看到她尊重生命的鲜明立场：

1."我渴。"

这是在耶稣十字架上的话，被用英语和孟加拉语赫然写在"仁爱修会"临终关怀院屋顶十字架下。濒死的人需要水——需要尊严、安慰、同类的手，需要爱。

2."一颗单纯的心，很容易看到基督。"

人们因为太多的复杂而被遮蔽双眼，变得盲目。而特蕾莎每日的祷词是这样：一颗单纯的心，很容易看到基督，在饥饿的人中，在赤身露体的人中，在无家可归的人中，在寂寞的人中，在没有人要的人中，在没有人爱的人中，在麻风病人中，在酗酒的人中，在躺着街上的乞丐中。

3."活着就是爱。"

特蕾莎说，让我们微笑相见吧，因为微笑是爱的开端。一旦我们彼此相爱，就会想着为对方做点什么了。

4."爱一个人，就必须与他/她紧密接触。"

特蕾莎走入贫民窟，握住那些快要在街头横死的穷人的手，亲吻那些艾滋病人的脸庞，从难民溃烂的伤口中捡出蛆虫，抚摸麻风病人的残肢……她说，"我只相信与人个别的接触，每一个人对我而言就是基督。"

参考文献

[1] 燕良轼，唐海波. 大学生心理健康教程. 长沙：中南大学出版社，2007

[2] 韦彦凌，贾晓明. 大学生心理健康与咨询. 北京：中国经济出版社，1995

[3] 段鑫星，赵玲. 大学生心理健康教育. 北京：科学出版社，2004

[4] 黄希庭. 心理学与人生. 广州：暨南大学出版社，2005

[5] 贾晓明，陶恒. 大学生心理健康——走向和谐与适应. 北京：北京理工大学出版社，2005

[6] 赖斯·吉布林(美)著. 人际交往的艺术与技巧. 孙健敏，刘健译. 北京：农村读物出版社，1988

[7] 李中莹. 重塑心灵. 北京：世界图书出版公司，2006

[8] 张玲等. 心理健康研究与指导. 北京：教育科学出版社，2001

[9] 宋凤宁. 大学生心理健康教育读本. 桂林：广西师范大学出版社，2008

[10] 毕淑敏. 心灵游戏. 北京：十月文艺出版社，2007

[11] 吕晓兰. 别和自己过不去：让心理更健康的15个习惯. 北京：中国商业出版社，2007

[12] 黄希庭. 大学生心理健康与咨询. 北京：高等教育出版社，2007

[13] 陈国海. 大学生心理与训练. 广州：中山大学出版社，2005

[14] 牧之，张震. 心理学与你的生活：各种生活困惑的心理应对策略. 北京：新世界出版社，2006

[15] 刑群麟，李敏. 哈佛教授给学生讲的200个心理健康故事. 北京：中央编译出版社，2007

[16] 泰勒著. 社会心理学(第十版). 谢晓非，谢冬梅，张怡玲等译. 北京：北京大学出版社，2004

[17] 章志光. 社会心理学. 北京：人民教育出版社，2007

[18] 高玉祥. 个性心理学. 北京：北京师范大学出版社，2002

[19] 胡凯. 大学生心理健康教育教程. 长沙：湖南人民出版社，2009

[20] 刘安平. 大学生健康教育必读. 济南：山东大学出版社，2005

[21] 杨娇丽. 大学生心理健康教育及个案教程. 北京：北京大学医学出版. 2008

[22] 孟庆荣. 大学生心理健康. 北京：清华大学出版社，2008

[23] 贾晓明. 大学生心理健康——走向和谐与适应. 北京：北京理工大学出版社，2005

[24] 郭晋武. 大学生健康——心理卫生与行为健康篇. 武汉：武汉大学出版社，2005

[25] 李开复. 一网情深：与学生的网上对话. 北京：人民出版社，2007

[26] (美)卡尔·纽坡特著. 如何在大学里脱颖而出：一流大学顶尖学生的成功指南. 赵娟译. 深圳：海天出版社，2006

[27] 沃建中. 心理健康教育指导. 智力篇. 北京：科学出版社，2003

[28] 张璟. 心理健康教育指导——学习篇. 合肥：安徽大学出版社，2005

[29] 涉谷昌三著. 解困不再为人际关系烦恼. 高丕娟译. 北京：科学出版社，2007

[30] 卡耐基著. 卡耐基社交的艺术全集：人际交往的完美智慧. 刘祜译. 北京：中国城市出版社，2006

[31] 杨钐. 关系就是竞争力. 北京：中国社会科学出版社，2005

[32] 亚伯·艾里斯著. 别跟情绪过不去. 广梅芳译. 成都：四川大学出版社，2007

[33] 钱诗金. 情绪密码. 北京：中国城市出版社，2007

[34] 辛德勒著. 情绪是健康的良药：如何快乐度过每一日. 邱宏译. 北京：群言出版社，2006

[35] (美)克劳德·史坦纳博士著. 别再闹情绪. 李毓昭译. 桂林：广西师范大学出版社，2001

［36］谭兆麟. 情绪软体操. 深圳：海天出版社，2005

［37］张兴贵. 幸福与人格. 广州：暨南大学出版社，2005

［38］卢小永. 塑造学生完美人格的 211 个心灵故事. 北京：人民日报出版社，2009

［39］夏荆剑. 完美人格：障碍心灵沟通. 北京：中国文史出版社，2007

［40］任俊. 积极心理学. 上海：上海教育出版社，2006

［41］林昊. 决定你一生的人格魅力. 北京：中国华侨出版社，2008

［42］李春生. 修炼与发挥你的软实力. 北京：民主与建设出版社，2007 年

［43］约翰·格雷著. 男人来自火星女人来自金星. 于海生译. 长春：吉林文史出版社，2005

［44］程晓玲. 恋爱、婚姻与职业——大学生心理学 16 讲. 杭州：浙江大学出版社，2008

［45］（英）福斯特·（英）霍顿著. 防止青少年自我伤害. 高翔，王晓辰译. 北京：世界图书出版公司，2006

［46］周红五. 心理援助：应对校园心理危机. 重庆：重庆出版社，2006

［47］段鑫星，程婧. 大学生心理危机干预. 北京：科学出版社，2006

［48］金树人. 生涯咨询与辅导. 北京：高等教育出版社，2007

［49］彭文军，丁三伏. 大学生职业规划与就业指导教程. 北京：科学出版社，2005

［50］杨小蕊. 解读"学生网民". 中国青年研究［J］，2001（1）

［51］曹蓉玫，杨辉. 大学生网络性心理障碍的产生与消除. 江西社会科学［J］，2002（5）

［52］王颖华等. 大学生心理健康. 北京：人民出版社，2009

［53］徐玲. 大学生心理健康教育教程. 北京：经济日报出版社，2008

［54］袁红梅，张勘，吴幼珍. 大学生心理健康教育. 长沙：中南大学出版社，2009

［55］马雁平，陈萍，张澜. 大学生心理健康教育. 长春：吉林大学出版社，2011

［56］陈国海. 心理倾述：朋辈心理咨询. 广州：暨南大学出版社，2001

［57］（美）吉拉德·伊根（Egan. G）著. 高明的心理助人者. 郑维廉译. 上海：上海教育出版社，1999

［58］林孟平. 小组心理辅导与心理治疗. 上海：上海教育出版社，2005

［59］（美）克莱泽著. 谈话的艺术. 史津海，杨柳译. 天津：百花文艺出版社，2009

［60］张玲. 心理健康研究与指导. 北京：教育科学出版社，2005

［61］白羽. 改变心力（团体心理训练与潜能激发）. 杭州：浙江文艺出版社，2006

［62］露易丝·海. 生命的重建（实践篇）. 北京：中信出版社，2011

［63］樊富珉. 当代大学生心理健康教程. 武汉：武汉大学出版社，2006